JN295683

世界の英語と社会言語学

多様な英語でコミュニケーションする

Yamuna Kachru + Larry E. Smith

ヤムナ・カチュルー+ラリー・E・スミス

井上逸兵+多々良直弘+谷 みゆき+八木橋宏勇+北村一真=訳

慶應義塾大学出版会

CULTURES, CONTEXTS, AND WORLD ENGLISHES
by Yamuna Kachru and Larry E. Smith
Copyright © 2008 Taylor & Francis

All Rights Reserved.
Authorized translation from English language edition published by Routledge,
part of TAYLOR & FRANCIS GROUP LLC.
Japanese translation rights arranged with TAYLOR & FRANCIS GROUP LLC.
through Japan UNI Agency, Inc., Tokyo.

Sharyn K. Smith と Braj B. Kachru にささぐ

目次

まえがき——xi
謝辞——xv
記号——xvii
略語——xix

序章　世界の英語と文化のコンテクスト ——1
Introduction: World Englishes and Cultural Contexts

世界の中の英語——1
英語の数字上の強さと地位——7
英語の機能——8
本書の構成——9
データソース——13

第①部　ことばの相互行為と識別的理解 ——21
Verbal Interaction and Intelligibility

はじめに——21
ことばの相互行為への理論的アプローチ——22
識別的理解——23

第❶章　協調としての相互行為 ——25
Interaction as Cooperation

はじめに——25
情報のやりとり——26
関連概念——27
おわりに——38

第❷章　文化のコンテクスト ——43
Context of Culture

　はじめに——43
　コンテクストと状況のコンテクスト——45
　背景知識の構造——48
　文化、状況のコンテクスト、言語使用——54
　おわりに——54

第❸章　丁寧さ（ポライトネス）の諸要因 ——57
Parameters of Politeness

　はじめに——57
　おわりに——76

第❹章　識別的理解と対話者 ——83
Intelligibility and Interlocutors

　はじめに——83
　識別的理解は常に必要か——84
　識別的理解の定義——86
　認識的理解——87
　識別的理解と認識的理解——88
　解釈的理解——89
　識別的理解、認識的理解、解釈的理解——90
　言語の流暢さと文化的能力との関係——93
　コミュニケーションにおける文化的慣習の例——94
　おわりに——97

第②部　音、文、語 ——101
Sound, Sentence, and Word

　はじめに——101
　言語バリエーション——102
　リズムパターン——102
　文法パターン——105

語彙とイディオム——106

第❺章　音とリズム ——109
Sounds and Rhythm

はじめに——109
強勢とリズム——109
音——114
音と識別的理解——117

第❻章　句と文 ——121
Phrases and Sentences

はじめに——121
文法——121
主題情報——148
おわりに——149

第❼章　単語とコロケーション ——153
Words and Collocations

はじめに——153
辞書編纂における諸問題——155
アジア——155
土着化の過程——157
現地の辞書を編纂する際の配慮——162
おわりに——163

第❸部　会話のスタイルと書きことばのスタイル ——167
Conversational and Writing Styles

はじめに——167
会話——168
書きことば——168
話しことばと書きことば——169
テクストのタイプ——170

相互行為的テクスト対交流的テクスト──171
想像的テクスト──171

第❽章　会話の相互行為 ──173
Conversational Interaction

はじめに──173
会話の相互行為の構成──174
文化ごとの差異──175
異文化間会話への示唆──185
言語行為、協調の原理、ポライトネス──186
アイデンティティの問題──193
おわりに──194

第❾章　書きことばの相互行為 ──197
Interaction in Writing

はじめに──197
手紙──198
アカデミック・ライティング──207
論争的テクスト──232
ジャンル分析──235
おわりに──243

第❿章　世界の英語文学をコンテクスト化する ──247
Contextualizing World Englishes Literatures

はじめに──249
なぜ文学テクストか──250
文化的なテーマ──252
創造性の指数──259
様々な文脈で英語文学を教える──263
おわりに──265

終章　世界の英語：遺産と関連性 ——267
Conclusion: World Englishes: Legacy and Relevance
　はじめに——267
　態度とイデオロギー——267
　人間の知識と相互行為における英語——272
　おわりに——274

訳者あとがき——277
参考文献——279
索引——317

図例
図
3.1　顔の表情と手のジェスチャー　　　（81 ページ）

表
0.1　日本の対アジア貿易　　　　　　　（2 ページ）
0.2　日本人のアジア観光　　　　　　　（2 ページ）
0.3　国・地域別輸出入の動向　　　　　（3 ページ）
0.4　3つの英語円圏での英語の機能　　 （9 ページ）
7.1　アンケート　　　　　　　　　　　（165-166 ページ）

まえがき

　本書のはじまりは1983年にハワイ・ホノルルの東西センターで開かれた学術会議にさかのぼる。会議の焦点は世界の英語（World Englishes）による、文化を横断したディスコースにあった。そのとき、3つの英語円圏（Three Circles of Englishes）から集まった学者たちが、様々な英語の理解（intelligibility、識別的理解（後述））とそれらのグローバルな機能に関わる様々な問題をよりよく掌握するためには、異文化間研究が行われることがいかに望ましいかを論じたのである。そのアイディアはその後多くの研究によってますます強固になっていく。アジア、アフリカ、その他の世界の地域における、英語を介した会話、言語行為（speech act）、説明的テクスト、論争的テクスト、文学的創造性などが研究されていった。[†1] 本書はわれわれ筆者2人がEli Hinkelの誘いでこのテーマに関する彼女のESL & Applied Linguistics Professional Seriesに寄稿することになって形をなすことになった。最初の構想以来、この分野も進化し、いくつかのアプローチや方法論が生まれ、教育に関わる研究もさらに加わって何度かの修正を経てきた。しかし、本書の主たる目的は変わっていない。

　本書『世界の英語と社会言語学』の主たる目的は、英語を使う人たちが様々な文化の英語の変種に対して細やかな感性を持ち、異なった英語変種の使用者同士の効果的なコミュニケーションは、英語の多様性とその文化的、社会的、観念的な機能への気づきを養うことによって可能となることを強調することである。多様な宗教的、文化的、社会的、経済的、教育的背景を持った人々が、3つの英語円圏において、それぞれの目的を達成するために

---

†1　例えば、識別的理解については、Nelson (1995), Smith (1992), Smith and Nelson (1985) を、会話、言語行為、説明的テクスト、論争的テクスト、文学的創造性については、Bhatia (1993, 1996, 1997), Dissanayake (1985), Eisikovits (1989), B. Kachru (1981), Y. Kachru (1983), Liao (1997), Nelson (1985), Nishiyama (1995), Nwoye (1985, 1992), K. K. Sridhar (1991), S. N. Sridhar (1992), Tawake (1990, 1993), Thumboo (1985, 1992, 1994), Valentine (1988, 1991, 1995, 2001) などを参照のこと。

いかに英語を用いているかについては、依然として研究が少ない。イギリス英語、アメリカ英語（そして現在では英語円圏によってはオーストラリア英語）の変種だけは、他の英語変種とはちがって、あらゆる文脈において文化を超えて明確に意図と目的を伝達できると一般に考えられている。実際にはうまく効果的なコミュニケーションができず落胆することも珍しいことではない。『世界の英語と社会言語学』によって、アジアやアフリカのみならず、英語内円圏（Inner Circle of Englishes）における英語の変種の発達を生み出した言語的、社会文化的なコンテクストをよりよく理解するための洞察を与えられることがわれわれの願いである。本書を通して英語の形式的、機能的多様性に対する気づきと細やかな感性を高めることができればと願う。

　本書は、序章、終章のほか、3部からなる。序章では英語の多様性について説き起こし、世界の様々な地域での英語の地位と機能を取り上げて、そのあとの各章でカバーされる議論の概略が述べられている。そこでは様々な英語の社会文化的な背景の影響がいかに大きいかが強調され、国際的なコミュニケーションに際して、神話的に世界で受け入れられている（英語使用者の社会文化的な背景を特定しない）英語の多様性に対する見方に異を唱えている。

　第1部「ことばの相互行為と識別的理解」は、文化を超えたコミュニケーションが阻害されないよう、言語の多様性を理解するために必要な背景を論じたものである。言語とその使用には文化的コンテクストが関わることを明確にし、ことばによる相互行為を、それに関わるすべてのものがその結果に影響を与える動的なプロセスとして見るために必要な概念について論じる。言語学の語用論、社会言語学、会話分析、心理学、人工知能などの概念の概略が示され、英語の諸変種の使用者の異文化間のやりとりを分析する統合的なアプローチを提案する。「識別的理解」の概念が少し詳しく論じられ、様々な英語の変種に関わる問題を具体的に示すために、識別的理解を構成する要素を明らかにする。

　第2部では、社会文化的なコンテクストと様々な英語の構造的な特徴とが関わる文法的、語彙的多様性の特徴を精選して提示している。そこではインド、ナイジェリア、シンガポールの英語の、アメリカ、イギリスの英語と

ははっきり異なる差異を生み出したプロセスが、アメリカ、オーストラリア、イギリス、およびそれらの変種の内部にあるいわゆる方言を生み出した要因と同じであることが指摘されている。この現象は英語に限られたことではない。世界の言語の歴史は、地理的、社会文化的コンテクストの変化に応じて言語が変化する証拠となっている。これによって、なぜアラビア語に（エジプト、モロッコ、シリアなど）異なった変種があり、ヒンドゥー－ウルドゥー語に（インドでは2つの「高」スタイルがヒンドスタンと呼ばれる口語文体を共有し、ヒンドゥー語には東部、西部、南部という地域変種があるように）異なった変種があるのか、なぜメキシコのスペイン語がスペインのスペイン語とはっきりと異なっているのか、ケベック州のフランス語がフランスやスイスのフランス語となぜ同じではないのかを説明できる。

第3部は、世界の英語によるコミュニケーションのきわめて重要な側面を扱っている。最初に様々な文化の話しことばと書きことばの様式における慣習について論ずる。文法的、語彙的特徴と同様に、言語使用の慣習は社会文化的なコンテクストを反映する。言語と文化の関係は決定的なものではなく、2つはお互いに影響を与え合い、ともに進化する。この関係を例証するために、話しことばにおいては会話の組織、言語行為の遂行、丁寧表現、書きことばにおいてはアカデミックなテクスト、論争的なテクスト、創造的な文学の慣習の異なりを見る。異なった慣習を理解することは様々な背景の英語の使用者の意図と目的を解釈するのに決定的に重要である。

終章ではそれまでの章では扱わなかったトピックにふれている。例えば、標準化、成文化、言語帝国主義、覇権主義に関わるイデオロギー上のスタンス、英語に帰せられる言語的な人権の侵害、英語教育（ELT）職の実践に関わる単一言語話者の「ネイティブスピーカー偏重」などの問題である。[†2] こ

[†2] 例えば、標準化、成文化については、Bamgboṣe（1992, 1998）、B. Kachru（1983b, 1985a, 1985b, 1988a, 1991, 1996c）、Pakir（1991, 1997）、Quirk（1988, 1989）と Tickoo（1991）を、英語の覇権主義については、Pennycook（1994）、Phillipson（1992）、Tsuda（1994，2002）を、英語および言語の人権については Phillipson（1998）、Skutnabb-Kangas（2000, 2001）、Phillipson and Skutnabb-Kangas（1997）、英語職におけるネイティブスピーカー偏重については、Braine（1999）、Canagarajah（2000）、B. Kachru（1976, 1981, 1986f, 1987, 1988b, 1990a, 1995a, 1997c, 2001a, 2005a）、Y. Kachru（1993a, 1994）、Seidlhofer（1999）、K. Sridhar and S. Sridhar（1992）と S. Sridhar（1994）をそれぞれ参照のこと。

れらすべての問題は全体の議論に益するものだが、本書の扱う範囲を超えている。

　本書のそれぞれの章末には、発展的読書（文献案内）の提案と議論のための問いやリサーチプロジェクト（課題）がある。つまり、本書は、異文化コミュニケーションに重きを置いた世界英語の授業用に設計されたものである。そのような授業は、英語教員養成に関わる、すべての ELT プログラムに優れて適切であるとわれわれは考えている（第二言語／外国語としての英語教授プログラムの修士課程などはその好例である）。また、本書は世界中の英語、社会言語学、異文化間コミュニケーション、批評的応用言語学などの授業にも有意義なものである。さらには、ビジネス、商業、外交、メディアなど様々な分野の職業的な訓練プログラムにも本書は活用しうるだろう。なぜなら英語はますますすべての言語と文化にまたがって、これらのあらゆる領域で用いられているからである。

　本書を含むシリーズの編者である Eli Hinkel の提案と助言にわれわれは感謝している。彼女と Lawrence Erlbaum Associates（現 Routledge）の上級編集者 Naomi Silverman には理解と忍耐とわれわれへの信頼とに、Heeyoun Cho には任務を超えてこのプロジェクトを監督し献身的に最終稿の準備に関わってくれたことに、Prashast Gautam Kachru には第3章の顔の表情と手のジェスチャーの概略を示してくれたことに、イリノイ大学大学院研究委員会（the Research Board of the Graduate College of University of Illinois）には研究補助に、それぞれ謝意を表したい。そして、最も深い感謝は、いつものことだが、われわれのあらゆる努力に際して変わることのない情熱と協力を与えてくれた家族にささげる。また、その研究がわれわれにとって、計り知れない価値を持った洞察とアイディアとデータを提供してくれた研究者たちに感謝を申し上げたい。本書は彼（女）らの貴重な研究の貢献がなければ世に出ることはなかったであろう。

Yamuna Kachru and Larry E. Smith
2007 年 8 月 15 日

謝辞

以下の章において次の資料を使用した。記して感謝申し上げる。

- 序章における *The Straits Times* 紙（2000年4月6日）、*The Indian Express* 紙（2000年4月6日）の編集者への手紙
- 第1章「課題」における Dautermann（1995）からの抜粋
- 第3章「課題」における A. Firth（1991）の電話の会話の抜粋
- 第4章「課題の題材」における *The Guardian* 紙［ナイジェリア・ラゴス］（2000年4月9日）の編集者への手紙
- 第2部における Mishra（1992）からの抜粋
- 第5章における Gumperz *et al.*（1979）からの2つの抜粋
- 第9章における Vavrus（1991）に引用された *The African Reporter* 紙の一部
- 第9章「課題」における *Daily Nation* 紙［ケニア・ナイロビ］のニュース記事
- Marlene Nourbese Philip の詩「言語の論理についての談話（Discourse on the logic of language）」（彼女の詩集『彼女は言葉を試みる、そして彼女の沈黙は柔らかに破られる（*She Tries Her Tongue; Her Silence Softly Breaks*）』（NFS Canada Series（1989）より））からの抜粋と Sujata Bhatt の詩「私の言葉を求めて（Search for my tongue）」（彼女の詩集『黒土（*Brunizem*）』（Carcanet, Manchester（1988）より））からの抜粋

記号

*   非文法的文
?   容認不可の文
ʔ または ´   声門閉鎖音
ag.   能格動作主（ヒンドゥー語で）
ç または C   南アジアの言語の反り舌子音
ch または c^h 南アジアの言語の帯気子音
Δ   有声歯間摩擦音
f   女性
h.   敬称
T   "think" におけるような無声歯間摩擦音
š   口蓋歯擦音
vv   南アジアの言語の長母音
word^H または ^{H}word   敬体標識のある語
x > y   y に代わった x

略語

APEC	Asia-Pacific Economic Cooperation（アジア太平洋経済協力会議）
ASEAN	Association of South East Asian Nations（東南アジア諸国連合）
BBC	British Broadcasting Corporation（英国放送協会）
CAT	Communication Accommodation Theory（コミュニケーション適応理論）
CE	Chinese English（中国英語）
CNN	Cable News Network (USA)（ケーブル・ニュース・ネットワーク［米国］）
EFL	English as a Foreign Language（外国語としての英語）
ELF	English as Lingua Franca（リンガフランカとしての英語）
ELT	English Language Teaching（英語教育）
ESL	English as a Second Language（第二言語としての英語）
ESP	English for Specific Purposes（特定目的のための英語）
EU	European Union（ヨーロッパ連合）
FE	Filipino English（フィリピン英語）
GE	German English（ドイツ英語）
GhE	Ghanian English（ガーナ英語）
IE	Indian English（インド英語）
IMF	International Monetary Fund（国際通貨基金）
MATESL	Masters in Arts in Teaching English as a Second Language（第二言語としての英語教授法修士号）
NE	Nigerian English（ナイジェリア英語）
NPR	National Public Radio（ナショナル公共ラジオ［米国］）
PE	Pakistani English（パキスタン英語）
PIA	Pakistan International Airlines（パキスタン国際航空）
PRI	Public Radio International (USA)（公共ラジオインターナショナル［米国］）
RELC	Regional Language Centre (since 1977)（地域言語センター［1977

		年以来］）
RP	Received Pronunciation (British English)	（容認発音［イギリス英語］）
SAARC	South Asian Association for Regional Cooperation	（南アジア地域協力連合）
SAT	Speech Accommodation Theory	（スピーチ適応理論）
SgE	Singapore English	（シンガポール英語）
SME	Singapore-Malaysian English	（シンガポール・マレーシア英語）
TESOL	Teaching English to Speakers of Other Languages	（英語非母語話者への英語教授法）
UN	United Nations	（国際連合）
VOA	Voice of America	（ヴォイス・オブ・アメリカ）
WTO	World Trade Organization	（世界貿易機関）

序章　世界の英語と文化のコンテクスト
Introduction: World Englishes and Cultural Contexts

● 世界の中の英語 ●

　世界中、いたるところで英語に出くわす。少なくともときにはそのように見える。しかし、実のところそれは真実ではない。地球上のほとんどの人たちは英語を話していない。英語は決して普遍的な言語ではない。おそらく地球上の25％くらいが生活の中の何らかの目的で英語を用いている。だとすれば75％は使っていないということだ。しかしながら、興味深いことに、英語を用いている人たちは、しばしばその社会で、最も高度な教育を受けており、最も影響力を持つ（世論を形成する）メンバーである。世界における英語の普及、地位、機能は実に目を見張るものがある。人類史上、これほどの地位にたどり着いた言語はほかにない。

　英語という言語は、韓国人やタイ人やスイス人がアメリカ人やイギリス人やオーストラリア人と話すために使われるという状況にはもはやない。アジアの人がヨーロッパの人とやりとりをしたり、南アメリカの人がアフリカの人と話すのに英語を用いたりするという状況が増えている。BBC ドキュメンタリー『英語物語（*The Story of English*）』で示されていたように、英語はいわゆるネイティブスピーカーのいないところで用いられている。英語を用いる状況は学術会議、ビジネス、商業、外交、教育機関、工場、鉱業、出版、視聴覚メディア、観光など様々である。汎アジアの英語使用の一例は、成長を続けるこの地域の経済活動に見られる。表0.1と0.2は日本の海外貿易と観光の動向だが、国際商取引と観光の言語が英語であることは明白だ。

表0.1 日本の対アジア貿易

年	%
1990	37.7
1991	39.8
1992	41.2
1993	42.8
1994	43.7

出典：*Asiaweek*（1995年4月28日、p. 23）

表0.2 日本人のアジア観光

年	（単位：100万人）
1989	4.62
1991	5.08
1992	5.35
1993	5.42
1994	6.20

出典：*Asiaweek*（1995年4月28日、p. 23）

そして、そのようなビジネスや人と人の接触は劇的に増加しているのである（B. Kachru, 2005a, pp. 91-93; Stanlaw, 2003 も参照のこと）。

1994年における日本の対アジア貿易の総額は2,520億ドルである。1995年には、「アジアの貿易は欧米全体を凌駕する」と経済アナリストは予測していた（*Asiaweek*, April 28, 1995, p. 23）。この10年の間に、*Asiaweek*の1995年のトレンド予測は、決定的に現実となった。2002年の日本の財務省の数値によれば、日本の非英語圏との貿易は、英語の内円圏（Inner Circle）との貿易量をはるかに上回っている（表0.3を参照のこと）。

英語という言語には少なくとも3種類の変種がある。

（1）国の大多数が第1の言語として用いる英語変種（例：アメリカ、イギリス）

（2）多言語社会の国内（*intra*national）、国外（*inter*national）とのコミュニケーションのための補助的な英語変種（例：インド、ナイジェリア、シンガポール）

（3）ほとんどすべて国外とのコミュニケーションに用いられる英語変種（例：中国、ドイツ）

これらの英語（Englishes）☆1 のほとんどは、世界中の様々なところでの言語の植民地支配の産物である。第二次世界大戦直後、英語は国際語の地位を獲

☆1 ［訳註］日本語の特質ゆえに、本書でもEnglishとEnglishesの訳し分けが困難である。複数形のEnglishesに「諸英語」などの訳語も可能かもしれないが、日本語としての自然さを優先して、訳し分けを断念する。より一般的な意味で英語という言語のことを論じているか、個々の英語変種を問題にしているかでご判断いただきたい。

表 0.3　国・地域別輸出入の動向　　　　　　　　　　　　（単位：10億円）

日本からの輸出

年	全体	アジア	中国	韓国	台湾	米国	EU	中東	オセアニア
2000	51,654	21,254	3,724	3,309	3,874	15,356	8,432	1,047	1,110
2001	48,979	19,732	3,764	3,072	2,942	14,711	7,810	1,277	1,131
2002	52,109	22,439	4,980	3,572	3,281	14,873	7,663	1,423	1,278

日本への輸入

年	全体	アジア	中国	韓国	台湾	米国	EU	中東	オセアニア
2000	40,938	17,063	5,941	2,205	1,930	7,779	5,043	5,310	1,929
2001	42,416	17,987	7,027	2,088	1,723	7,671	5,412	5,384	2,090
2002	42,228	18,358	7,728	1,937	1,699	7,237	5,482	5,095	2,074

出典：総務省　*Statistical Handbook of Japan*

得し、その使用範囲においても頻度においても、スペイン語、フランス語、ロシア語、日本語などその他のライバルを引き離している。現在、(1) よりも (2) (3) のタイプの英語使用者が増えており、その人々がさらなる英語使用者拡大の一翼を担っている。

　リンガフランカ (lingua franca) という用語は英語の地球規模での機能を特徴づけるのに用いられてきた（例えば、James, 2000; McArthur, 2001; Seidlhofer, 2001）が、このリンガフランカとしての英語の中核概念を規定する試みもなされている（例えば、Jenkins, 2000 は音声体系におけるこの試みである）。しかしながら、B. Kachru (1996b, 2005a、あるいは Kahane and Kahane, 1979, 1986 も参照のこと) で説明されているように、この名称は、いくつかの理由で世界の英語の現象を捉えきれているとは言えない。[†1] ヨーロッパ連

[†1] リンガフランカという用語は次の4つの意味で用いられてきた（B. Kachru, 1996b, pp. 906-907）。(1) 媒介言語、もしくは接触言語。主としてアラブ人、のちにトルコ人によっても西ヨーロッパの旅行者との間で用いられ、戦争捕虜、十字軍兵士にも用いられた。(2) 商業言語。例えば、イタリア語はアドリア海の商業のリンガフランカだと言われていた。アラビア語の *lisan-al farang* に由来するリンガフランカ (lingua franca) という語はもとはイタリア語を意味する。(3) 個々の変種もさほどない安定化したコミュニケーションの媒体。(4) 東アフリカのスワヒリ語、南アジアのヒンドゥースターニー語、西太平洋におけるピジン、地中海湾岸におけるサビール語などを例とするリンガフランカ。世界におけるこの言語の現在の状況から言って、英語は上のどのカテゴリーにも属さない。このトピックについてのさらなる議論には B. Kachru (2005a, pp. 222-224) を参照のこと。

合（EU）の加盟国で用いられている英語の場合を考えてみよう。ヨーロッパ英語（Cenoz and Jessner, 2000, p. viii; Modiano, 1996）はビジネス、商業、観光などの功利主義的な目的で用いられている言語であるというだけではない。学術、文化、外交、法、政治、科学技術などのやりとりの媒体としても機能している。学習科学的な機能の観点から言うと、ヨーロッパ英語はその後の本来的な意味でのリンガフランカではなく、南アジア、シンガポール、西アフリカの英語の状況と同じである。実際、ヨーロッパ英語も含めたこれらすべての英語は、地理的民族的な要因のために、内的な多様性を持っている。たんに文法書も辞書も持たなかったというだけで、それらの英語の存在に価値がないということにはならない。世界中の多くの言語は文字も持たず、文法書や辞書も書かれていない。

　成文化[☆2]はある言語を正式に認めるための要件ではない。例えば、オーストラリア人は、オーストラリア英語辞典（*The Macquarie Dictionary*）が編纂され、オーストラリア英語の文法的な記述がなされる以前からオーストラリア英語を話している（Collins and Blair, 1989）。[†2] また成文化は言語変化の自然なプロセスを妨げるものではない。それは古典語（アラビア語、ギリシャ語、ラテン語、サンスクリット語）、現代語（英語、フランス語、ヒンドゥー語、スペイン語、タミル語）の歴史から明らかである。

　われわれは世界英語、国際英語、グローバル英語などと呼びうるような変種があるとは考えていない。これらの語や他の同様な表現が、ビジネス、外交、メディアなどの領域で使われている言語に与えられているものであるにもかかわらずである（McArthur, 2001）。これらの名称は、英語の複中心主義（pluricentricity）を否定するものであり、文化を超えて英語が広範囲に、深く浸透している現象を理解せず、抽象的に一般化する方向に研究の努力を

☆2　［訳註］文字を持つこと、文字として表されること、文字として表される媒体（出版など）を持つこと。

†2　しかしながら、このことは成文化が言語学習、言語教育、その他いくつかの実践について考えるのに重要ではないということを意味するのではない。Bamgboṣe (1998, p. 4) が述べているように、「成文化の重要性はあまりに明白で繰り返し言うまでもない……非母語英語における国内基準が生まれるのに不利に働く主な要因の1つはまさに成文化の欠如である。明らかに、ある用法や新用法が正しい、もしくは適切な用法として辞書にのれば、正規の形式としての地位は確かになる」。

誤って導く。McArthur は次のように述べている（1998, p. xvi、また Bolton, 2004 も参照せよ）。

> 「古英語（Old English）から中英語（Middle English）そして現代英語へと連なる一枚岩的な直線モデル（ダーウィン的な見方で言うと新聞や空港の標準国際言語を頂点として）は、不当に重要性を担わされてきており、それを支持するのはもはや理にかなわないように私には思われる。したがって、複数の、直線的ではないモデルの出現は前向きの発展であり、その利点の1つは、われわれがいまそのただ中にいる多様性をより正確に描写できることであり、いま1つは20世紀末の英語の社会的現実へのより民主的なアプローチができることである」。

　また、記憶に値することに、英語の拡大に寄与したのは、英語の文化変容が広く深く浸透したことであり、国際的な多様性を標準化することで英語の均質化を望んだことではない。われわれは Englishes という語の示す多様性と多元主義の意義を理解しなくてはならない。そうしてようやく文化を超えたコミュニケーションの議論が意味を持つのである。限られたコンテクストの中でコーパス（例えば、ヨーロッパにおいて補助言語として英語を用いる人たちの言語的なやりとりのデータ）を収集し、ユーロ英語（Euro-English, Jenkins, 2000）の音韻体系を記述する努力にはもちろん利用価値がある。しかしながら、それは世界中で未曾有の拡大を見せ、広範囲の多様性を生み出した英語の現象を研究する際に、世界の英語（World Englishes）という視点を不要にするものではない（Mufwene, 1997）。

　B. Kachru（1985a）によれば、この英語の拡散は3つの同心円によって最もうまく捕捉することができる。内円圏（Inner Circle）、外円圏（Outer Circle）、拡大円圏（Expanding Circle）である。内円圏は、英語が第1の言語として用いられる地域（イギリス、アメリカ、カナダ、ニュージーランドなど）である、伝統的、歴史的、社会言語学的な英語の本拠地である。外円圏はイギリスとアメリカのかつての植民地であり、そこでは、英語は行政、教育、法律などの国内的な目的のための補助言語として採用されてきた（イ

ンド、ナイジェリア、フィリピン、シンガポールなど)。拡大円圏は、英語は主として国際的なコミュニケーションのための媒体として用いられている地域である（中国、ヨーロッパ、日本、韓国、中東など)。これは3つの英語圏の大まかな特徴づけであり、英語の変種が特定のコンテクストでいかに用いられるかに影響を与える要因は多数ある。[†3]

3つの英語円圏における英語の使われ方の違いはB. Kachruが英語の2つのディアスポラ（離散）と呼ぶ英語の世界規模の拡散と関係がある（B. Kachru, 1992)。内円圏の第1のディアスポラは、モノリンガルの英語人口の移動が母国から英語を新しい土地にもたらしたために起こった。すなわち、オーストラリア、ニュージーランド、北アメリカである。他の2つの英語圏の第2のディアスポラは、新しい土地への英語の移植である。もちろん、最初に主として教育、貿易、宣教を通して英語を新しい土地にもたらしたのは一握りの英語国民であった。しかしながら、英語を用い、普及させた主たる原動力は、それぞれの地域の多言語人口であった。そして、いったん言語が確立すると、新しい用法が採用され、結果として新しい状況での土着化（nativization）のプロセスをたどることになった（B. Kachru, 1983a; Pandharipande, 1987)。

事実、4つのディアスポラを容易に挙げることができる。1つ目はアイル

[†3] 世界各地で使われる世界英語の多くが、中には詳しく、記述されてきた。例として挙げると、ケニアの英語についてのAbdulaziz (1991)、パキスタンのBaumgardner (1993) とRahman (1990)、西アフリカのBamgboṣe et al. (1995) とBokamba (1991, 1992)、フィリピンのBautista (1996, 1997)、ニュージーランドのBell and Holmes (1991), Bell and Kuiper (1999), Hundt (1998)、シンガポールのBloom (1986), Brown (1992), Crewe (1977), Foley (1988), Gupta (1993), Low and Brown (2003), Platt and Weber (1980), Tay (1986, 1993)、中国のBolton (2003), Zhao and Campbell (1995)、香港のBolton (2002), Tay (1991)、太平洋地域のRomaine (1991)、ヨーロッパのCenoz and Jessner (2000), Deneire and Goethals (1997), Hilgendorf (1996)、カナダのChambers (1991)、アフリカ南部地域のChishimba (1991), Magura (1985)、オーストラリアのCollins and Blair (1989), Guy (1991)、南アフリカのde Clerk (1996), de Kadt (1993), Mesthrie (1992)、モーリシャスのFoley (1995)、インドのB. Kachru (1965, 1983a, 1985b, 1986a, 1986c, 1986d, 1996a, 1998a, 1998b, 2001a, 2001b, 2002, 2005a), S. Sridhar (1996)、スリランカのKandiah (1981, 1991)、タイのNewbrook (1999)、マレーシアのLowenberg (1986a) と Said and Ng (2000)、ロシアのProshina (2005)、日本のStanlaw (2003)、などがある。さらに、辞書、文学作品を含めた、世界の英語の様々な側面についての研究文献の書誌情報についてはBailey and Görlach (1982), Cheshire (1991), Glauser et al. (1993), Görlach (1991), B. Kachru (1997b, 2005b), Y. Kachru and Nelson (2006), Schneider (1997)、標準英語、非標準英語の簡単な概略にはMcArthur (1992) がある。

ランド、スコットランド、ウェールズであり、その土地の言語は英語（イングリッシュ：イングランドのことば）に取って代わられた。2つ目は北アメリカ、オーストラリア、ニュージーランドで、3つ目はインド、ナイジェリア、シンガポール、フィリピンなどの国、4つ目は中国、日本、韓国、ブラジル、ドイツ、サウジアラビアなど、この部類に入るところは多数ある。

● 英語の数字上の強さと地位 ●

現在外円圏と拡大円圏ではおよそ8億人の人々が1つもしくは2つ以上の他の言語とともに英語を用いていると推定されている（Todd and Hancock, 1986）。一方、内円圏では3億人以上の人々が英語を第1の言語として用いている。外円圏のすべての国は多言語、多文化状況にある。英語はそれらの国々の言語政策の中で公的な地位を占めている。例えば、インドの憲法では英語は「準」公用語と定められており、ナイジェリアとザンビアでは、英語は国語の1つであり、シンガポールで英語は公用語である。これらの国やその他フィリピンでは、英語は教育、法制度、行政の言語であり続けている。また、社会でのやりとりや文学的創作にも英語は重要な役割を果たしており、ポップカルチャーにおいても英語は存在を示し始めている（Lee and Kachru, 2006）。拡大円圏においては英語は公的な地位を持たないが、国際貿易や商業において優先的な媒体であるし、科学技術、学術的なディスコースにおいても同様である。

以上が外円圏、拡大円圏における英語の地位の概要であるが、詳細は多様かつ複合的である（McArthur, 1998, pp. 38-42 を参照のこと）。例えば、

1. 英米の政治体制のいずれにおいても公用語についての憲法上の規定はないが、英語は実質的に公用語である。標準アメリカ英語、イギリス英語は、英米に土着の、あるいは移民の言語／方言／クレオールと同様、当然ながら他の変種と共存している（例えば、イギリスにおけるスコットランド英語、アメリカにおけるアフリカ系アメリカ英語）。
2. カリブ海の英語圏では、英語は公用語であり、かつ英語基層のクレ

オールと移民の諸言語とともに用いられている。
3. カナダでは、英語はフランス語とともに併用公用語であるが、土着の言語（アメリカ先住民）や定住者／移民の言語（例えば、スコットランド語、ゲール語、ウクライナ語、パンジャブ語、広東語）と共存している。
4. ケニアでは、英語は、公用語であるスワヒリ語に次ぐ第2の国語である。
5. スカンジナビア半島諸国では、英語は実質的にすべての人が学ぶ第二言語である。
6. EUでは、公用語のリストにはほかに9つの言語があるが、英語とフランス語が作業言語である。
7. インドでは、前述のように、英語は公用語であるヒンドゥー語と並ぶ準公用語である。英語は広大な領地の諸国語（ヒンドゥー語、マラッタ語、タミル語など）と共存して、国語の地位を得ている。例えば、国立文学アカデミーの文学賞の表彰などに英語が用いられている。さらに、ニューデリーの直接管理下にある8つの連邦直轄領の公用語になっている。

● 英語の機能 ●

　以上のことが示唆するように、世界中の国々が様々な目的、様々なコンテクストで英語を用いている。政治体制、教育政策、識字や言語使用の社会文化的コンテクスト、立法、行政、法律の伝統はみなコンテクストごとに大きく異なっている。したがって、英語の機能も、文化変容を経たか否かにかかわらず、多様であることが予想される。外円圏と拡大円圏でも英語が生活のあらゆる領域で用いられるようになった国が増えている（例えば、シンガポールやインドの社会の上位階層）が、職業的な領域で以前にもまして使われるようになり（南アジアのほとんどと英語圏のアフリカ）、高等教育、科学技術の研究出版、国際ビジネス、観光、商業で使用が増えている国もある（東アジア、東南アジア、ヨーロッパのほとんど、南アメリカの多く）。

　B. Kachru（2001b, p. 46）から引用した表0.4は3つの英語円圏における

表 0.4　3つの英語円圏での英語の機能

機能	内円圏	外円圏	拡大円圏
アクセスコード	＋	＋	＋
広告	＋	＋/－	＋/－
企業間取引	＋	＋	＋
開発	＋	＋/－	＋/－
政府	＋	＋/－	－
言語的なインパクト	＋	＋	＋
文学的創作	＋	＋	＋/－
文学的ルネッサンス	＋	＋	＋
ニュース放送	＋	＋	＋/－
新聞	＋	＋	＋/－
科学高等教育	＋	＋	＋/－
科学調査	＋	＋	＋/－
社会的やりとり	＋	＋/－	＋/－

＋はその領域での使用、－は不使用、＋/－は他の言語との共用を表す。

英語の機能を要約したものである。これは人間言語の機能の範囲の輪郭を見事に示したものである。その範囲があまりに広く、英語の使用者の背景があまりに多様なので、英語の使用状況の記述は英語研究者にとっての難題となっている。われわれが直面している問題は、いま起こっていることを最もうまく特徴づけ、同時に、様々な文化で多様な英語でうまくコミュニケーションするのに関わることがらを広く認識させることである。そして、それが本書の目的でもある。

● 本書の構成 ●

　本書では、世界の英語の用法（言語構造）と使用（話しことば／書きことばの社会文化的慣習）の両面における研究成果に目を向けて、そこから、英語を介した異文化コミュニケーションの領域でどのような洞察が得られるかを議論する。

　言語と文化の関係は、人類学者のみならず言語学者の間でも長いあいだ議論の的であった。言語学の中では2つの考え方がある。それは（1）言語学は自立した学問であり、言語は文化や社会とは独立した均質的な体系である、

というものと、(2) 言語を自立的、均質的な体系と見なす考えは容認しがたく、言語体系は言語使用の社会文化的な慣習とともに共進化するものであり、したがって、使用のコンテクストが用法のルールに関与するという考えである。前者は、言語のいくぶんか形式化された概念に基づいている。われわれは現実の言語が大きな変化を受けやすいものであり、多様性が生み出されるものだと考える。言語は静的でも単一的でもない。言語現象を研究しようとするいかなる学問分野も人間の言語行動に関わる文化的、社会的な要因を考慮に入れなければならない。

本書の焦点は世界の英語の多様性、特にその多様な英語を用いる人たちの間のことばによるやりとりの諸側面にあるので、上の後者の見解に基づく研究アプローチや方法によることになる。それは社会的な現実を捉えようという言語研究のアプローチである（B. Kachru, 1986b）。

最初の3章は社会的コンテクストにおける言語行動の言語的規範と社会文化的規範の関わりから生じる問題を扱っている。われわれは主として静的な対象としてではなく動的なプロセスとしてのことばのやりとりに関心を持っている。行為を遂行する際の言語の使用、ことばによる——書きことばであれ話しことばであれ——コミュニケーションの協調的な性質、言語的な振舞いを産出し解釈する際に示される社会文化的な能力の性質がこれらの章で論じられる。ことばのやりとりにおいて、ポライト（丁寧）であることはいかなることかに特に焦点を当てることになろう。また、コミュニケーションがうまくいく要因、あるいは異なった言語変種の使い手の間の誤解へとつながるコミュニケーションの失敗の要因と考えられる非言語コミュニケーションの諸側面にもふれる。

第1章は世界の英語によるやりとりを論ずるのに必要な、統合的な理論的アプローチを提示する。このアプローチでは、言語学の語用論の分野で論じられる、言語行為（スピーチアクト）の概念、協調の原理、ポライトネスと、会話分析で論じられる会話の構造、社会言語学で論じられることばのやりとりの社会文化的コンテクストと慣習に関する議論を統合したものである。

第2章は言語の文化的基盤をより詳細に論じる。その際用いるのは社会言語学の状況のコンテクストの概念や、心理学や人工知能で言う背景知識の

構造の概念である。様々な社会における話しことば、書きことばの慣習を探求してきた学際的な研究はこれまでも有益な洞察を生み出してきたが、この章ではそれらを概観してみたい。

　第3章は、ポライトな行動が文化ごとに異なる慣習によって定義づけられることを詳細に見てみよう。ある文化では相手がどこに行くところかを尋ねるのは不適切だが、インドのナガランドのようにそれが定式的なあいさつである文化もある（Krishan, 1990）。さらに、言語コミュニティによって、ポライトであることを示すのに――通常、それは言語使用に現れるが――異なった言語方略を用いている。例えば、内円圏の英語では、依頼をするのに質問形式にする方が丁寧であるが（例えば、Could you mail the letter on your way to the store?）、南アジアの英語では、呼称のような、他のポライトであることを示す標識があれば（例えば、Brother / Sister / Uncle, bring me a copy of this book from the library!）、直接的な命令文も同程度にポライト（丁寧）であると考えられている（Y. Kachru, 1998a; K. Sridhar, 1991）。インドの基層言語では、直接的な命令形式にもポライトネスのいくつかの段階があるが、この方策はそれに基づいている（Y. Kachru, 2006、ヒンドゥー語の例）。Ting-Toomey and Cocroft（1994, p. 313）は、西アフリカ、セネガルのウォロフ語の話者を論じたものだが、そこでは直接的な依頼や要求はヘッジ表現を用いたり間接的な依頼をするよりも丁寧だと感じられるという。したがって、"Give me a drink" は "I wish to have a drink" よりも丁寧な表現だと考えられるのだ。

　第4章は、それまでの3章で見出された要因の観点から識別的理解（intelligibility）の問題を論じる。異なった言語変種の話し手は異なった文化的概念、社会的な慣習、言語的方策を用いるので、そういう人々の間のことばのやりとりは、必ずしもスムーズにうまくいくとは限らない。識別的理解は、会話や書きことばのコンテクストで非常によく用いる聞き慣れた用語だが、[☆3] 言語や文化の異なった人々の間のやりとりが関わる状況で考えると、複雑な概念である。この章は、識別的理解の性質を説明し、困難の原因を分

☆3　[訳註] 原語の intelligibility は聞き慣れた語だが、訳語のこの語はもちろんそうではない。のちの議論のためこう訳す。

析し、世界の英語にまたがったコミュニケーションをうまくやり遂げるために、それらの困難を克服する方略を提案する（Nelson, 1982, 1985; Smith, 1992; Smith and Bisazza, 1982; Smith and Nelson, 1985; Smith and Rafiqzad, 1979）。

　言語的装置（例えば、強勢やイントネーションのパターンやある種の語や文のパターン）を用いる慣習は相互理解に貢献し、コミュニケーションを成功裏に収めたり、失敗させたりしているので、それらについては適切なコンテクストでときに詳細に論じる。これらの点についてのわれわれの判断は、すでにある入手可能な研究に基づいている。第5章、第6章、第7章は、英語の変種の音声、文法パターン、語彙についてすでに知られている事象の要約である。外円圏、拡大円圏の英語の諸特徴が詳細に論じられるが、これらの記述は学術雑誌の論文や未公刊の学位論文などに散在しているからである。内円圏の変種の記述については入手しやすいので、ここでは焦点を置かないことにする。

　文法的な違い以上に、やりとりの特徴はやりとりの相手の知覚に最も深刻な問題をもたらす。したがって、われわれはこの問題に焦点を置く。会話のやりとりの慣習や同意／不同意のパターンや言語行為の方略などが第8章で扱われ、書きことばにおける実践（例えば、手紙を書くこと、議論、説明、語りのための散文、アカデミック・ライティングなど）は第9章で扱われる。

　ほとんどの外円圏の変種には、すでに英語による文学的な創作の伝統があるが、拡大円圏においてもそれを獲得しはじめている。第10章は、アフリカ、アジア、カリブ諸国の英語の文学を用いて、変種を超えた言語使用の慣習の意識を高める可能性を探求してみたい。

　最後に、終章では、英語という言語のグローバル化の影響力への認識を高める必要性について論じる。英語の形式や機能が変化していることを様々な専門職にある人たちに導入する1つの方法は、外国語としての英語教育（TESOL）に携わる教師たちに対するトレーニングプログラムや他の職業プログラムのカリキュラムの再考を促すことである。この最後の章は、これまでの本書の議論が英語教育（ELT）により広範な意義を持つことを指摘するものである。加えて、世界の英語の研究が社会言語学、第二言語習得論、バ

イリンガリズム研究、その他、言語と文化と社会が交差する研究領域に関わるものであることを論じる。

それぞれの章には、文献案内、さらなる議論の要点、適切とあれば本書の読者のための課題がつけられている。本書が目指すところは、英語の学習者、教育者、学術的に英語を使用する人たち、ビジネス、商業、外交、法律、マスメディア、医療に携わる人々に、より多くの問題意識と異なった考え方で、積極的に様々な視点から英語の研究に取り組むことを促そうというものである。

● データソース ●

様々な関連分野（例：言語学、哲学、心理学、文化人類学、コミュニケーションの民族誌、社会言語学、人工知能、など）、一般的な理論書に加えて、特定のタイプのことばのやりとりについての資料が入手可能である。例えば、医師と患者（Candlin *et al.*, 1976 など）、教室での教師と生徒（Sinclair *et al.*, 1972 など）、歯科医と患者（Candlin *et al.*, 1983 など）、弁護士と証人（Labov, 1988 など）などのやりとりである。しかしながら、これらのほとんどは内円圏英語の話し手のやりとりだけに基づいている。様々な場面における内円圏と外円圏の話し手のやりとりに焦点を置いたものもいくつかある（Gumperz, 1982a, 1982b など）。そのような研究から得られる洞察は、本書で扱うトピックに関する議論に組み入れられている。

文献案内

Bolton, K. (2004) World Englishes. In A. Davies and C. Elder (eds.), *The Handbook of Applied Linguistics* (pp. 367-396). Oxford: Blackwell Publishing.

Kachru, B. B. (1997) World Englishes and English-using communities. *Annual Review of Applied Linguistics*, 17, 66-87.

Kachru, B. B. and Nelson, C. L. (1996) World Englishes. In S. L. McKay and N. H. Hornberger (eds.), *Sociolinguistics and Language Teaching* (pp. 71-102). Cambridge: Cambridge University Press.

課題

1. ケーブル・ニュース・ネットワーク（CNN）、英国放送協会（BBC）、ヴォイス・オブ・アメリカ（VOA）を見聞きし、地域の通信記者が使う英語を観察してみよう。アクセント、語彙、言語使用について気づいたことを議論しよう。

2. 2つの外円圏国、インドとシンガポールの新聞の編集者への手紙を比べてみよう。それぞれが特定の変種に属すると見なせるような文法的、語彙的特徴（すなわち、文や単語に関する特徴）を備えているだろうか。

A. Is this not a monopoly?

Dear Sir,
I just want to know if consumer is a king in [country name] or is always at the receiving end. Through this letter I just want to know if there is any organization which will listen to me as a consumer as I got a bad treatment from a cable company. I live in town (near [city name]) and the cable company of my area was having signal booster at the roof of my house. The cable company technicians used to check signal very often and used to disturb us a lot. Moreover after checking booster at the roof they used to enter the house to check the signal on TV. As cable company technicians never carried ID cards with them, anybody could have come as a cable company technician. As this was not safe, I asked the cable company technicians to remove the booster from the roof of my house. They not only removed the booster from the roof but also removed the cable wire from the roof for which I had already paid to them. They did not even tell me that they were going to remove the cable wire itself. When I was not getting my signal, I called them and they asked me to get the connection I would have to pay for the 20 meter wire. When I told them that I had already paid when I took my connection, I was told to pay again to get the

connection. I think they did this to me not only to harass me but also to make me pay for removing the signal booster. As there is no other cable company in this area, they are having monopoly in this area and showing the monopolistic behavior. Is there any organization which will look into this case? If this company is harassing me and asking for more money, there is possibility that they can harass others also to make more money as they have monopoly in the area.
　I. S.

これって独占じゃないですか？

拝啓
　私はただ、消費者が［国名］の王なのか、あるいは常に末端にいるかどうかを知りたい。この手紙を通して、私はケーブル会社からひどい扱いを受けたとして、消費者としての私に耳を傾ける組織があるかどうかを知りたい。私は（［都市名］のそばの）町に住んでいる。私の地域のケーブル会社は、私の家の屋根に信号ブースターを取り付けていた。ケーブル会社の技術者は非常に頻繁に信号を確認したが、私たちの生活の妨げによくなっていた。さらに、屋根のブースターをチェックしたあと、彼らはテレビで信号を確認するために家の中によく入ってきていた。ケーブル会社の技術者は身分証明書を持っていることはなく、誰でもケーブル会社の技術者として来ることができた。これは安全ではないので、私は家の屋根からブースターを取り外すようケーブル会社の技術者に頼んだ。すると彼らは屋根からブースターを取り外しただけでなく、すでに私が支払いを済ませたケーブルワイヤーまで取り外した。彼らはケーブルワイヤーまで取り外すとは私に告げてすらいなかった。私はテレビに信号が来なかったとき、彼らに電話をすると、彼らは接続するには20メートルのワイヤーの代金を払ってくれと言ってきた。私は接続していたときにすでに支払いは済ませてあると言うと、接続するには再度支払わねばならないと言われ

た。私は彼らがこういうことをするのは、私に嫌がらせをするためだけでなく、信号ブースターを取り外したことに対しても私に支払いをさせようとするためだと思う。この地域にはほかにケーブル会社がないので、彼らはこの地域で独占を有し、かつ独占的な行動を見せている。この事態を調査してくれる組織はないだろうか。この会社が私に嫌がらせをし、より多くのお金をせしめようとしているなら、この地域を独占している以上、もっとお金をかせぐため他の人たちにも嫌がらせをする可能性がある。

 I. S.

B. Pass laws to stop unwitting harboring of illegals.

I REFER to the article, "Ignorance no defence for harboring illegals" ([Name of Newspaper], April 2).

I feel that the law is not fair to landlords who are unaware that their tenants should not be in the country in the first place.

The root of the problem is not the landlords renting out their premises to these illegal immigrants.

All the landlords want is to earn some money.

They are, by and large, not interested in the affairs of their tenants.

To ensure that such people are not taken advantage of by immigration offenders, we should try to stop the migrants entering the country by adopting more stringent checks at immigration checkpoints.

We can also pass laws to ban foreign workers from renting premises unless they are sponsored by their employers.

This will protect landlords from committing such offences unwittingly.

Of course, if it can be proven that a landlord knew of the illegal-immigrant status of his tenant, he should be punished.

Housewives, grandmothers and professionals who may not have realized their tenants were illegals have been caught and jailed for renting out their premises.

Such instances suggest that the law is too harsh and non-discriminating.

Seow Boon Wah, the church deacon appealing against a jail term for harboring an illegal, stood to gain nothing because the premises did not belong to him.

Yet, he is being punished.

I believe that he had no intention of breaking the law, and that, therefore, it is extreme to say that he was actually harboring illegals.

Perhaps the authorities could take another look at the problem, and stop people like Seow from running foul of the law unwittingly.

 L. C. H.

不法移民の非意図的隠匿を止める法案の通過を

私は「不法移民隠匿――知らぬは弁護にならぬ」の記事（［新聞の名

前]、4月2日）について述べたい。

私は、その法律は借家人がそもそも国内にいるはずがないということに気づかない家主には公正ではないと思う。

問題の根本は、これらの不法移民にその家屋を貸しだす家主ではない。

家主が求めているのはお金を稼ぐことだけである。

彼らは、概して、借家人の私事に興味を持っていない。

そのような人々が移民の犯罪者によって利用されないようにするために、我々は入国検問所で、より厳しいチェックを採用することにより、そのような移民の入国を止めるよう試みるべきである。

また、雇用者によって支援されていない限り外国人労働者が家屋を賃貸することを禁止する法律を通過させることもあっていいだろう。

これは家主が意図せずそのような犯罪を犯すことから守ることになる。

もちろん借家人が不法移民であると地主が知っていたことが証明されれば、罰せられるべきである。

借家人が不法移民であることを知らなかったかもしれない主婦、老婦人や業者が、家屋を賃貸したかどで逮捕され、投獄されてきた。

このような事例は、法律が厳しすぎ、かつ見境のないものだということを示唆している。

Seow Boon Wah は、教会の助祭で、不法移民隠匿の刑期のことで上

告していたが、家屋が彼のものでなかったので徒労に終わった。

それでも、彼は罰せられている。

私は、彼が法を犯す意図はなかったし、それゆえに不法移民を隠匿しているというのは言い過ぎだと信じる。

おそらく、当局が問題をもう一度見なおし、Seow のような人が意図せず法に触れることを防ぐようにしてよいはずだ。

 L. C. H.

第 1 部

ことばの相互行為と識別的理解
Verbal Interaction and Intelligibility

● はじめに ●

　言語、文化、社会がどのような関係にあるのかということについて一致した見解はない。コミュニケーション手段としての役割を考慮することなく、言語は自律的なシステムであるとするのか、それとも本来はコミュニケーションの媒体であるために社会的組織の中で重要な役目を担っているとするのか、これらも盛んに議論されてきた問題である。これまで、信憑性のある主張はその双方から提起されてきている。チョムスキーの理論に沿って、言語は生得的で、生物学的に既定された、種に特有なものであると主張する文献は膨大な数に上る。つまり、言語は生物学的な実体、すなわち心的器官であると見ているのである（Anderson and Lightfoot, 2002 参照）。同様に興味深い研究として、言語は社会的相互行為（やりとり）を形成すると同時に、それによって形作られると主張するものもある（Halliday, 1973, 1978; Hymes, 1964, 1974; Labov, 1972b 参照）。
　本書の関心は、世界各地で様々な英語が用いられていること、とりわけコミュニケーションの目的を達成するためにそれぞれの英語が異なる社会でいかにして機能しているのかということにある。したがって、言語に対する後者の見方に基づく方法論を用いることになる。
　第 1 部冒頭の 3 章は、英語使用者間のことばの相互行為に現れる文化的前提、社会的形態、言語資源の相互作用に焦点を当てて論じる。続く第 4 章では、この 3 つの章での論点を考慮に入れながら識別的理解（intelligibili-

ty）の問題を扱う。

● ことばの相互行為への理論的アプローチ ●

　第１章では、語用論（言語行為、協調の原理、ポライトネス）、会話分析（話者交代に見る会話の構造、隣接応答ペア、発話権、あいづちなど）、そして社会言語学（例えば、状況のコンテクストや、話すこと、書くこと、沈黙の機能、相互行為における非言語的合図の慣習など）を概観していく。
　続く第２章では、言語と文化の相関関係に焦点を当て、言語使用について論じていく。そこでは、社会言語学の観点から状況のコンテクスト、心理学や人工知能の面から背景知識の構造という概念を援用することで、ことばの相互行為の社会文化的な基盤を構築する方法を実証する。また、異なる社会での話しことばや書きことばの慣習に関する学際的な調査から明らかになったことを簡潔に提示する。
　第３章では、様々な社会文化的な場面でポライトであるということは何を意味するのかということに関する種々の見解を述べる。ある文化では、たまたま出会った相手に対して、結婚をしているのかどうか、子どもは何人いるのかといったことを尋ねるのはプライバシーの侵害だと考えられるかもしれない。別の文化では、列車の旅でそうであるように、たとえその出会いが一時的なものであるとしても、愛想よく友交的でいることは努力の印であるとされることもあるだろう。南アジアでは、席をともにする乗客たちが飲み物や食べ物を分け合い互いのことを聞き合うというのはよくあることである。Koreo（1988, p. 19）は、第二次世界大戦終戦後まもなくして西洋の科学者たちをあちこち案内したときのエピソードを紹介している。それによると、一日中歩きまわったあと、彼が「疲れてないですか？」と尋ねたところ、驚いたことにそのうちの１人が予想に反して「疲れましたよ」と答えたそうである。「お腹ぺこぺこでしょう」と話を持ち出したところ、またしても「はい」と言われてしまい、Koreo は面喰らったことを記している。その苛だたしい驚きは、想定していた配慮ある振舞いとはほど遠いものであったからである。日本人の常識からすると、「一日中案内してくれた人に対して疲労

していることを口にすること」は礼節をわきまえているとは言えず、空腹かと問われた場合には「ええ、ちょっと」とか「いつも夕食は遅いので」といった類の返答をして心配をかけないようにするのがポライトなのである。

ことばの相互行為におけるポライトネス・ストラテジーは、社会や文化によって異なるものでもある。Scollon and Scollon（1994, pp. 144-145）は、孔子よりも前にさかのぼる『礼記』から以下を引用している。すなわち「長老が事を問いかけて来たら、必ず一旦は辞退して（返答を）人に譲るべきであって、すぐさま返答するのは失礼である」という忠告である。しかし、多くの文化においては、応答を拒絶することはきわめて非礼であると考えられているのではないだろうか。

● 識別的理解 ●

すでに述べたように、第4章はその前の3つの章における議論をもとにして「識別的理解（intelligibility）」とはどのようなことを表しているのか考えていく。ここで言う「識別的理解」は、"intelligibility"という語の一般的な使われ方とは意味が異なる。文化的に異なる話者間でのことばのやりとりは、いつでも効率的にうまくいくとは限らない原因を理解するために、まずはその構成要素に分解し、そして発音や文法、社会文化的な言語使用の慣習に関連づける。いかなるやりとりも誤解や苛だちを引き起こしうるということは、会話にも書く場合にも当てはまる。話者同士が共通した社会文化的な背景知識やことばの相互行為の慣習を共有していないときにはなおさらそうである。第4章で識別的理解の性質を説明し、複雑さの根本を分析することで、世界各地の英語という差異を超えてコミュニケーションを成功させるために困難を解決するストラテジーを提案する。

英語が世界中で使用されているがゆえに生じている問題に関して、さらなる議論を刺激することを意図して、各章末には発展的読書（文献案内）の提案と議論のための問いやリサーチプロジェクト（課題）を提示している。英語研究は様々な論争を孕んでいる分野であり、教員や学習者を含むすべての英語使用者が関心を持っていることは、その問題がいかにして答えられるの

か、そしてその回答は納得できるものなのかどうかということである。各章で提示される内容が、行政、ビジネス、商業、外交、教育、金融、法律あるいはメディアといった分野に限らず、3つの英語圏すべての英語使用者の積極的な議論を促すものであってほしいと願っている。

第1章

協調としての相互行為
Interaction as Cooperation

● はじめに ●

　言語を介した情報のやりとりは、高度な技術を要する社会的な行為である。コミュニケーションを目的として言語を使う場合、書きことばと話しことばという2つの主たる方法がある。書きことばはどこにでも存在するものではない。話しことばは世界各地に数多くあるが、書きことばはというとそうではない。書きことばの方は、互いに情報を伝え合う手段に厳しい制約を課している一方、話しことばは利用可能な数多くの手段を備えている。われわれは発声器官を使って声を出しているが、実は全身で話しているのである。笑顔やしかめっ面などを（略式的に）示すために考案された記号はあるものの、当然のことながら、書きことばではジェスチャー、体勢、表情といった手段を話しことばと同程度には利用できないのである。

　こういった相違はあるものの、ことばのやりとりに関して話しことばと書きことばを対にして大まかに一般化することは可能である。なぜ「大まか」かと言うと、それは明確に区別されるものではないからである。電話での会話は話しことばの方式をとっているが、対面コミュニケーションの特徴をすべて用いているわけではないことを考えれば理解できるだろう。電話では、話し手も聞き手も互いの体勢、表情、ジェスチャー、そして他の非言語的合図を確認することはできない。いまのところ、電話するときに参与者たちがお互いを見て話す技術はあまり広くは利用できていない。したがって、表情やジェスチャー、体勢などは伝えられない。以下では、主として話しことば

と書きことばに共通する特徴に焦点を当てていく。ことばのやりとりについて本章で論じることの多くは、双方に当てはまるものである。

● 情報のやりとり ●

　話しことばと書きことばの双方において、参与者は3つのタイプの情報をやりとりしている。1つは「概念的情報（conceptual information）」とでも呼べるものだろう。つまり、交わされる言語的シグナルの純粋な事実に基づく内容のことである。「事実に基づく」とは「真実の」ということではない。「妖精は魔法の杖をひと振りしてシンデレラを御妃に変身させた」という文は、現実世界では真実であるとは言えないが、ことばによって伝達される認知的内容を持っているがゆえに、「事実に基づく情報」を伝えているのである。

　第2のタイプは、Abercrombieが「指標的情報（indexical information）」としているもので、話し手または書き手自身に関する情報のことである（Abercrombie, 1967, p. 6）。聞き手ないし読み手は、この情報を活用して話し手や書き手のアイデンティティ、属性、態度、心的状態を推断する。例えば、「ジェレミーが容疑者であることは明らかだ」という発話は、その話者が決然と断言していることを明快に示しているが、一方で「ハーバートはクビになったと思う」の方は、話者が事実を確信しているわけではないことを伝えている。

　第3のタイプは、「相互行為管理情報（interaction-management information）」（Laver and Hutcheson, 1972, p. 12）と呼ばれてきたものである。会話参与者が、話しことばで容認される形でやりとりを始めたり、また終わらせたり、会話の移行を示したり、タイムシェアリング（time-sharing）をコントロールしたりできる情報、一方、書きことばでは「結束性（cohesion）」や「一貫性（coherence）」などを合図する情報のことを言う。例えば、「それに関して私が言いたいことはそれだけです」という発話は、話者は自分の発言の番を終え、他の参与者に発言の機会を譲る準備ができていることをはっきりと合図している。同様に、「マージーに何が起きたか聞いてる？」

は、話者が何やら意味ありげな出来事を語ろうとしていることを相手に伝える明らかな合図を送っている。また、「本研究では……ということが論じられている」や「本論文では……ということを主張する」は、学問的で論証的な文章であることを明示しているのである。話しことばと書きことばにおけるこのような表現については、第8章と第9章でさらに取り上げる。本章では、ことばの相互行為を分析する際に重要ないくつかの概念に焦点を当てて論じていく。

● 関連概念 ●

上述した3種類の情報を伝えることで、言語を介した上手なコミュニケーションをいかに行うことができるのかということを理解するために、いくつかの研究分野に目を向けるのは有益である。「言語行為（speech acts）」(Austin, 1962; Searle, 1969) や「協調の原理（cooperative principle）」(Grice, 1975) といった言語哲学の分野で意味を扱った議論は、一般的な言語使用に関する数多くの洞察を提供してくれるという点で役に立つ。会話を含む対面での相互行為に関する社会科学的な研究は、会話を構造化する際にきわめて有用である。会話の構造は、「会話の順番（turn）」（参与者間での会話の分布、Sacks *et al*., 1974）、「やりとり（exchange）」（ある参与者による別の参与者への反応）そして「隣接応答ペア（adjacency pair）」（2人の異なる参与者による隣接する発話。例えば、質問と返答、賛辞と反応、謝罪と気遣い）のようなユニットの観点から着目されている。ゴフマンのような社会科学者たちはまた、対面での相互作用を儀式的な行為（ritualistic behavior）(Goffman, 1955, 1967) と見て、やりとりの中で投影し、調整し、そして守ろうとするイメージを特徴づける際に、「面子（face）」を重要な概念として論じている。「面子」は、グライスのことばで言う「協調」と同様にポライトネスという概念と分かち難く結びつけられている。言語使用の社会的なコンテクストの構築における社会言語学やコミュニケーションの民族誌の貢献と同程度の重要性を持つ分野として、人工知能や心理学が挙げられる。前者は「状況のコンテクスト（context of situation）」つまり「コンテクスト」という考え方を、

後者は会話や談話構造を分析するのに不可欠な「背景知識（background knowledge）」や「社会文化的知識（sociocultural knowledge）」を組み立てる構造を提供している。それらは英語での異文化間コミュニケーションと関連づけて以下で論じられる。[†1]

　本章では、上で言及した概念のいくつかをいくぶん詳しく論じてみたい。ある状況における2つの会話の事例を、社会文化的コンテクストや背景知識を考慮に入れながら、言語行為、グライスの協調の原理、会話分析の観点から分析していく。

　では、アメリカへ移住してきたばかりのベトナム人（A）とアメリカ人大学生（D）が大学のラウンジで交わしている以下のやりとりを考えてみよう（*Take Two*, 1983, pp. 94-95）。どちらも女性で、担当教員がそれぞれの名前を口にしたのを聞いてはいたが、馴染みのない名前の場合には十分に理解できるものではないのかもしれない。

1. D: Hi Ann, How ya doin'?
   A: Oh hi. Uhm, I'm reading.
   D: Mind if I sit down?
   A: Please.
   D: Thank you. You getting ready for class?
   A: Yes.

[†1] 本章で論じた以下の概念の原典は以下の通りである。言語使用の分析へ一般的なアプローチをしているものとしては Green（1989）。「言語行為」は Austin（1962）, Sadock（1974）, Searle（1975）。「協調の原理」と「会話の含意」については、Grice（1975）。慣習的な含意は Karttunen and Peters（1979）。Goffman（1967）, Laver and Hutcheson（1972）, Duncan and Fiske（1977）は対面での相互行為への社会科学的アプローチを知るのに役立つ。Firth（1957a, 1957b）と Hymes（1964）で言語的分析に関連するものとして最初に論じられた「状況のコンテクスト」という概念は、Halliday（1973, 1978）と Saville-Troike（1982）で精緻化されている。参与者がことばの相互行為で活用する百科事典的知識と社会文化的知識は、発話のテクストを産出し解釈する際にいかに利用されるかということについては様々な分野で研究されている。認知心理学と人工知能の観点からは、Bartlett（1932）, Minsky（1975）, Schank and Abelson（1977）, Sanford and Garrod（1981）が、滞りのない相互行為に不可欠な背景知識を構造化したり、談話を構成したりする「スキーマ」「フレーム」「スクリプト」「シナリオ」という考え方を示している。この構造の中には談話分析に関連しているものもあることが、Chafe（1980）, Freedle（1979）, Tannen（1982a, 1982b）, Brown and Yule（1983）, Y. Kachru（1983, 1987, 1988）で示されている。

D: I was wondering—you're from Vietnam, aren't you?
A: Yes.

1. D：やぁ、アン、元気？
   A：あっ、こんにちは。えぇっと、いま読んでるとこ。
   D：ここ座っちゃってもいいかな？
   A：どうぞ。
   D：ありがとう。授業の準備しているの？
   A：うん。
   D：うーんっと、ベトナムから来たんだよね？
   A：うん。

相互行為の管理という観点からすると、この会話はうまくいっているようには思えない。アンと呼ばれている聞き手は、あまり積極的には話していないのである。4回のやりとりのうち、3回は単音節語で返答している。それでは、以下のやりとりと比較してみよう（*Take Two*, 1983, pp. 109-110）。

2. D: Hi Ann. How ya doin'?
   A: Oh, hi. How are you?
   D: Fine, thanks. You mind if I sit down?
   A: Oh, have a seat.
   D: Thanks. Getting ready for class?
   A: Yes, I'm prepared.（A: slight laugh）
   D: Your name is "Ann", isn't it?
   A: Uh, no, it's "Anh", A—N—H. In Vietnamese, it's "Anh".

2. D：やぁ、アン、元気？
   A：あっ、こんにちは。そっちはどぉ？
   D：元気だよ。ここ座ってもいいかな？
   A：うん、どうぞ座って。

D：ありがとう。授業の準備しているの？
　　　A：うん、もう準備はできたんだ。（A：くすっと笑う）
　　　D：お名前は「アン」だよね？
　　　A：いやぁ、違うの。「アイン」、ア・イ・ン。ベトナム語で「アイ
　　　　ン」って言うの。

こちらのやりとりの方が、参与者間の社会的関係を結ぶことに成功する可能性が高いのは明らかである。アインはより協調的で、単音節語で応じるだけというようなことはしていない。言語行為、グライスの協調の原理、会話分析の観点から1と2をより詳しく見てみよう。この一節で例示されている相互行為の性質を理解する助けとなるはずである。

言語行為

　言語行為という考え方は、わかりやすいものである。つまり、ひとつながりになった有意味な音を発することは、話すという行為をするだけではなく、それを介して情報提供、質問、命令など様々な行為も遂行される。後者は言語行為として知られている研究分野のテーマである。哲学者や言語学者たちは、自然言語における意味を論じる際に、発話の真偽を判断するだけでは十分とは言えないという事実にずっと気づいていた。なぜなら、質問や依頼といった発話は真でも偽でもないからである。それらはあるコンテクストで適切ないし不適切とされるような行為を遂行する手段なのである。例えば、多くの条件に基づいてある人が3の文を発した場合、その依頼はふさわしい、あるいはふさわしくないと判断される可能性はあるが、真とか偽ということにはならない。

　　3. Open the door!
　　　ドア開けて！

この依頼は、親が子どもに向けて発しているのであれば適切であるが、もしホテルの従業員が宿泊客に対して口にしているのであれば不適切である。同

様に、次の4の例では発話が正しいかどうかを決めると考えられる手立てはない。

    4. Why are you frowning?
       なぜ怖い顔をしているのですか？

この場合もまた、そのような問いを発するのはある条件のもとでは適切ないし不適切とされるだろう。結局、真か偽かを問うても意味をなさないのである。

  Austin（1962）によると、ことばによるすべての発話は何らかの行為を表すという。裁判官が「これにより被告人を……の刑に処する」と判決を下す場合のように、中には明示的なものもあるが、一方で「……ということをここに宣言する」という前置きがなく、それとなく暗に行為を含むものもある。その証拠に、そのような前置きに「今日は気分がすぐれない」というよくある発言を続けた場合、聞き手はその発話はかなり奇妙であると感じるだろう。明示的あるいは非明示的な「直接言語行為（direct speech acts）」に加え、「間接言語行為（indirect speech acts）」もある（Searle, 1975）。それは先に述べたのと同様に次の5でも例示されているような、挨拶や依頼を合図している疑問文構造のようなものである。

    5. Would you mind closing that window?
       その窓を閉めていただけませんか？

5を発話する人は聞き手に窓を閉めてほしいと依頼していることをおおかたの読者は理解していただけるだろうが、しかしながらそれは字義通りの意味ではない。「ある発語内行為が別の行為を行うことで間接的に遂行されている」（Searle, 1975, p. 60）際に、それは間接言語行為となる。5で行われている発語内行為は質問であるが、その質問は依頼という行為を遂行するために用いられているのである。

  なぜ間接言語行為を使うのかということは別の問題であるが、その理由を

推察することは難しいわけではない。間接言語行為は概してより丁重であるため、誤りを正したり、疑問を呈したり、念を押して言ったり、（上記5のように）依頼をしたりするときのさりげないやり方なのである。ある言語の力量ある話者であるということには、いつ直接あるいは間接言語行為を行うべきか、さらにはどのようなときに黙っているべきなのかということに関する判断が部分的に関わっている。第二言語ないしそれ以上の状況で言語行為を行ったり解釈したりすることは、ともに成長してきた言語（母語）でするよりも多くの問題を引き起こすことは明らかである。

異文化間で複数の言語が用いられる際の言語行為は、なおいっそう興味を引く難問である。なぜなら、当事者たちはそのような状況における社会文化的な慣習や背景知識を共有していないのが実情だからである。

すでに提示した1の会話を見てみると、アインがD（ダイアン）の「元気？」（How ya doin'?）を誤解し、質問として解釈してしまっているがゆえに「いま読んでるとこ」（I'm reading）と返答しているのは明らかである。ある意味、アインがしていることは筋が立たないというわけでもない。以下のやりとりから明白なように、疑問文構造を発話するという発語行為は、質問という発語内行為を合図しているからである。

6. X: What time is it?
    Y: It's five past four.
    X：何時？
    Y：4時5分過ぎだよ。

6において、Xが情報を求める意図があり、Yがそれを提供する場合には、YはXに対する適切な返答である。しかし1において、ダイアンがwhatではなくhowを用いていることから明らかなように、彼女は情報を求めているというわけではない。ところが、ダイアンの意図はアインにはわかりづらかったのである。なぜダイアンの発話に対するアインの解釈が当該コンテクストで不適切な返答という結果を導いたのかを考える際には、グライスの協調の原理の観点から考えるとわかりやすいだろう。

会話の含意とグライスの公理

挨拶と明らかにわかるようなダイアンの質問をアインが解釈できなかったことを考えると、会話は共同作業であるという考えに辿り着く。滞りないやりとりは、話者による「会話の含意（conversational implicature）」を汲み上げる聞き手の能力に依存している。つまり、何らかの発話における話者の意図を理解する聞き手の力量のことである。「含意（implicature）」とは、話者がほのめかしたり、示唆したり、あるいは意図したりしていることを指し、字義通りの解釈とは異なる。Grice（1975）によれば、会話の含意は、会話の一般原理と話者が通常従う公理から引き出される。協調の原理と呼ばれる一般原理は次のようなものである（Grice, 1975, p. 45）。

7. A. Make your conversational contribution such as is required, at the stage at which it occurs, by the accepted purpose or direction of the talk exchange in which you are engaged.

    The **maxims**, or conventions which support this principle are as follows:

    B. *Quantity*: Make your contribution as informative as is required (for the current purpose of the exchange). Do not make your contribution more than is required.

    Quality: Do not say what you believe to be false. Do not say that for which you lack adequate evidence.

    Relation: Be relevant.

    Manner: Be perspicuous.

    Avoid obscurity of expression.

    Avoid ambiguity.

    Be brief (avoid unnecessary prolixity).

    Be orderly.

7. A. 発話をそれが生じる会話の段階において、会話の目的や方向が要求するようなものであるようにせよ。

この原理を支える会話の公理は以下の通りである。
B.「量の公理」:（そのときの会話の目的に対し）必要とされるだけの情報を与えなさい。
必要以上の情報は与えてはならない。
「質の公理」:偽であると思っていることは言ってはならない。
十分な根拠に欠けることは言ってはならない。
「関係の公理」:関連性のあることを言いなさい。
「様態の公理」:明快に言いなさい。
曖昧な表現は避けなさい。
多義的であることを避けなさい。
簡潔に表現しなさい（不必要にくどくなることを避けなさい）。
順序よく言いなさい。

グライスはこれが網羅的なリストであると言っているわけではなく、例えば、「丁重に言いなさい」というような公理は通常遵守されるとしている。様態の公理は相互行為的やりとりの冒頭には当てはまらないこと、そして「『関連性のあることを言いなさい』という公理は他のすべての指示に関わっているように思われる」(Brown and Yule, 1983, p. 32) ということが示されてきている。もしその相互行為の目的が上の指示のどれかに違反することで果たされるのであれば、参与者はそれを破ってしまうだろう。例えば、もし目的が人を欺くことであれば、質の公理が違反されるなどが考えられる。これらの公理に関する議論がどのようなものであろうとも、われわれの議論の出発点としては有用である。しかし、ひと言注意が必要である。それは、この公理が規範的であるということを言っているのではなく、ことばの相互行為が基盤とする標準的な前提を示しているということである。よって、公理のいかなる違反も話者の発話の意図について推論を引き起こすこととなる。

会話1でアインが誤解した原因は、アメリカ英語で機能している言語的な慣習を彼女が認識していない点にある。その結果、"How ya doin'?"を挨拶ではなく純粋な質問と捉えてしまったのである。同じく重要なのは、ダイ

アンがもっと「協調的」に、例えば "How are you?" のようにより慣用的なことばで会話を始めるべきであったということである。そういう表現であれば、アインはもっと容易に挨拶であると認識できたであろう。したがって、アメリカ英語では慣習化されてはいるものの、アインとのやりとりというコンテクストでダイアンが間接言語行為を用いたことは、相手にとってわかりづらかったという点で様態の公理違反に相当するのである。

会話分析

例 1 と 2 における話者交代の総数は同じであり、アインとダイアンはそれぞれ 4 回順番が巡ってきている。しかし、同数であることをそのまま受け入れるのは危険である。

1 のやりとりの推移を見ると、「ダイアンは質問に返答する時間をあまりアインに与えていない。そのやりとり全体は約 1 分 10 秒続いているが、そのうちダイアンの発話は約 66％もの時間を占めている」ようである。ダイアンが会話を支配していることに対する説明は、以下の引用で示されている。すなわち「ことばによるやりとりを増やすことで母語話者が会話における気まずさに対して反応することは珍しいことではない。沈黙を嫌うのは、一般的なアメリカの文化では一つの文化的特徴と言ってもいいのかもしれない」(Gumperz *et al*., 1979, p. 97) というものである。

会話 2 において、アインはダイアンの質問形式の発話を会話のとっかかり（挨拶）であると認識して応答し、続くやりとりでは単音節語で答えるのではなく厭うことなく問いを発している。そのやりとりはつり合いがとれており、会話が進むにつれ、参与者双方が気兼ねない状態で互いの関係を心地よいものと感じているようである。よって 2 の会話は、少なくとも大学という場において、アメリカ英語を使うコミュニティでのことばによる相互行為の基準により厳格に従っているのである。

言語的慣習と社会文化的慣習

上の例は、相互行為がうまく運ぶためには、参与者は当該言語の言語的慣習を意識していなければならないということを明快に例証している（例えば、

アメリカ英語では疑問文の形式が「挨拶」の機能で用いられる)。さらに、参与者たちが従う社会文化的な慣習も知っていなければならない(例を挙げるならば、やりとりの合間に一定の間合いを参与者が保つこと)。会話の最中に沈黙をどれほど許容するか、そしてそれがどういう場面で適切なのかということは文化によって異なる。[†2] こういった慣習については、英語の変種という話題を扱う章でいくぶん詳しく論じる予定である(第8章・第9章参照)。次にことばによる相互行為に関連する「面子(face)」という概念を簡潔に見てみよう。

面子

相互行為が順調に進んでいないときには、関係する参与者の双方が気まずい思いをするだろう。対面での相互行為では、参与者はメッセージをやりとりするだけではなく、自己イメージの投影もしており、相互行為の失敗はこの自己イメージ、すなわち面子(face)をも脅かすこととなるからである。Goffman(1967, p. 5)によれば、「面子とは(社会的に)認められた社会的属性の観点から描かれた自己のイメージである」。「面子を維持することは相互行為の一条件」(Goffman, 1967, p. 12)であるため、面子を脅かすいかなる脅威も、それを受ける参与者がやりとりを放棄するという事態を引き起こす。そこで、相互行為を継続するために、儀礼的な均衡を保持しようという試みがなされる(Goffman, 1955)。会話2において、そのような試みがよく表れているのは、「そっちはどぉ?」という返しの挨拶と、アインによる「ベトナム語で『アイン』って言うの」という説明である。1つ目は、ダイアンの会話を始めようとする意図に応えていて、2つ目はアインの名前の発音を直されてもダイアンがばつの悪い思いをしないようにしているのである。

別の例を見てみよう。以下の友人2人による会話を考えてみる。

8. i. A: We will be delighted if you could share a meal with us on Saturday evening.

[†2] 文化におけるこのような慣習を記述したものとしては、Philips(1983)、Scollon and Scollon(1981)、Tannen(1984)、Tannen and Saville-Troike(1985)参照。

ii. B: Why go to so much trouble? After all, everyone is so busy during the week. The week end is the only time when one can relax. We will drop by and see you some time during the week end.

iii. A: It will be no trouble at all. It will be a simple meal, nothing elaborate.

iv. B: Shall we bring some thing?

v. A: Just yourselves, and a good appetite. See you at 7 PM.

vi. B: We will meet then.

8. ⅰ. A：土曜日の夜に食事をご一緒できたら嬉しく思います。

ⅱ. B：わざわざよろしいのですか？ やっぱり平日は誰でもとても忙しいので、週末はリラックスできる唯一の時間ですものね。では立ち寄らせていただき、お目にかかりましょう。

ⅲ. A：ご心配なく。簡単な食事で、手の込んだものはありませんから。

ⅳ. B：何かお持ちしましょうか？

ⅴ. A：手ぶらでお腹を空かせてきてください。午後7時にお会いしましょう。

ⅵ. B：ではそのときに。

上記のやりとりで何が起きているのかを簡潔に説明すると、参与者は互いの面子、すなわち社会全体に投影したい自己のイメージを意識していると考えられる。何らかの理由でAはBを招待せざるを得ないか、あるいはBはAの願いを聞き入れなければならないため、Aの招待はすぐには受け入れられていない。前者はAの、後者はBのイメージを害する恐れがある。またBは招待を受け入れる前に、自分を招待するに際しAは真剣であると信じていなければならない。それゆえ、最初のためらいは両者のイメージを保っているのである。ⅲにおけるAの断言は招待が本心であることを示し、その結果Bはⅳで招待を受け入れることを厭わないということをそれとなく

伝えている。最後に招待を受け入れることにより、社会的な協調性が回復されそれぞれのイメージを高めている。面子という概念は、第3章でより詳しく論じるが、それは文化を横断してポライトネスで重要な役割を果たすからである。

コンテクスト

儀礼的な均衡（the ritual equilibrium）を維持するには、参与者が社会文化的な背景を共有しているときにいっそう容易である。参与者が個人としてそして社会文化的な集団の成員としてお互いについて理解していることは、それを例証するよい例である。この観点から8の会話をもう一度見てみよう。文化や社会の慣例に従って、参与者の双方が、夕食への誘いはかけ引きの問題であって、即座に受け入れたり拒否したりするようなものではないと思っていることに着目してほしい。招待された方からすると、みんなで食べる料理を持参することでそのディナーへの貢献を申し出ることは失礼にならない心がけであるが、まれな状況を除いて考えると、その申し出を受け入れることは招待する側としては不適切である。友人間ではそのような招待に感謝し合うのもあまりないことである。個人のレベルで言うと、両参与者は双方が共働きの夫婦であることを知っているようで、それゆえに週末という話が出ているのである。招待する側は、自分がどこに住んでいるのかを相手は知っているとわかっているため、食事の場所は会話の中で特定されていない。また招待される側は、自分たちの食習慣を相手は知っているとわかっているので、例えば野菜料理がよいといった食事制限については言及がないのである。

この簡単な例を見ただけでも、「社会文化的な背景」が意味することの特定は簡単なことではないことは明らかである。しかしながら、社会言語学者、社会学者、コミュニケーションの民族誌学者、そして心理学者は有用な重要概念を提供しようと試みてきたのである。

● おわりに ●

社会言語学的な「コンテクスト」や「状況のコンテクスト」という概念は、

ことばの相互行為を分析する際に重要である。相互行為の社会文化的な背景を構造化する際に必要とされる不可欠なカテゴリーを提供するためである。文化のコンテクストについては、次章でより詳しく論じていく。

文献案内

Brown, G. and Yule, G. (1983) *Discourse Analysis*. Cambridge: Cambridge University Press. ［第 2 章、第 7 章］

Green, G. M. (1989) *Pragmatics and Natural Language Understanding*. Hillsdale, NJ: Lawrence Erlbaum.（深田淳訳（1990）『プラグマティックスとは何か——語用論概説』産業図書）

Schiffrin, D. (1994) *Approaches to Discourse*. Oxford: Blackwell. ［第 2 部］

課題

ある職場での会話を抜き出した以下の引用（Dautermann, 1995, pp. 205-207）について、次の点を考えなさい。

1. このやりとりの目的は何だろうか？　あなたは、この問題にしっかりと答えられる背景知識を持っているだろうか？　もし持っていないとすると、さらに必要とされる知識とはどのようなものだろうか？
2. このやりとりの参与者は、互いに協調的だろうか？　協調的なスタンスを合図するために、どのような方略をとっているだろうか？
3. 面子を維持するために何らかの方略がとられているとすると、それはどのようなものだろうか？
4. このやりとりが行われている場所はどこだろうか？　どのように推論できるだろうか？
5. このやりとりは目的を達成しているだろうか？　成否を示唆するものは何だろうか？

ある病院に勤務している看護師たちが、文章を作成しながら交わしているやりとりの引用である。

de: Procedures がいいよ。

jd: うん。Procedures ね。

di: "Procedures is the process used to. . ." to document technical intervention じゃなくて to. . .

dj: Standardize じゃない？

di: そうだね。わかった、"standardize the technical steps, the technical—?"

jd: Intervention かな？

di: うーん、そうだ。Steps and intervention, 同じことか。"Technical intervention" でどうかな？

jd: でも nursing intervention じゃない？ "Technical nursing intervention—?"

di: だめだめ。長すぎるよ。

jd: そっか。

di: "Technical intervention applied—"

jd: うーん、そうだな。To— "in response to patient care plan?"

di: えっと、in response to a patient condition? あるいは in response to an expected condition? それとも＼＼

de: ／／Response to an order でどうだろ。いつもそうじゃない。A procedure we do because we have an order to do だよね。

di: "A process used to standardize the technical intervention applied—"

jd: "In response to an order" かな。

di: "To physician order?" a physician order かな？

jd: うーん。

de: "A procedure is a tool that is used—"

di: はい、できた。[jk に原稿を渡す]

jk: "Procedure"

jd: "to standardize the technical intervention in response to—"

di: なに？

jd: なにに？ Patient care needs? それとも People's orders? かな。

jk: なにに応じてか書かないとね。

de: "A procedure is a tool that defines the technical steps＼＼

jk: ／／involved in nursing intervention."
de: ちょっと。
jd: わかった。ちょっと待って。"A procedure is a tool that is used to standardize technical intervention by nurses." は？
dj: それだそれそれ。
jd: よし。
de: それいいな。うん。素晴らしい。

【表記について】
"—" は、他の参与者からのコメントを引き込む、発話における休止を表す。
"..." は、はっきりとは発話されていない箇所を表す。
"＼＼" は、他の話者によって発話が継続されていること、あるいは割り込まれたことを表す。
"／／" は、他人の発話に被せられた発話を表す。

第 2 章

文化のコンテクスト
Context of Culture

● はじめに ●

　「文化（culture）」や「文化のコンテクスト（context of culture）」といった用語が何を意味しているのかということを定義するのは簡単なことではない。これまで文化は様々な学問でいろいろと定義されてきた。例えば、ある定義によると、文化とは「記号の形式で体系化された歴史的に伝達される意味のパターンであり、その記号によって人は人生に関する知識や心構えを伝え、永続させ、そして発展させている」（Geertz, 1973, p. 89）としている。別の定義では、文化とは人々が「人がするように振舞い、人がなす物事をなし、そして人がする特有の方法で経験を解釈するため知っておかなければならないこと」（Quinn and Holland, 1987, p. 4. 傍点は原著者）とされている。Thornton（1988）は文化の固定的で具体化された考え方に反論し、「文化」とは何かを議論する意味はあまりないと述べている。むしろ、有益と思われることは、文化は何をなすのかを論じることである。Bloch（1991）によれば、文化は人類学研究では重要な領域であり、社会的環境において首尾よくやっていくために人々が知っておかなければならないもの、と定義されている。社会的環境は、人々が互いに関わる際に媒介する社会的組織と社会的行動から成り立っている。

　「文化」という用語が何を表すのかということを正確に定義するのは難しいが、それを明らかにしようとするすべての試みから明白なことは、文化とは過去の歴史に由来するものであり、また目前のものでもあるということで

ある。文化は様々な行為と同様にことばによる行為も形作るし、逆に行為によって形作られもする。それは不変の実在を持った固定的で完全な実体ではなく、むしろ動的な過程なのである。

　同じく厄介なのは、「社会（society）」という用語が何を意味するのか定義することである。例えば、Ginsberg（1932, p. 40）は社会を「何らかの関係の枠の中に入れなかったり行動の面で異なったりする他者を自分たちと区別する、ある関係や行動様式によって結びつけられた個人の集合体」と定義している。Linton（1936, p. 91）は、社会とは「自分たちを組織化できたり、あるいは自分たちを他と区別するような明確な区別を持った社会的な集団と見なすことができるほど長くともに暮らし仕事をしてきた人々の集団」と述べている。社会科学者は社会をあるシステム、すなわち以下の集団から成り立っている社会的な組織と見ている。

> 別の集団としては達成しえないある機能を成員たちが一緒になって果たす集団。その集団はそれほど持ちつ持たれつの関係にあり、ある特定の取り決めにおいて相互依存的である。つまり、それぞれの集団の成員は、一定の期待されるような方法で他の集団のメンバーや外的環境に対して行動するのである。組織の成員が期待するある種の相互行為を行わない成員がいる際には、その成員たちは自分たちの関係に対する組織的な調和を回復するために一定の方法で返報するのである。
>
> （Mandelbaum, 1970, pp. 4-5）

上記集団の例として、親と子、教師と生徒、雇用者と従業員などが挙げられるだろう。

　ことばの相互行為を含む人間の行動は、家族、職場、教育、礼拝などの社会制度において行われる。したがって、言語行動に関する洞察を得るために言語が用いられる社会文化的なコンテクストに注目することは意義のあることなのである。こういった試みにとって、Firth（1957a）のような言語学者やHymes（1964）に代表される民族誌学者たちによって特徴づけられている「コンテクスト（context）」や「状況のコンテクスト（context of situation)」という概念は有用である。

● コンテクストと状況のコンテクスト ●

Firth（1957a, p. 182）によると、「状況のコンテクスト（context of situation)」とは、言語事象（language events）に対して適用するのにふさわしい概略的な構成体である。彼は「状況のコンテクスト」を「言語事象」と結びつけるため、以下のカテゴリーを提唱している。

1. a. 関連する参与者の特性：人、性格
    i．参与者のことばによる行為
    ii．参与者の非言語的行為
  b. 関連する物
  c. ことばによる行為の効果

例えば、教室という状況においては、教師も児童もともに会話に関与している（例えば、教師と児童の双方が質問したり答えたりしている）。ことばの相互行為には、本やチョークや黒板などの物、さらには挙手をしたり、本を開いたり、児童を指したり、黒板に書いたりといった行為も関係している。

同じようなアプローチは Hymes（1964, 1974）でも見られ、そこではコンテクストに関するさらなる詳細が細かく論じられている。例を挙げると、「発話状況（speech situation）」（例えばセレモニーや狩りのように、ことばによる事象と非言語的な事象のどちらも含んでいる）や「スピーチイベント（speech event）」（教会での礼拝のように、スピーチを用いるルールや基準に直接支配された行為や行為の側面のこと）という概念は、社会言語学的な説明には重要である。スピーチの要素には以下のものが含まれる。すなわち、「メッセージの形式（message form）」（「いかに物事を述べるか」という、沈黙も含めた発話の言語形式のこと）、「メッセージ内容（message content）」（「何について述べられているのか」という、話題のこと）、「状況（setting）」（事象が生じている場所や時間、そして参与者の非言語的行為のこと）、「場

面（scene）」（心理的な状況のことで、インフォーマルかフォーマルか、真面目なのか陽気な場面なのかなどのこと）、話し手や聞き手、さらに聴衆（直接やりとりしている聞き手以外の傍で聞いている人）を含む「参与者（participants）」、成果（outcomes）や目的（goals）（参与者が伝達事象の結果として達成しようとすること）を含む「意図（purposes）」、「基調（key）」（嘲笑と深刻、おざなりと真摯といった、メッセージ形式の表出の仕方）、「媒体（channels）」（例えば、話しことば、書きことば、のろし、太鼓を打つ音）、「言語の種類（forms of speech）」（言語、方言、コード、変種など）、「相互行為の規範（norms of interaction）」（あるコミュニティで会話を支配しているルール）、「解釈の規範（norms of interpretation）」（ためらいのようなことばによる振舞いを含む特定の行為は、コミュニティ内であるいはコミュニティ間でいかに解釈されるかということ）、そして「ジャンル（genre）」（詩、神話、物語、謎、罵りことば、詠唱）である。[†1]

　Hymes の分類を参考に、Saville-Troike（1982, pp. 139-140）は伝達事象に関する以下の要素を論じている。「ジャンル（genre）」すなわち事象の種類（例えば、ジョーク、物語、講義、会話など）。「トピック（topic）」、「目的（purpose）」あるいは「機能（function）」は、一般的な事象でも個々の参与者の相互行為の目的という観点での事象でもよい。場所、時間、季節、状況の物理的側面を含む「状況（setting）」。年齢、性別、民族意識、地位、相手との関係を含む「参与者（participants）」。声を出す媒体と出さない媒体や用いられるコードを含めた「メッセージ形式（message form）」。「メッセージ内容（message content）」（つまり伝達される内容）。「展開する一連のコミュニケーションの行為（act sequence）」（つまり会話の順番取りを含む発話という行為の順番）。「相互行為のルール（rules for interaction）」。そして「解釈の規範（norms of interpretation）」である。

　これらの特徴はすべて、音の特徴と同じように伝達行為の解釈に関連している。つまり、pet という語の（p）という音を（b）に変えることは、「賭け」（bet）という異なる意味であることを合図しているため、「声を出す」

[†1] これら分類の詳細は Hymes（1974, pp. 51-62）参照。

という特性には、意味が関わっているという事実が確認されるのである。同様に、コンテクストの特性はどれも意味を持っており、その1つでも変えることは別の意味を合図することになる。例えば以下の例は2つの異なる意味を伝えている。

  2. A：Is he at home?
     彼は家にいる？
   B：Is he at his residence?
     彼はご在宅ですか？

home と his residence という語彙項目を使用することで生じる相違は、親密であるという領域とより形式的であるという領域の間にある違いを合図している。ある言語を流暢に使いこなす話者の多くは、多くの点で類似しているスピーチイベントに参与した経験を共有している。よって、その人たちは以下のやりとりのようなテクストの一部に出くわしたときに、会話で欠いている要素を「補完する」ことでそれを理解できるのである。

  3. A：Don't you have to go to school tomorrow morning?
     明日の朝学校に行かなくてもいいの？
   B：I just have one more math problem to solve.
     解かなくちゃいけない数学の問題がもう1つだけあるんだ。

ここからいくつかのコンテクスト的な要点を推論することができる。1つは、BはAはまたは親代わりの人であろうということである。Bは何時に就寝したらよいか世話役がそれとなく伝えなければならないほどまだ若いが、それでも寝るように命令されるほどには幼くない。おそらく夜遅い時間の可能性が高く、場所はAかBの自宅だろう。やりとりは親密な領域で展開されており、その目的は仲間意識の表出である。つまり、AはBに翌日に備えて十分な休息をとってほしいという心配を伝えたいのであり、Bの目的は翌日の学校の宿題を完成させなければならないことと、時間にも気を

向けていること、さらにはそれが間もなく終わることをAに伝えて安心させることである。相互行為のコンテクストに関するポイントが変われば、そのコード化も変化するということには注意してほしい。例えば、参与者の年齢や関係の変動は、メッセージ形式の相違を引き起こす。例えば、もしAとBがともに大学寮のルームメイトであったら、3ではなく次のやりとりの可能性が高くなるだろう。

  4. A：What time do you have to go to the class tomorrow?
      明日何時に授業に行かなきゃならないの？
    B：I just have one more short chapter to read.
      もう1つだけ短い章を読まなくちゃならなくて。

注目すべきことは、4のやりとりはより多くのコンテクストの合図がなければ解釈がさらに困難であるということである。Aの質問はBへの関心を示しているかもしれないが、他方で、Aが休みたいのでBには電気を消してほしいというほのめかしであるとも考えられる。2人の参与者（親と子、ルームメイト）の関係と他のコンテクスト的要因に基づいて見てみると、この単発的なやりとりにはいくつかの異なる解釈があるかもしれないというのは明らかである。しかしながら、実際の会話の相互行為では、関連する要因によって解釈の幅がはるかに狭く限定されるのである。

● 背景知識の構造 ●

 人はことばによる相互行為に不可欠な背景知識を、目前の経験という領域内にある状況のコンテクストやコンテクストの特徴という観点からだけではなく、それよりも前に経験したことに基づいて確立された概念構造の面からも体系化している。この構造は、「スキーマ（schemata）」、「フレーム（frames）」、「スクリプト（scripts）」、「シナリオ（scenarios）」などの様々な用語を用いて多様な分野で議論されてきた。発話状況を扱う学問の観点が異なるため、その用語には相違があるのである。例えば心理学では、「スキー

マ」という概念は記憶と想起に関する研究のコンテクストで用いられる。Bartlett は「スキーマ」を「活性的（active）」でさらに「展開していく（developing）」記憶の構造であると論じている。彼によると、「過去というものは、それぞれが特定の特性を保持している要素の集合としてではなく、体系化された集合体として作用する」（1932, p. 197）とのことである。「スキーマ」という概念は、談話に対する記憶という概念で用いられる。例えば、5a のようなあるテクストは、5b のように記憶されているかもしれない。

5. a. Samantha and Kimberly were going shopping when they met with an accident.
   サマンサとキンバリーがショッピングに向かっていたそのとき、事故に遭ってしまった。
   b. Two friends were going shopping when they were hit by a car.
   友人2人がショッピングに向かっていたそのとき、車にひかれてしまった。

5a を 5b のように想起した人は、友人同士で一緒にショッピングに行ったことと車の事故に遭ったことというスキーマを使って 5a にあるようなテクストを能動的に再構築したのである。

動的な「スキーマ」という概念とは対照的なのが、静的な「フレーム」という概念である。それは社会学においてさらに広いスケールで理解されている。Bateson（1972）で提唱された「フレーム」という考えを利用した Goffman（1974）によれば、ある社会のほとんどの成員は主観的に関与する事象を支配している組織的規則に従ってある状況を理解するようになる。彼の目的は、「事象を理解できるように、社会の中で利用される理解の基本的枠組みのいくつかを抜き出すこと」（Goffman, 1974, p. 10）である。Goffman は、何が起きているのかを容易に理解させる状況や事象の枠組みだけではなく、誤解を導く誤った枠組みについても論じている。

「フレーム」という考え方は、人工知能の研究の必要性にも応えられるように改変されてきた。そこでは、人間の知識は記憶の中に「フレーム」と呼

ばれる定型化された状況を象徴するデータ構造の形で貯蔵されているということが提起されている（Minsky, 1975）。「フレーム」は「必要に応じて細部を変えることで現実に合うように改変される記憶された枠組み」（Minsky, 1975, p. 212）である。言語的知識に適応されると、人間の活動のある領域における知識は、例えば〈学校〉（SCHOOL）というラベルを貼られて「フレーム」に貯蔵されると言えるかもしれない。この「フレーム」は、「教室」、「教師」、「黒板」、「チョーク」などの特定のスロットを持ち合わせている可能性がある。それは当てはまるもの、つまりあるテクストで生じる具体的な語彙によって満たされるのである。

「フレーム」は固定的であるのに対し、「スクリプト」は「状況を描写する出来事の標準的な順序」（Riesbeck and Schank, 1978, p. 254）を含んでいるという点でダイナミックである。スクリプトが何を意味しているのかということをはっきり示す1つの方法は、人はテクストをどのようにして理解するようになるかということを示すことである。例えば、多くの読者にとって、6の空欄を埋めるのは難しくはないであろう。

6. A：I am thirsty.
    のどが渇いた。
   B：＿＿＿＿＿＿

以下に挙げられた表現以外にも適切な候補はあるだろう。

7. B：Would you like some water / juice / coffee / tea / soft drink?
    お水／ジュース／コーヒー／お茶／ソフトドリンクはいかがですか？

Aの発話は何らかの飲み物を出してくれるよう依頼しているという予測が7の発話で満たされている。しかしながら、AもBも5階にカフェがある大きな百貨店で買い物をしていると仮定すると、予測される応答は次のようなものになる可能性が高い。

8. B：Shall we go to the coffee shop on the fifth floor?
   5階のカフェに行きましょうか？

つまり6におけるAの発話は、飲み物の提供あるいは飲み物が手に入る何らかの場所へAと一緒に行くという申し出といった、特定の定型化された「行為」を含むスクリプトを喚起させる。概念的な知識に基づくそのような予測は、テクストの解釈を構築する際に重要な役割を演じているのである。

談話の解釈を説明する際に援用される、スクリプトを土台とするもう1つの概念は「シナリオ（scenario）」である。Sanford and Garrod（1981）によれば、状況や場面の知識というのは、テクストの背後に潜む解釈のシナリオを構築しているものと見なされるかもしれない。1つのテクストが読者や聞き手に対して適切なシナリオを喚起する程度に、それは適切に解釈される。例えば、レストランに行くことに言及するテクストは、ウェイター、メニュー、座席案内などが役目を果たすシナリオを喚起させるのである。

いくつか例を見ればこの概念の適用可能性はますます明快になるだろう。例えば、アメリカへの外国人客と地元の主人との以下のやりとりは、関連する背景知識を持っていない限り外国人にとっては問題がある。その知識とは、アメリカの休日についてである。

9. Visitor：I was thinking of cashing in some cheques on Thursday.
   木曜日に小切手を現金に換えようと思っていたんだ。
   Host： Thursday is Thanksgiving.
   木曜日は感謝祭だよ。

主人の発言は、「感謝祭（Thanksgiving）」はアメリカ英語の話者であれば持ち合わせている背景知識の一部であるということを示している。その客が読み取るように期待されていることは、木曜日は銀行が休みだと思われるため予定は変更せざるをえないということである。もしその客が感謝祭というものを一度も聞いたことがないのであれば、当然のことながらアメリカ人の主

人の発話は本人にとっては理解できないものであろう。英語という言語の能力ではなく、この例におけるやりとりがうまくいくには社会文化的な（背景）知識の共有こそが重要なのである。もちろんこれは非常に単純な例であり、容易に入手可能な1つの情報に基づいている。さらに複雑な例は以下のものである。

> 10. Before carrying the rice up into the barn, the time arrives for making merit at the threshing floor. They make a pavilion and set up a place for the Buddha image and seats for monks at the threshing ground. In the evening of the day appointed for making merit at the threshing floor, when the time arrives monks come and perform evening chants at the threshing ground.（Rajadhon, 1968, p. 368）

> 10. 米を上の納屋に運び入れる前に、脱穀場での精霊にいけにえと祈りを捧げる時間がやって来る。彼らは天幕を張り、釈迦像を置く場所と脱穀場での僧侶用の座布団を整える。脱穀場で祈りを捧げる日の夕方、時間になり僧侶がやってきて脱穀場で夜のお経を唱える。（Rajadhon, 1968, p. 368）

上のテクストは英語で書かれているものの、すべての英語使用者にとってこの一節の解釈を導き出すことは容易ではない。推測されうることは、以下の通りである。すなわち、筆者は「メッセージの送り手（addresser）」であり、読者は「メッセージの受け手（addressee）」で、「トピック（topic）」は農業に関わることのようだ。「コード（code）」は英語で、「媒体（channel）」は書きことばである。「ジャンル（genre）」は説明的な散文で、「目的（purpose）」は読者に農場と関係する何らかの「出来事（event）」について知らせることのようである。しかしながら、コンテクストのいくつかの要素が不明瞭である。このテクストはどの地域のものなのかが明らかではない。「祈りを捧げる（making merit）」が何を指しているのかわからない。稲作に馴染みある人にとっては、コンテクスト全体が米農家と結びついていることは

明らかだろう。「釈迦像（Buddha image）」や「僧侶（monks）」という表現は仏教の場面を示している。このテクストは脱穀とその後米を納屋へ貯蔵することについてである。「祈りを捧げる（making merit）」を正しく解釈できる人々にとっては、おおかたは明らかであろう。そうでない人たちにとっては、「スキーマ」（例えば稲作や仏教の儀式の知識）、「フレーム」（例えば「祈りを捧げる」構成要素の知識）、「スクリプト」（例えば「祈りを捧げる」際の事象の順番に関する知識）、そして「シナリオ」（例えば「祈りを捧げる」ことと結びつく「行為」）が不明瞭である。なぜなら、その人たちは「仏教のお祈り」をした経験がなく、それゆえにその構造的なイメージがないからである。「祈りを捧げる」ことのどの要素でどのようなスロットが満たされるのか知らないので、フレームを持ってはいないのである。

　これがタイの田舎での出来事だという情報、「祈りを捧げる」は脱穀のあとに人々が参加する儀式であるという情報、さらにその儀式は作物の収穫量に応じて1晩以上続く可能性もあるという情報を知っていれば、よりしっかりとした解釈が可能となる。例えば代名詞の"they"は誰を指しているのか、つまり1人1人の農民とその家族なのか、それとも村全体なのか、といったいくつかほかの問題が解決したときに限り完全な解釈が可能となる。"merit"は誰かに生じるものなのか？　もしそうであれば、誰に？　農家の主人なのかそれとも僧侶なのか？　誰によるどのような出来事や行為が"making merit"で生じるのか？　当然のことながら、タイの仏教徒で英語を使用する人々は、ほかのいかなる変種の使用者よりも、このテクストをはるかに容易にそして完全に解釈できるのである。ただしそれは、タイの仏教徒たちと同じ「背景知識」を持ち合わせてはいないため、同じ「スキーマ」「フレーム」「スクリプト」「シナリオ」を喚起できず、"making merit"に関わる項目、出来事、行為すべてのスロットを満たすことができない場合に限ってのことである。

　ここで論じた概念は、ほかの変種のテクストを論じる以降の章で再び用いられる。そのため、ここでさらに例示する必要はないであろう。しかしながら、これらすべては、テクストを構築したり理解したりする際に社会文化的知識が果たす役目を説明する際に重要な概念となることは心に留めておいて

いただきたい。

● 文化、状況のコンテクスト、言語使用 ●

　上で論じられた概念はどれも、言語使用について議論する際に再び持ち出される。そしてよくあることに、アメリカ文化対日本文化、西洋文化対非西洋文化、あるいは西ヨーロッパ文化対アジア文化のような対立を説明する際に用いられる一般化を見出すのである。アメリカ文化、イギリス文化、インド文化、タイ文化といったラベルは、あたかも内的多様性がない一枚岩の実体であるかのように言及される。しかし、それは正しくない。それぞれの文化にも、地域、民族性、年齢、性別、階級、社会的地位、教養、そして職業といった要因に基づくバリエーションがある。

　アメリカ文化の中での相違、そしてオーストラリアやニュージーランドやイギリスの違いを考えてみよう。南部スタイルと呼ばれる相互行為の基準とアメリカのほかの地域とでは隔たりがある。ニューヨークにいるユダヤ人の会話の独特な民族的スタイルは、Tannen（1984）によって記録されている。年齢、性別、そして民族性に関わる相違は、Eisikovits（1989）や Stubbe and Holmes（1999）においてオーストラリアやニュージーランドの文化的なコンテクストを例に述べられている。イギリスにある様々な民族共同体出身女性の間に見られる相違は、Coates and Cameron（1988）に記録されている。インド英語を話すコミュニティにおいて、どのように性のアイデンティティが構築され、そして維持されるのかということについては Valentine（1995, 2001）で記述されている。

● おわりに ●

　国や地域に関する文化を一般化する際には、細心の注意を払う必要がある。年齢、性別、民族性、職業などに基づくより小さな集団間での差異をきちんと意識しておくことは、その集団内で、あるいは集団を横断してことばの相互行為を論じる際に重要である。それは、異なる国や地域の文化的コンテク

ストを一般化する場合に引けを取るものではない。「アメリカ文化」「ヨーロッパ文化」あるいは「日本文化」と言うことはよくあるが、それはまるで当該地域からやってきたすべての個人が、そのラベルと結びつけられる行動の慣習をすべて例示するかのような言いようである。文化と行動の関係は、例えば人類学あるいは社会学といった学問的な資料から得た知識、ないしは旅行談や民間伝承といった世間一般の情報源から得られた知識によって通常は形作られる。その記述が慎重な観察に基づいていようとも表面的な印象によるものであろうとも、大雑把な一般化はその程度のものなのである。緻密な民俗学的な研究は、集団、下位集団、職業組織、そしてあまりにも多くて余すことなく挙げ切ることはできないが、そのほか人間社会の何らかのまとまりは、言語行動も含めてどのような特徴的な行動パターンを持っているのかということを詳細に論じている（例えば、Eisikovits, 1989; Morgan, 1996; Stubbe and Holmes, 1999; Tannen, 1981）。われわれ自身もインディアン、すなわちネイティブアメリカンやポーランド文化といった意味が広い用語を使用するが、意識しておかなければならないことは、1つ1つの具体的な行動事例は、厳密とは言えないこのような分類に帰すことができないかもしれないということである。すべての道具は役に立つものだが、見境なく使用すれば必ず害を及ぼす恐れがあるということを忘れてはならない。

文献案内

Saville-Troike, M.（1996）The ethnography of communication. In S. L. McKay and N. H. Hornberger（eds.）, *Sociolinguistics and Language Teaching*（pp. 351-382）. Cambridge: Cambridge University Press.

課題

1. 文化をどう定義するか？
2. 「言語は文化である」という考え方は、どの程度正しいと言えるだろうか？
3. 英語が共通の言語コード、すなわち様々な言語の話者たちによって世界中で使われている言語だとすると、例えば研究活動、仕事での交渉、

外交、メディア、そのほかの社会的相互行為の場で、うまくコミュニケーションをとるには英語という言語以外にどんなことが必要だろうか？

4. やりとりする相手が（a）親、（b）友人、（c）仲間（学友や同僚など）によってことば遣いに相違があることに気づいていただろうか？ 会話への参与者が異なれば使用される音、語、表現が変わってくるが、それぞれの特徴をよく観察して列挙しなさい。

第3章

丁寧さ（ポライトネス）の諸要因
Parameters of Politeness

● はじめに ●

　これまで2種類の概念を議論してきた。1つは相互作用のコンテクストに重要な形で関係している概念、もう1つはコンテクストを構築するという観点から重要であるスキーマやフレームといった概念である。ポライトネスの概念は、あらゆるコミュニケーションにおいてきわめて重要なものであり、異文化コミュニケーションにおいてはなおさらのことである。このような理由から、この章ではポライトネスの現象について詳細に議論していこう。

ポライトネスの定型表現
　あらゆる人間のスピーチコミュニティには「ポライトネスの定式表現（politeness formulas）」がある。"good morning"、"thank you"、"God bless you"、"bye-bye" などが例として挙げられる。Ferguson（1976, p. 138）は人間には「間投詞を使用したり、自動的な反応を導き出すような儀礼化されたやりとりをする性質が生得的に備わっている」という仮説を提唱している。しかしながら、このようなポライトネスの定型表現は、人間が丁寧に相手に接する唯一の方法であるわけではない。当該のスピーチコミュニティにおいて使用されるストラテジーを決定する際に、社会文化的な慣習が重要な役割を担っているのである。

　すべての言語にはポライトネスや儀礼的行為を示す手段がある。しかし、

ポライトネスの概念がすべての文に取り入れられなければならない言語もあり、そのような言語には地位、敬意、謙遜などを義務的に示す標識がある。一方で、ポライトネスを明確に示さなかったり、異なる方法で相手に示すような言語もあり、このような言語では、例えば誰かと対面する際に、微笑んだり、参与者間の距離を保つことでポライトネスを表現したりする。ある文化から他の文化へ移動した話者は、おそらく自分の感情を伝える際に、どの表現を使用するべきかわからないことがあるだろう。

（Lakoff, 1974, pp. 13-14）

ポライトネスを表現するストラテジーには文化間で類似する点もあるが、明らかに異なる形式も見られる。この違いこそが、第二言語、付加的言語としての使用者に問題を生じさせるのである。つまり、ある話者の母語もしくは第一言語で使用されるポライトネスのストラテジーが、第二言語のそれと非常に異なっている可能性があるのだ。

　以下では、ポライトネスが機能する諸要因と、ポライトネスを示すために使用される手段や言語ストラテジーを挙げていこう。これから挙げるすべての要因や手段がすべての社会で利用されているわけではなく、当該社会において効果的に機能するために、話者はその社会においてどのような手段やストラテジーが使用されているのかを見極める必要がある。ポライトネスというものは文化的価値観と密接に関連しており、前者を適切に使用するためには、われわれはその文化の文化的価値観を正確に理解する必要があるのだ。例えば、当該文化では相手の願望や意見に直接的な方法で従うのかという問題があるだろう。アメリカでは答えは YES である。もしゲストが料理のお代わりを勧められて、それを断った場合、ゲストの面子が考慮され、その断りは受け入れられ、勧められることはなくなる。一方、ポーランドやインドではゲストはもっと食べることが適切で、ホストはそのように主張する。これはポーランドやインドの人々がゲストの面子を受け入れないということではなく、食事や飲み物の勧めを断っても、すぐに受け入れられないということなのである。ただ、何度か断ることによって、渋々受け入れられるという

ことである。†1 同様にほめことばが口にされる状況や、そのようなことばが受け入れられたり、断られたりする仕方が、文化により異なるのだ。

ポライトネスの諸要因

　以下の 14 の要因は、異文化において丁寧（ポライト）であるということが何を意味しているのかということを研究する上で重要なものである。

　価値観（Values）：当該社会の文化的価値観を考慮に入れなくてはならない。例えば、オーストラリア社会では、社会的距離（本書、p. 64 参照）は個人に敬意を払っているものとして理解されるため、肯定的な価値観として考えられている。しかしポーランド社会においては、社会的距離は否定的に考えられているが、これは距離を置くことは敵対心、疎外感、親密さの欠如として捉えられているからである。ネイティブアメリカンの文化では、他文化では当然話すことが求められているような状況で沈黙を守ることが肯定的に考えられていることがある（Basso, 1970; Plank, 1994）。Albert（1972, p. 75）によるとブルンディというアフリカの国では、

> ある種のコミュニケーションの状況以外では、実践的、美的価値観が論理的な要因に優先される。育ちの良いムルンディ人（ブルンディ市民）はありのままの事実を目の前にすると、恥という精神的苦痛を被ることになり、文化的価値観により要求される美的な表現で急いで事実を覆い隠そうとするだろう。

文化的価値観が口頭のコミュニケーションにおいて参与者が何をする（すべきな）のか、どのような面子が、そしてどのように面子が伝えられ、守られ

---

†1　本章ならびに以降の章で、土着の文化（カシミール文化）、国民文化（アメリカ文化）、地域の文化（西洋文化）についての一般論を挙げていく。これらの例はこれまでに出版された文献（Brown and Levinson, 1987; Hill *et al*., 1986 などの研究）によるものである。すべてのものが詳細な民族誌的調査の結果を示しているものではないことと、さらなる研究が必要であることは注意すべき点である。一方で、これらは言語使用の慣習を議論する際に、有益な洞察を得るために研究者が参照する上で便利なものである。

るのか、面子が脅かされたときにどのような手段で回避されるのか、どのように儀礼的均衡が維持され、修復されるのか、などの様々な問題が決定される際に重要な役割を担っている（Ting-Toomey, 1994）。Hall（1960）は時、空間、所有物、友情、そして国際的なビジネスの場における法的に記録された合意と口頭で受け入れられた合意の違いに対する価値観について言及し、これらの分野における文化的相違を記述している。

面子（Face）：Goffman（1967）に従い、Brown and Levinson（1987, p. 61）は面子を維持しようという願望が社会における相互作用において重要な役割を担っていると考えている。「面子」とは、「すべての成員が主張することを望む公的な自己イメージ」と定義することができ、以下の関連する2つの要素から構成されている。

1. a. Negative face（否定的面子）：領域、個人的領域、特別扱いされないことへの権利、つまり、自由に行動する権利と何かを押しつけられない権利
   b. Positive face（肯定的面子）：相互作用の参与者が持つ肯定的な自己イメージや人格（自己イメージが評価されたり、認められたいという面子も含む）

西洋の文化コンテクスト、特に英語圏の文化においては、多くの言語行為は相手の面子を脅かす威嚇行為として考えられる（Brown and Levinson, 1987, pp. 65-68）。このような行為が面子威嚇行為であるのは、受け手の行動の自由や押しつけられない自由を制限しているからである。以下は否定的面子と肯定的面子を脅かす言語行為の概念を描いている発話の例である。

2. a. 否定的面子を脅かしている言語行為
    i. Could you lend me a hundred dollars for a couple of days?
       数日の間、100ドル貸してもらえませんか？
    ii. If I were you, I would consult a doctor as soon as possible. That

cough sounds dangerous to me.
私があなたの立場だったら、すぐに病院に行きます。その咳は危険だと思います。
   iii. You are so lucky to have such good friends all over the world!
そんなに良い友達が世界中にいるなんて幸せですね！
 b. 肯定的面子を脅かしている言語行為
   iv. Weren't you supposed to complete the report by now?
レポートをすでに完成されているはずではないのですか？
   v. I am not sure I agree with your interpretation of the by-laws.
あなたの付随定款の理解には同意しかねます。
   vi. (One girl friend to another) Mabel thinks you have put on some weight.
（1人の少女がもう1人の少女に）メーベルはあなたが太ったと思っているよ。

 iの発話は受け手にお金を貸してほしいという依頼をしているため、受け手の否定的面子を脅かしている。iiの提案とiiiのお世辞も同様である（Brown and Levinson, 1987, p. 66）。アドバイスや提案は、受け手の行動に制限を与えようとするものであり、ほめことばは話し手が受け手をうらやましく思っていたり、受け手が所有しているものを手に入れたいという願望を持っていることを相手に示しているからである。
 ivのようなやわらかい批判であっても、受け手の自己イメージを脅かす可能性がある。このような批判は、信用できないという好まれない特徴や、役に立っていないことの原因が受け手側にあるとしているのである。またvの同意しない（反対する）ことは話し手が、受け手が間違っていることを示し、viにあるような聞き手に関する悪いニュース（この場合は体重が増えたこと）は、話し手が受け手に悩みを生じさせることを否定的に思っていないことを示している。
 肯定的面子と否定的面子の概念が言語行為に適応可能かどうかということは、普遍的なものではない。例えば、東洋の文化ではすべての言語行為が

Brown and Levinson（1987）の言う面子威嚇行為として考えられているわけではない。要求という言語行為であっても、すべての要求が参与者の否定的面子を脅かしているわけではないのである。コンテクストによって、参与者の肯定的面子を確保することもあるのである（第8章参照）。

地位（Status）：Linton（1936, p. 113）によると、「地位は単に権利と義務の集合である」。つまり、社会分析者が「地位」という用語に言及した際には（例えば母と子）、それは制度化された、体系化された関係のことを意味しているのである。一方、それほど制度化されていない社会関係については、「地位」という用語よりも「役割」という用語の方が使用されることが多い。E. Goody（1978:11）は、地位は「階層や役割システムにおける位置」であるとしており、「地位関係は第三者により幅広く同意されており、社会ネットワーク、もしくはより大きい社会集団を変えるような規範（直接的なやりとりとは関係のない）を基礎としている」。たいていの社会において、地位が高ければ高いほど、相互作用において地位が低い参与者からより丁寧な対応を受けることが期待されていると言えるだろう。

　ある言語では、社会的相互作用において言語を使用する際に、ポライトネスを表現することが慣習化されている。Makino（1970）によると、日本語には以下に示すような慣習、もしくはポライトネス付与規則（Politeness Assignment Rule）があるという。もし話し手の社会的地位が聞き手よりも低い場合は、発言は丁寧なものでなくてはならない。また、もし話し手の社会的地位は聞き手よりも高いが、発話した文の主語よりも低い場合は、その発言は丁寧なものでなくてはならない。そうでなければ、当該の発話にはポライトネスの標識がつかない。

　内円圏の英語話者が理解しがたいような、その他の英語変種の話者が使用する婉曲的な表現は、使用者が会話においてポライトネスを考慮することにより動機づけられているのである。

階級（Rank）：階級とは、学校の校長や軍隊の隊長などのように、社会機関における階層的に組織化されたものである。軍隊のように、スピーチのレベ

ルを決める際に、階級がその他のものよりも考慮されるような環境においては、基本的に曖昧性はない。ある個人の階級のタイトルが呼称として機能し、要求されているポライトネスのレベルを探るヒントになる。

　どの関係が階級の関係として扱われるのか、それとも地位関係として扱われるのかに関しては文化ごとに異なる。例えば、ある文化では教師は階級によって敬意を得るだけでなく、高い地位も有している。このことから多くの英語話者によって、教師をファーストネームで呼ぶことは考えられないことなのである。このようなことはアジアやアフリカ文化で観察される。

役割（Role）：役割とは相互作用において仮定される制度化されていない立場のことを指す。ホストとゲスト、スポーツにおけるチームのキャプテンと選手などが例として挙げられる。地位の低い人であっても、ゲストの役割にある場合には多くの文化において丁寧な扱いを受けることになる。同様に、兄と弟の地位はスポーツにおける選手とキャプテンの役割よりも高いかもしれない。

権力（Power）：Brown and Levinson（1987）は権力を「自身の意思を他人に課すことができる能力」としている。権力は地位との関係で見ることもできる。地位が高ければ高いほど、その人には権力が与えられ、丁寧な対応を受けることになる。これは一般的な相互作用の規則として考えられる。高い地位と権力は必ずしも一致するわけではない場合もある。このようなことはいくつかの国家で見られる憲法上の君主政治の場合に当てはまる。君主制の権力は制限されているにもかかわらず、言語使用に関して言えば、王室の人間たちは彼らの地位が権力を与えられているかのように扱われているのである。イギリス英語や日本語、タイ語などにおいては、呼称やその他の丁寧な言語表現のマーカーが、君主の高い地位と権力を示している。

年齢（Age）：話し手と聞き手の年齢によって、ポライトネスがどのように表現されるべきかが決定される。例えば、多くの言語共同体では年齢が下のものは、たとえその人の地位が上だとしても、年齢が上のものを名前で呼び

かけることはしない。インドでは、数十年もの間仕えてきた召使いは、家族の中の子どもを呼ぶときの接尾辞を名前につけた親族名称で呼ばれる。Martin（1964, p. 41）は 19 世紀の沖縄では 1 日でも年齢に違いがあれば、異なるスピーチレベルの使用が要求されていたと指摘している。ブルンディでは、「ある集団で個人が話す順番は、年齢によって厳格に決められている」（Albert, 1972, p. 81）。しかし地位が上であることは年齢が上であることよりも優先される。

性（Sex）：英語では女性の話し方はより丁寧であると言われている。また女性がいる場合には、男性は「粗雑で乱暴な男性ことばを使わない。例えば、スラング、ののしりことば、下品な発言を避けなくてはいけない」（Lakoff, 1975, p. 52）。ヒンドゥー語では、男性は親密な友達とコミュニケーションをとるときに、ののしりことばや雑言を吐くことで親密さや団結を示すことがあるが、女性は男性と同じように振舞わないことが期待されている。性の違いの方が、相互作用における男性と女性の親密さよりも重要なのである。世界中の多くの地域では、女性は集団の会議で発言しないことが原則である。一方で、社会的、政治的、経済的、宗教的、哲学的諸問題に関する議論において、女性が男性と同じ地位を有している地域もある。

社会的距離（Social distance）：Brown and Levinson（1987）は社会的距離をポライトネスに影響を与える要素として特徴づけている。社会的距離は親密性と非常に密接に関係している。つまり、参与者が親密であればあるほど、彼らの間の社会的距離は近くなる。また参与者が親密であればあるほど、彼らはお互いに対して丁寧に接しなくなる。事実、多くの文化において、ののしりことばを多用する非常に粗野で下品なスタイルの使用は、男性の間では高い親密度を示すものである。

親密さ（Intimacy）：ここでの親密さとは、参与者同士の親密度と場面の慣れ、もしくはその両方としても考えられる。つまり、参与者は夫と妻、兄弟姉妹のように親密な関係であったり、ポライトネスの規則の緩和を許すような関

係かもしれない。もしくは、参与者は雇用主と従業員のように親密でない関係であったり、そうであってもお互いの友達の家での夕食やパーティーのようなインフォーマルな場面においては、ポライトネスの規則を緩めることが可能かもしれない。

親族（Kinship）：参与者間の関係は使用される手段の種類（すなわち、言語表現）を決定する。例えば、インドでは常に、義理の両親を呼ぶ際に、敬意的もしくは代名詞の複数形と一致したパターンが使用される。ブルンディでは（Albert, 1972, p. 79）、義理の母と義理の息子はカーストの地位に関係なく、「高貴な」を意味する *mufasoni* を使用して互いのことを呼ばなくてはならない。

集団のメンバーシップ（Group membership）：ある文化では、集団のメンバーであるということが、どのようなポライトネスのストラテジーを使用するかを決定する際の重要な要因になる。例えば、日本では特定の敬語表現は集団外のメンバーにのみ使用される。集団内のメンバーとは異なる種類の敬語が使用されたり（Goody, 1978, p. 186）、敬語が全く使われないこともある。アメリカにおけるアフリカ系アメリカ人はシグニファイングやマーキングのような、集団内のメンバーにのみ使用する言語ストラテジーがある。

これまでに挙げた要因は、すべて同じように区分されているわけではないことは注目に値する。地位、役割、階級は明確に区分できるが、親族、集団のメンバーシップ、社会的距離、親密度は部分的に重なり合っていることもある。親族は同じ集団に属しているが、集団には仕事の同僚や友達など親族以外のメンバーも含まれるかもしれない。社会的距離と親密さは連続体の両極であり、親密さは社会的距離が最も近いことになる。しかし、場面の親密さはこのような社会的距離の連続体の中には含まれない。例えば、たとえ上司の家であっても、従業員は同僚に対してよりも、上司に対してより丁寧な表現を使用することが期待される。

このようなポライトネスの要因は互いに複雑に関係し合っている。以下の観察は、そのような関わり合いから生まれる複雑さを理解するのに役立つで

あろう。まず文化的価値観に基づいて、どの要因が互いに関連するのか、またどの要因が他と比較して重要視されるのかということが決定される。西洋の文化では、一般的に個人の面子や願望が、相互作用における地位、年齢、階級などの要因よりも体系的に注意が払われる。東洋の文化では地位、階級、そして年齢が、親族、集団のメンバーシップ、社会的距離、そして親密さと複雑に絡み合い、個人の面子よりも優先される（第8章の議論を参照）。これは非常に大まかな一般化であるため、より洗練された分析が必要である。この一般化はあるドメインの相互作用には当てはまるかもしれないが、当てはまらない場合もある可能性がある。文化全体に関する一般化には疑問の余地がある。ドメインを限定した分析や、急速に近代化している社会における変化しつつある規範は、特に注目する必要がある。

ポライトネスに関する諸要因の相互作用（Interaction of parameters of politeness）：言語上のポライトネスを分析する際には、以下の3つの要因を考慮する必要がある。その3つとは、社会的距離と親密さ、権力と無権力、フォーマルとインフォーマルである。集団のメンバーシップを共有しているものや頻繁に相互作用を行うものたち、例えば友達、同僚、そして親族などはより親密さを感じることができると言えるだろう。それにもかかわらず、力関係が親密さに影響を与えることもある。一般的に労働者とその上司は同じ集団に属してはいるが（つまり同じ会社で働いているが）、従業員は上司に親密さを感じることはないであろう。また、親密さを表す言語表現もフォーマルな場面では、インフォーマルなコンテクストほどには使用されない。例えば、2人のインド文化を身につけた弁護士は、どれほど親密な関係であっても、裁判という状況においては互いを「my learned friend（博識な友人）」と呼ばなくてはならない。

気配り（Tact）：Leechが提唱した気配りの公理の概念がここで重要になる。気配りは言語的なポライトネス行為のことを指す（Leech, 1983）。ここで関連する要因は同じであり、社会的距離、権力、フォーマルさである。例えば、アメリカの大学の学科事務室というコンテクストにおいて、学科長は秘書に

第 3 章　丁寧さ（ポライトネス）の諸要因　67

"Get me the file on our budget for the forthcoming conference（次の会議で使う予算の書類を頼む）" と言うだろう。しかし、同じ状況において学科長は "Get me a cup of coffee（コーヒーを頼む）" とは言わないだろう。つまり、参与者の役割関係によって何が丁寧な依頼として考えられるかが変化するのである。この上司と秘書という関係の場合では、書類を依頼することは適切であるが、コーヒーなどの個人的なことに対する依頼はより丁寧に表現する必要がある。しかしながら、もし上司と秘書が社会的コンテクストにおいて良い友人である場合には、よりくだけた言語表現が可能になる。

ポライトネスの表現手段

　様々な言語で、数種類の言語表現がポライトネスを表すために使用されている（南アジアの言語におけるこれらの言語表現に関する記述は D'souza, 1988 を参照）。ある言語で丁寧な表現として考えられているものが、必ずしも他の言語でも丁寧であるというわけではない。例えば、アメリカの社会では、できるだけ早くファーストネームで互いを呼ぶことにより人間関係を構築することが丁寧であると考えられているが、最近まではイギリスではこのようなことはなかった。現在でもこのようなやりとりは、すべての状況で好まれるわけではない。インドではさらにこのことは当てはまらない。以下の 12 の手段（言語的、非言語的なものも含む）には、ポライトネスを表現する際の明確な機能がある。

呼称代名詞（Pronouns of address）：地位（もしくは相対的に大きな社会的距離）と連帯性（もしくは親密さや集団のメンバーシップ）は、どのような言語においても呼称を選択する際に関連する社会関係の 2 つの要素である。多くの言語（例えば、フランス語、ドイツ語、ヒンドゥー語、スペイン語など）では、文法的に単数で、年齢が下のもの、地位が下のもの、もしくは人間関係が親密なものに呼びかけるために使用される二人称代名詞と、文法的に複数で、敬語表現であり、またその両方であり、年齢が上のもの、地位が上のもの、人間関係が疎遠なものに対して使用される代名詞の 2 種類がある。フランス語の二人称代名詞を例に考えてみると、T-form と V-form である。

Slobin (1963, p. 193) によると、

> ブラウンらは、彼らが調査したすべての言語の中で、言語普遍性とも言えるものに注目した。つまり、縦の関係で下の地位のものに呼びかけるために使用される形式（T-pronoun）が、同様に横の関係で親密な人に呼びかけるために使用される形式があり、その逆もありうる。

インド亜大陸の多くの言語において、地位、連帯感は独立した変項であるが、複雑に関連し合ってもいる。一方で、ヨーロッパの多くの言語では、連帯性の要因が縦の関係にも横の関係にも適用されるため、それぞれの要因の均衡はすでに壊れている（Slobin, 1963, p. 194）。すなわち、同じ地位を持つ横関係における、年齢、役割、性別などの違いと同じように、縦関係の地位の違いが最小限にされているのである。

代名詞の選択に関係している団結の要因のみを考慮に入れ、二人称代名詞を非相互的に使用することを避ける、最近のヨーロッパの言語の傾向にBrown は注目している（Brown and Gilman, 1960）。この発展する一次元的なシステムにおいて、このように地位に関係なくすべての友人を T-pronoun を用いて呼び、知らない人を V-pronoun で呼ぶという傾向がさらに強くなってきている。同じようなことが 1917 年の革命以来ロシアでも起こっており、結果として、言語においても社会階級の反映における変化が起こった（Corbett, 1976）。

Slobin（1963）は「第二次世界大戦前に東ヨーロッパにおいて話されていた、イディッシュ語における二人称代名詞の使用の背後にある社会関係の意味論」（p. 194）を調査し、「呼称代名詞の意味論において、生得的な地位と並外れたものであれば獲得的地位が連帯感よりも優先される」（p. 201）ことを指摘した。しかし、「獲得的価値よりも、生得的な地位に基づいた親族の強い連帯は例外である」（p. 201）と彼は述べている。「これは Brown and Gilman（1960）が描いた、非相互的な呼称体系が残っていた 19 世紀のヨーロッパにおける特徴と類似している。親密さ、謙遜、距離、尊敬を関連づける言語の普遍性が、ここでも当てはまることが明らかになった」と Slobin

は結論づけている。
　タイにおいては話し手、聞き手、聞き手以外の参与者を指す複数の代名詞を持つ、複雑な代名詞の使用体系がある。代名詞の使用は地位、階級、年齢、性差、社会的距離、親密さ、親族・集団のメンバーシップの要因により決定される。

敬語（Honorifics）：敬語を使用することは、ポライトネスを示す非常に一般的な方法である。敬語体系を最大限に使用する社会として挙げられるのが、日本社会である。以下の例からポライトネスを伝えるために敬語を使用する日本語の体系の複雑さがわかるだろう。
　Yamanashi（1974）によると、日本語には3種類の敬語がある。

　　3.　H-1：話者が敬語を用いて自分よりも地位の高い個人や状況、行為を表すことにより、その人物に尊敬の念を示す。
　　　　H-2：話者が自分が属する集団の個人、状況、行為を謙遜して表すことにより、間接的に地位の高い個人に尊敬の念を表す。
　　　　H-3：話者がある行為を遂行する際に、文の最後に敬語を使用し、尊敬されるべき地位にいる会話の参与者に尊敬の念を表す。

例えば、もし話者の地位が指示対象の山田と彼の息子より高ければ、話者は以下のように発言することになる。

　　4.　a.　Yamada enjoyed dinner with (his) son.
　　　　　　山田が息子と食事を楽しんだ。

しかし、もし話者の地位が高くなければ、発言は以下のようになる。

　　　　b.　Yamada^h enjoyed^h ^{h}dinner with (his) son^h.
　　　　　　山田さんが息子さんとお食事を楽しまれた。

もし言及されている息子が話者の息子で、話者の地位が山田より低い場合は、以下の表現が適切となる。

  c. Yamada[h] enjoyed[h] [h]dinner with（speaker's）son.
    山田さんが息子とお食事を楽しまれた。

同様に、もし息子が話者よりも社会的地位が高い人物に属しており、話者が山田よりも地位が高い場合にも、同じ形式が使用される。
 英語には文中に特別な敬意代名詞や敬意表現がないので、他の変種の話者は母語と同じ方法でhonorableやrespected、sirなどの英語の語彙を使用する。インドではイギリスやアメリカの客員教授たちは、"Respected Sir Professor X"などと呼ばれることもまれではない。

親族名称（Kinship terms）：親族名称は話者の親族ではない人物にも使用されることがある。インドや他のアジア諸語の多くでは、依頼や拒否を和らげるために話し手は聞き手をmother、brother、sisterやその他の親族名称で呼びかけることがある。全くの他人であっても、このように呼びかけられることもある。例えば、店主が、商品の正当な値段として提案した価格に客が合意できないときなどが例として挙げられる。インド諸語を含む世界の多くの言語において、Uncle（おじ）やAunt（おば）などは自分よりも年上の人物に呼びかけるときに適切な表現である。スーダンのヌエール人の間では年配の男性は若者を*gatada*（私の息子）と呼び、一方で若者は年配者を*gwa*（父）と呼ぶ（Evans-Pritchard, 1948）。

定型表現（Set formulas）：Ferguson（1976）は、一般的にポライトネスの定型表現（formulas）の構造は、多くの社会的側面との相関関係によって異なる構成要素と強さに違いがあると述べている。Fergusonはこれらの社会的側面を以下のように挙げている。

 5. a. 前回会ったときから経過した時間の長さ

b. コミュニケーションをとっているもの同士の距離
　　c. 集団の人数
　　d. コミュニケーションをとっている人同士の相対的な社会的地位

シリア・アラビア語の定型丁寧表現の研究で、Ferguson（1976, p. 137）は「シリア・アラビア共和国の言語共同体では、数百の定型丁寧表現が使用されており、それらの多くは定型化された会話の開始者と返答者の連続的な発話において現れる」と述べている。特定の会話を始める側の表現は、自動的に適切な返答で返される。

　6. a. alla maʔak "God be with you" という表現は必ず次の表現で返答
　　　　される：
　　b. alla yihfazak "God preserve you"

　インドのヒンドゥー語の言語共同体においては、年配の人に対する挨拶である *Praṇaam* は常に *xuš raho*（May you be happy）もしくは *jiite raho*（男性）や *jiitii raho*（女性）（May you live long）という表現で返答される。このようなペアのいくつかは、何かを相手に伝えようとしているものではない。これは通りで知り合いに会ったときに韓国語で言われる「どこに行くの？」と「ちょっとそこまで」という定型表現と同じである。

複数形（Plurals）：多くの言語で、1人の人物に呼びかける際に、複数形が丁寧さを示すために使用されている。例えば、ポーランド語では性の区別をするが、丁寧表現は受け手の性別にかかわらず複数形ならびに男性形が用いられる。標準ロシア語、チェコ語、セルビア－クロアチア語においては、代名詞と、代名詞と一致する動詞、不変化詞、形容詞はすべて複数形で、受け手が1人の場合は述語名詞が単数となるのみである（例えば、*Vi ste*（pl.）*bili*（pl.）（You were good（あなたはすばらしかった））。それに対して *Vi ste*（pl.）*bili*（pl.）*studentkinja*（sg.）（You were a good student（あなたはすばらしい生徒でした）））（Comrie, 1975, p. 408）。

疑問文（Questions）：ある社会においては、疑問文は丁寧さを表すために使用される。例えば英語では Could you tell me the time? という表現の方が Tell me the time! という表現より丁寧である（ただしすべての疑問文が丁寧なわけではなく、What time is it? という表現は英語ではそれほど丁寧ではない。一般的に、疑問文は受け手の能力や都合を考慮に入れなくてはならない）。また、ガーナ共和国のゴンジャなどの社会では、疑問文は高度に制度化されており、英語のように使用することができない（Goody, 1978, p. 32）。

ゴンジャ社会では、質問をすることの重要性は、質問者と返答者の地位によって決まる。Goody はゴンジャ社会における質問の4つの機能を挙げている。

7. a. 情報を求めるため
   b. コントロールのため（目上のものから目下のものに質問がなされるとき）
   c. レトリックとして（ジョーク、挨拶のやりとり、裁判など）
   d. 敬意表現（情報を求めているかのように見えるストラテジーが質問者の無知を示しているため、年少のものから年上のものへの質問を許容する）

オーストラリアの東南クイーンズランドのアボリジニたちの間では、直接的な質問はほとんど使用されない（Eades, 1982）。質問をするものは必ず推測をしなくてはならず、その後これらの推測に基づいて質問をしなくてはならない。日本では、"You're not going?（行かないのですか？）" のような否定疑問文で質問をした方がより丁寧であると考えられている（Martin, 1964）。このような否定疑問文は、非日本語母語話者にとっては、否定的な返答を想定しているように聞こえる可能性がある。

間接言語行為（Indirect speech acts）：グライスの公理に関する議論の中ですでに指摘されているが、人間は常に意味しようとすることを発言しているわけではない（Grice, 1975）。様々な方法によって同じ目的は達成され、とき

に間接的な表現により行われることもある。間接的言語行為の議論（Searle, 1975）でこの点は明確になる。例えば、英語では窓を閉めて欲しいときに、"It's cold in here（寒いですね）"という表現が使用される。ベンガル語では、相手に要求する際には明確な表現で行われる。例えば洋服店において、客は以下のように言うだろう。

8. *aamaar šarṭ dorkaar*
 to me shirt need（I need a shirt）
 シャツが必要です。

この文は要求として解釈され、シャツを求める際に、"I want to see some shirts（シャツを何枚か見たいのですが）"と言うよりも丁寧であると考えられる。

多くの文化において、本当の話題が話される前に、関係のない話題を持ち出すことは一般的である。したがって、町を去る友人が空港まで乗せてほしいと依頼したときに断りを入れる際には、話者はすでに約束に遅れているなど間接的なことを言うかもしれない。

話題化と焦点（Topicalization and focus）：英語では、話題化と焦点はポライトネスの程度に影響を与える。例えば次の例を考えてみよう。

9. a. If you don't mind my asking, where did you get that dress?
 b. Where did you get that dress, if you don't mind my asking?
  もしよろしければ、どこでその洋服を買ったのか教えてくれませんか？

9a, bは以下のように発音されれば、9aの文は9bの文よりも丁寧であると考えられる（Goody, 1978, p. 98）。

9a. If you DON'T MIND my asking,...

9b. WHERE did you get that dress,...

つまり、9a では強調が、これは依頼であると聞き手に伝える発話の部分に置かれているのに対して、9b では質問部分が強調されており、このことから話し手は要求をしているように聞こえる。

努力（Effort）：Brown and Levinson（1987, pp. 93-94）は、面子を維持しようとする言語行動において、その努力が大きいほど丁寧度は上がると考えている。例えば、「あなたがとてもお忙しいのは重々承知しているので、考えもしませんでしたが、私は自分1人ではできそうもありません。ですから……」。Brown and Levinson はこのような現象は普遍的であると考えている。

「ちょっと」の使用（Use of "a little"）：多くの言語では英語の命令文で使用される "please" が表す意味を伝える際に、「ちょっと（a little）」という表現を使用する。例えば、タミル語では *koncam*（Brown and Levinson（1978, p. 144））、ツェルタル語の *ala*（Brown and Levinson, 1987, p. 182）、ベンガル語の *ekṭu*、ヒンドゥー語の *zaraa* などが例として挙げられる。

10. a. Tamil: *oru paise koncham kuṭunka caami.*
　　　　ちょっと1セントを貸していただけないでしょうか。
　　b. Tzeltal: *ya hk'an?ala pesuk.*
　　　　ちょっと1ペソほど必要なのですが。
　　c. Bengali: *jaamaaṭa debe ekṭu?*
　　　　ちょっと、そのシャツをくれませんか？
　　d. Hindi: *zaraa idʰar aanaa.*
　　　　ちょっとこちらに来てください。

日本語では「ちょっと」という表現は「すみません」、「こちらを向いてください」、「こちらへ来てください」など様々な意味を持っている。

ヘッジ（Hedges）：ヘッジはポライトネスを表現する際によく使用される。例えば、"John is short（ジョンは背が低い）"と言うよりも"John is sorta short（ジョンはちょっと背が低い）"と言った方が丁寧になる。Lakoff（1974）では、ヘッジは返答者が話し手に同意しなかったり、話し手が引き下がるための余地を残すという意味で、摩擦を軽減するために様々な社会において使用されている。Goody（1978, p. 6）によると、「社会的相互作用には基本的な意味を伝達するような何かがあるため、ためらいや高ピッチなどのような戦略的な要素は文化間で同様の意味を持つ」。ヘッジは不変化詞、副詞、挿入節、そしてジェスチャーや動作に組み込まれている（Brown and Levinson, 1987, p. 145ff.）。

視線、ジェスチャー、姿勢（Gaze, gesture, and body posture）：多くの社会において、ある種の視線、ジェスチャー、姿勢はポライトネスを表現する一方、全く逆の意味を伝達することもある。例えば、内円圏では、会話している相手に20センチ以内に近づくことはポライトであるとは考えられないが、アラブ社会では身体的距離をとることは失礼であると見なされてしまう。

　Hall（1966）やWatson（1970）は、文化を接触文化と非接触文化の2種類に分類している。接触文化の人々はより近くに立ち、大きな声で話し、接触が多い一方で、非接触文化の集団では同じような状況でのやりとりにおいてあまり身体的接触をすることがない。ある文化では、例えばタイ文化において頭を触ることが禁じられているように、特定の身体部位に接触することが文化によっては禁じられている。多くのアジア文化においては、公の場で恋人同士が接触することはない。

　非接触文化では、接触文化のように相互作用において面と向かって立ったり、互いを見たりすることはしない。Argyle and Cook（1976）によると、幼少期に視線の取り方が習得されると、その習慣はのちの経験によって影響を受けることはないという。ナバホ族では会話中、相手の目を直接見ないように教育を受ける（Hall, 1966）。日本人は目ではなく、首のあたりを見るように言われる。インドの人々は年配者と会話をするときには下を向き、相手の足の方を見るように教えられる。アフリカ、インド、アジアの人々には相

手を直視しすぎることは、優位、無礼、威嚇、侮辱的なものとして捉えられる。

　アラブやラテンアメリカ、南ヨーロッパは接触文化に属し、アジア（南アジアを含む）、北ヨーロッパ、そして一般的にアメリカ人は非接触文化に属する。それにもかかわらず、アジア、アフリカ、ネイティブアメリカン文化とヨーロッパ系の文化では、互いを直視する動作に関して差異がある。アメリカでは、英語が話されている共同体においては、コミュニケーションにおいて相手の目を見ようとしないことは、不誠実さや敬意が欠如しているものとして捉えられてしまう。

　お辞儀もポライトネスを表現する方法の1つである。日本や日本ほどではないが韓国のような東アジアの共同体においては、お辞儀は非常に一般的な方法である。お辞儀の深さや長さは地位や年齢によって異なる。インドにおいては、一般的に床に手をついてお辞儀をすることは、部屋にいる年配者への尊敬を表すものである。

　アメリカやその他の世界の地域においては、首を上下させることは「はい」もしくは同意を意味し、横に振ることは「いいえ」もしくは意見の相違を意味する。南インドでは顔を肩の方に傾けながら、左右に頭を振ることは「はい」を示し、顔を上げた状態で左右に振る場合は「いいえ」を意味する。

　ジェスチャーも文化ごとに異なる意味を持つ。例えば、アメリカにおいては親指と人差し指で円をつくればこれは何か良いことや完璧であることを示すが、日本ではお金、フランスではゼロ、つまり価値のないこと、ギリシャでは男性もしくは女性に対する節度を欠いたコメントや侮辱を意味する。

● おわりに ●

　ここでの議論は言語教育、語学教師の指導、翻訳家、通訳者、国際貿易に関わるビジネスマンの訓練などあらゆる分野において、異文化コミュニケーションに興味を持つ個人を訓練することに関して重要な意味合いを持っている。上記の議論から、参与者が英語やその他の目標言語でうまくやっていくためには、語彙や文法を習得するだけでは不十分であることは明らかである。

Wolff（1964, p. 441）は「ある分野においては、語彙や文法の類似性と理解度には非常に低い相関関係しかない」と指摘している。われわれはコミュニケーションを成功させるために必要な目標文化の価値観や、動作、イントネーション、敬意表現の方法などの意味についても理解していなくてはならない。共通の言語を使用しているということだけでは、コミュニケーションが成功する保証とはならない。われわれは異なる社会においては言語が機能する方法も異なるということを知っていなければならないのである。

言語による相互行為において、丁寧さを表現する慣習は、対立を減らし、儀礼的な平衡を維持するために、各言語共同体の中で発達してきている。すでに述べたように、世界中の英語話者は、単一の言語共同体の代表となっているわけではない（B. Kachru, 1997a）。丁寧であるための慣習は、この言語共同体の仲間同士の間で異なる（Y. Kachru, 2003）。上記で議論してきたような差異が生じる可能性を認識することが、誤解を減らすのに非常に役に立つ。

言語共同体間での差異こそあるが、観察された規則性をもとに普遍的なポライトネスの規則を提案する試みがなされている。例えば、R. Lakoff（1975）は以下のようなポライトネスの規則を提示している。

11. a. 礼法のルール：距離を保て（形式的な代名詞やタイトルを使用せよ）
    b. 敬意のルール：相手に選択肢を与えよ（疑問文の上昇イントネーション、付加疑問文、婉曲表現を使用せよ）
    c. 親愛のルール：相手に親愛の情を示せ（日常的表現、ニックネームなどを使用せよ）

これらの規則が適用される順番はすべての文化で同じであるわけではない。Lakoff（1975, pp. 69-70）によると最初の出会いの際に、ドイツ人は（a）の規則を、日本人は（b）の規則を、そしてアメリカ人は（c）の規則を重要視するようである。この主張を裏づけるために、より経験的な研究が待たれる。

文献案内

Kachru, Y.（2003）Conventions of politeness in plural societies. In R. Ahrens, D. Parker, K. Stierstorfer, and K. Tam（eds.）, *Anglophone Cultures in Southeast Asia*（pp. 39-53）. Heidelberg: Universitätsverlag Winter.

Silva, R. S.（2000）Pragmatics, bilingualism, and the native speaker. *Language & Communication*, 20, 161-178.

Sridhar, K.（1991）Speech acts in an indigenized variety: sociocultural values and language variation. In J. Cheshire（ed.）, *English around the World: Sociolinguistic Perspectives*（pp. 308-318）. Cambridge: Cambridge University Press.

課題

1. 以下は R. K. Narayan（1990, p. 107）の短編集からの抜粋である。ある饒舌な男がナーガールのためにサンスクリット語のレッスンを専門の学者から受けることができるように手配をしている。次の会話を読み、以下の問いに対する答えを議論しなさい。

   The Talkative Man finalized the arrangement. Turning to Nagaraj he asked, "Do you start tomorrow?"
   　Before he could answer, the pundit interposed to say, "Let me look into the almanac and find an auspicious day and hour for starting the lessons."
   　"When will you see the almanac?" asked the Talkative Man.
   　"Tomorrow morning after my puja. I won't touch it now."

   饒舌な男が手配を終え、ナーガールの方を向き、「明日から始めますか」と尋ねた。
   　ナーガールが答える前に、学者が割り込んで、「暦を見て、レッスンを始めるのに縁起の良い日付と時間を検討させてください」と言った。
   　「いつ暦を見る予定ですか」と饒舌な男が尋ねた。
   　「puja のあと、明日の朝に見ます。いまは触りません」

a. puja の意味することは何か。
   b. なぜ学者は暦を見て、縁起の良い日を確認したかったのか。
   c. なぜ学者はやりとりが行われているときに暦を確認できなかったのか。
   d. このやりとりで何が行われているのか理解するためにどのような情報が必要だろうか。
   e. あなたの文化では「縁起の良い日」という概念はあるか。

2. 以下の会話は、ある日用品を取り扱っているデンマークの輸出会社の社長（H）とサウジアラビアの日用品取引業者（G）とのやりとりである。AとBはサウジアラビアの会社の従業員である。以下のやりとりにおいては、下線は強調、(:) は区切りの長さ、（数字）は沈黙の長さ（秒）、(.) は0.2秒以内のわずかな間、(( )) は関連するコンテクスト情報、h の前と後の (: :) は聞き取ることができる呼吸音、大文字は大きな声で強勢のある発言を意味する。4人の参与者でこの会話のやりとりを演じ、a から c の問題について議論しなさい。

   1. A: ello?
   2. H: yes hello er S<u>au</u>di royal <u>import</u> <u>ex</u>port company:?
   3. A: ye:s?
   4. H: it's er michael h<u>a</u>nsen er melko d<u>ai</u>ries spe<u>a</u>king. (0.8) could
   5.   I speak to mister g<u>u</u>ptah please?
   6. A: moment
   7.   (17.0)
   8. B: allo:?
   9. H: yes hello er michael hansen melko dairies speaking
   10. B: <u>one</u> minute
   11.   (4.0)
   12. G: hello?
   13. H: hello mister g<u>u</u>ptah (.) how are <u>you</u>?

14. G: fine. (.) how're you?
15. H: fine than' you (0.6) you know now the summer time has come to denmark as well
16. G: ((laughing)) huh hhe:h heh heh heh :: hh
17. H: so for :: the: - us here in denmark it's hot (.) it's er twenty
18. 　　five degree, but for you it will be- it would be cold (.) I think
19. G: no, here in this er: forty – forty two
20. H: yes?
21. 　　(1.0)
22. G: yes
23. H: well I prefer tweny five. (.) it's better to me
24. 　　(0.9)
25. G: year
26. 　　(1.1)
27. H: GOOD er- I got a telex for er-from you
28. 　　(1.3)
29. G: yeah
30. H: you don' er: (.) accept our prices.
31. 　　(1.2)
32. G: for this er cheddar

(Firth, 1991, pp. 52-53)

　a. 12行目から26行目におけるやりとりはどのような印象を創り上げているだろうか。
　b. 16行目の笑いは何を示しているのだろうか。
　c. このような会話のやりとりはあなたの文化でも行われるだろうか。

3. 3分から5分程度のインタビュー番組やドラマを見て、どのようなポライトネスの手段（言語表現、ジェスチャー、姿勢など）が使用されているか考察しなさい。またどのポライトネスの要因（親密と疎遠、力関

係、文化的価値観、年齢、性別）が使用されているのか考察しなさい。

4. 以下の絵で示されている表情やジェスチャーは、あなたの文化では何を意味しているだろうか。

図 3.1　顔の表情と手のジェスチャー

第4章 ❹

識別的理解と対話者
Intelligibility and Interlocutors

Soon after arriving to live in Australia, David Cervi was invited to an informal party and was to bring a plate.

"Of course," he replied. "Is there anything else you're short of—glasses, knives and forks, for example?"

"No," replied his host, "I've got plenty of dishes. Just bring some food for everyone to share."

David immediately realized that, although as a native speaker he had understood the words, he had misunderstood their meaning.

（Cervi and Wajnryb, 1992, p. 18）

オーストラリアに住み始めてすぐに、David Cervi はちょっとしたパーティーに招かれ、一皿持って行くことになった。

「もちろん」と彼は答えた。「ほかに足りないものはない？　例えばグラスとかナイフとかフォークとか」

「ないよ」と主催者は答えた。「食器はたくさんある。ただみんなで分けられるような食べ物を持ってきて欲しいんだ」

David はすぐに理解した。母語話者として彼はことばはわかっていたけれども、その意味を誤解していたのだと。

（Cervi and Wajnryb, 1992, p. 18）

● はじめに ●

　識別的理解（intelligibility）の問題は、言語の使用にバリエーションがある場合に必ず生じる。世界英語には当然バリエーションがある。したがって、

文化をまたがって世界の英語を使用している人々にとって、識別的理解が問題となるのは自然のことである。最も頻繁に示される懸念は、英語におびただしい数の変種が存在すると、英語を流暢に話す人々でさえ、たちまちほかの流暢な英語話者にとって識別的に理解されうるものでなくなってしまうという状況が起こるのではないかということである。実際、少なくとも過去200年の間、世界各地に他の地域の英語母語話者が理解できないような英語を話す母語話者が存在している。今日、何百万もの人々（Crystal, 1998）が、数多くの英語の変種を母語として、または非母語として使用しており、必ずしも現代版バベルの塔（『創世記』, 11: 1-9）を引き起こすわけではないながらも、この問題が存続するという状況は不可避である。過去の研究（Smith, 1987; Smith and Bisazza, 1982; Smith and Rafiqzad, 1979）は、①英語母語話者はしばしば流暢な英語非母語話者にとって識別的に理解されうるものではないということ、②英語母語話者は自分が使用している英語と異なる変種の英語を理解するという点において、非母語話者より優れているわけではないということ、③第二言語または第三言語以降の言語として英語を使用している人々が、英語の内円圏の1つの変種を理解することができたとしても、それを使用する人々との交流を経験したことがない限り、彼らはいかなる円圏内のほかの変種でも理解することができるというわけではないだろうということを示している。

● 識別的理解は常に必要か ●

すべての英語話者が他のいかなる英語話者に対しても常に識別的に理解可能であることが必要と考えられるべきではない。話者がコミュニケーションをとろうとしている相手に対してのみ、その英語は識別的に理解可能であればよいのである。ある地域に住む人々による英語の国内（*intra*national）の使用は、英語を使用する外部の人々には識別的に理解可能ではないかもしれないし、その地元住民はその状況の方を好むかもしれない。例えば、インド人の家族が彼らの間で使用する英語は、アメリカ人には理解されないかもしれない。なぜなら彼らが家族の会話を内輪のものにしておきたいためである。

もちろん、そのインド人たちは英語を、アメリカ人を含む外部の人々とコミュニケーションをとるために国際的（*inter*national）に使用することはできる。そしてそのときは、理解されることを望み、期待するのである。
　多くの人が国の異なる同僚とその同僚の国のオフィスで教養ある英語での会話を行っている最中に電話が鳴り、同僚が、その電話での会話を理解するのが困難または不可能になるような語彙、発音、イントネーションのある地域特有の英語の変種で話すということを経験している。そして同僚は電話を切り、無意識にじっくり考えなくても簡単に理解ができるような英語で会話を続ける。このような経験は珍しいことではないし、英語を流暢に話す人々が英語の変種を簡単に使い分けることが可能であることから、より一般的になるだろう。様々な目的でその土地の状況の中で頻繁に使用される地域特有の変種は、しばしば外部の人々（つまり非地元住民）には理解されないのである。このことは驚くべきことまたは混乱を招くことであると考えられる必要はないし、世界で使用されている英語のあらゆる言語変種を理解しようと考えるべきではない。実際、すべての教養あるアメリカ英語またはイギリス英語の話者がアメリカまたはイギリスのすべての言語変種を理解しているわけではないのである。
　しかしながら、英語の教養ある変種について、それが国際的コミュニケーションにおいて使われる際はいつでもどこでも理解できると考えることはできる（教養ある変種は専門分野においては「上層方言（acrolect）」とも呼ばれている。例えば、Tay（1986）などの研究におけるシンガポールの変種に関する議論に見られる）。馴染みのない発音やイントネーションに慣れるには数分を要するであろうが、それらを聞く訓練を積めば積むほど、それは容易になる。違いを予期することを学ぶにつれ、自らの変種とは異なる変種を理解する姿勢を身につけるのである。教養ある英語の変種を使用しているときでさえ、ほかの人が自分の意図を理解しなかったとしても、ショックを受けるべきではないのである。意味の誤解（話者の発語内行為、第1章参照）は、同じ教養ある変種を使用する人々の間でも（そして血のつながった家族の中でさえ）珍しいことではないのであり、ましてや複数の変種が使用されているときには明らかに、さらにその傾向が強いということを忘れてはいけない。

そのような誤解はさほどの困難もなく修復することが可能であり、恐れる必要はないのである。

● 識別的理解の定義 ●

　理解（understanding）と識別的理解（intelligibility）は、しばしば会話の中で同じように使用されている。「識別的理解」が言語や言語に関する議論の中で理解のすべての側面を表す語となっていることは珍しくない。これらの語の混乱を解きほぐし、識別的理解を理解の3つの側面のうちの1つのみを意味するものとするのが賢明であると思われる。残りの2つは「認識的理解（comprehensibility）」と「解釈的理解（interpretability）」である。それぞれについて見ていこう。

　識別的理解とは発話における語または文レベルの要素の認識のことである。例えば、「anyone lived in a pretty how town」と聞けば、おそらくこれが7つの英単語からなる発話であるということを認識するであろう。そしてこれが E. E. Cummings による詩の冒頭の1節であると聞くと、それを受け入れることはできても、なおもその発話が何を意味するか見当がつかない。その発話の識別的理解を確かめるには、その発話を繰り返したり、それを書き取ったりさせればよいのである。その結果は識別的理解の評価、または話者の発語行為の理解のレベルとなる。外部の騒音の有無だけでなく、声量、明快さ、話すスピードがその結果に影響する。例えば、何らかの理由で、2つ目と5つ目の語が識別的に理解されうるものでないと思ったら、特にそれらの語を繰り返すように依頼することができる（「すみません、2つ目と5つ目の語が聞こえませんでした。繰り返していただけますか？」のように）。その2つの語が繰り返され、7つの語を認識し、それらを繰り返したり、書き取ったりして認識を示したら、その発言についての識別的理解は、その発話に何の意味も結びつけることができなかったとしても、高いのである。以下は、会話の一部に対する識別的理解の欠如を示した実際の会話からの例である。

A：彼女の名字は Vogeler です（最後の語が発せられたとき、外で物音がした）。
B：それは V-O-G-E-L という綴りですか？
A：いいえ、Vogeler です。V-O-G-E-L-E-R です。
B：ああ、Vogeler ですね。

B は理解できなかった語が最後の語で、それが名字であるということを知っていたが、恐らく物音が原因で、その名前が何であったのか確かでなかったのである。B はそれが馴染みのある名字である「Vogel」のように聞こえたと思い、聞いたと思ったことを綴ることでそれを確かめたのである。その語が繰り返され、綴りが述べられたことで、B は実際にその語を正しく聞けていなかったことを理解した。ここでの誤解は語の意味とは関係がないものであった。B は恐らく名字として「Vogel」と同様に「Vogeler」も知っていたが、3つではなく2つしか発せられた音節を聞いておらず、その語が「Vogel」やそれに似たものであると判断したのである。誤解はむしろ語の認識を邪魔するものの方に関係があったのだ。識別的理解が成立しなかったのである。

● 認識的理解 ●

　認識的理解（**comprehensibility**）とは、語または発話が持つ意味の認識のことを言う。つまり発話の発語内効力に加え、社会文化的設定における語の文脈的意味である。認識的理解は話者の発話にのみ関係する発語内行為の概念とは異なり、話者の意図を認識する際の聞き手の重要な役割を含むということに注意しなくてはならない。例えば、「please」という語を聞くと、一般的にそれが通常丁寧な依頼や指示に関係しているということがわかる。このような場合、その語の認識的理解または話者の発語内行為の認識は高い。「Please be prepared to leave the area by 3:00 p.m.〔午後3時までに退出する準備をしてください〕」と言ったり書いたりする場合、認識的理解を少なくとも2つの方法で確認することができる。1つ目はその発話を聞き手／読み

手に言い換えてもらう方法である。もしその答えが「Kindly be ready to depart this place by 1500 hours〔15 時までにこの場を立ち去る準備をお願いします〕」のようなものであれば、発話の高い認識的理解があるということがかなり確実である。認識的理解を確認するもう 1 つの方法は、「What time are we expected to leave the area?〔私たちはそこをいつ退出することになっていますか？〕」というように、その発言についての質問をするというものである。そして、もしその答えが「3:00 p.m.〔午後 3 時〕」であれば、発話の認識的理解が高かったと確信することができるのである。

● 識別的理解と認識的理解 ●

　識別的理解と認識的理解は確実に相互に関係しているが、同じではない。識別的理解は常にではないものの（Frenck and Min, 2001 参照）、通常、発話の知覚のことを言い、一方で認識的理解は一般に話されたことまたは活字にされたことによって伝えられることについてを言う。認識的理解なくして識別的理解を持つことは可能であり、それらの違いを測ることが可能である。例として、次の文章が与えられ、各 3 つ目の語（斜体の語）が削除され空欄で示されているとしよう。誰かが通常の速さでこの文章を読み、読まれている間にもう 1 人が抜けている語を書き入れることができたら、それは話者がどれだけ識別的に理解可能であるかを示す。

> In South *and* Southeast Asia, *given* the general *identification* of internationalisms *with* Euro-American colonialism, *purification* shows tendencies *of* combating 'cultural *colonialism*' much more *than* neighbouring vernaculars, *all* the more *so*, since the *latter* have little *if* any national *significance*.
> 　　　　　　　　　　（Rubin and Jernudd, 1971, p. 15 の J. Fishman による序文）

正しい語の数が多いほど、識別的理解は高い。もしその文を言い換えたり、その文に関する質問に答えるよう求められたなら、その能力はその文章の認識的理解の目安となる。文章中の空欄を埋めることは比較的簡単かもしれな

いが、言い換えや特定の質問に対して答えることは、不可能ではないにしても非常に難しい。そのような場合、ここでの定義では、文章の識別的理解は高いが、認識的理解は低いということになる。2つ目の例としては、B. Mukherjee の 1972 年の小説である *The Tiger's Daughter* の 41 ページの以下の一部を誰かが読み上げるとする。

> On her third day in Calcutta, Tara's mother took her to visit the relatives...
> "Take us to Southern Avenue first," the mother said to the chauffeur...
> "Yes, memsahib."

もし話された通りにことばを繰り返したり、正しく書き取ることができたなら、それは話者の高い識別的理解可能性を示す。認識されないかもしれない語は memsahib であるが、それが聞こえるように言ったり書いたりすることができ、その努力をその文章を読んだ人が認めることができれば、それは高い識別的理解を示すのである。文章を言い換えたり、文章に基づいた質問に答えることができれば、それは認識的理解の証となる。ここでも memsahib が聞き手／読み手にとって問題になるだろうが、礼儀正しい呼びかけの形式であるということは明らかであろう。その場合、これは読み手／聞き手による現代インドの社会文化的文脈における、その語の文脈的意味の理解のレベル、そしてその認識的理解を示しているのである。

　本章の冒頭の Cervi and Wajnryb からの引用では、完全な識別的理解があったが、David はオーストラリア英語で使用されているような plate という項目の文脈的意味を認識的に理解していなかったため、ナイフやフォークに関する質問を続けたのである。その質問に答えが与えられると、主催者の発話は完全に認識的に理解可能になったのである。

● **解釈的理解** ●

　解釈的理解（interpretability）とは、聞き手／読み手による発話の意図または目的の認識のことである。つまり、話者／書き手がねらう発語媒介効果

のことである。ここでもまた、解釈的理解は発話媒介行為と同じではないことに注意しなくてはならない。解釈的理解は話者／書き手の意図の復元に聞き手／読み手を決定的に含むためである。ある程度の解釈的理解を得るために、発言の文化的背景について知らなくてはならないことから、識別的理解や認識的理解よりも複雑な理解の特徴を持つ。John Hersey は *A Single Pebble* の、主人公が以下のように言う場面でこのことを認めている。

> 私は単なる科学的な疑問からその川に行ったのだが、代わりにそれは人々が行き交う通りなのだと気づいた。彼らの話すことばはわかるのに、彼らの考えはわからなかった。
>
> (1989, p. 18)

語彙は知っていて聞いたり読んだりしたことに何らかの意味をつけることはできるが、依然として話者／聞き手の意図がわからないということがある。例えば、電話が鳴り、友人が「ショーンはいますか？」とたずねると、電話に出た人が言う可能性のあることはいくつかある。もしショーンがいなければ、「いいえ、いません」と言うだろう。この返答は質問に対する明らかな認識的理解を示しており、高い識別的理解と認識的理解の証拠となる。ショーンがいれば、「はい、います」と言うかもしれないが、それもまた高い識別的理解と認識的理解を示してはいるものの、解釈的理解は低い。高い解釈的理解を示すためには、電話をかけた人は実際はショーンと話すことを要求しているのだと認識する必要があり、「少々お待ちください」のように返答するのである。

● 識別的理解、認識的理解、解釈的理解 ●

識別的理解、認識的理解、解釈的理解の違いを示すために、通常の速度で以下の文章を読むかまたは誰かが読むのを聞いて欲しい。

With hocked gems financing him, our hero bravely defied all scornful laughter that tried to prevent his scheme. "Your eyes deceive you," he had said, "an egg not a table correctly typifies this unexplored planet." Now three sturdy sisters sought proof, forging along—sometimes through calm vastness, yet more often over turbulent peaks and valleys. Days became weeks as many doubters spread fearful rumors about the edge. At last, from nowhere, welcomed winged creatures appeared, signifying momentous success.（Dooling and Lachman, 1971, p. 216）

質に入れられた宝石で資金を得て、私たちの英雄は勇敢にも彼の計画を邪魔しようとするすべての嘲笑を無視した。「君たちの目は君たちを欺いている。テーブルではなく卵がこの未知の惑星の特徴を正確に表しているのだ」と彼は言った。3人の屈強な同志が証拠を求め、時には穏やかな茫洋たる大海を、しかしそれ以上に荒れ狂う峰や流域を進んだ。疑念を抱く多くの人々が地の果てについての恐ろしい噂を広める中、数日は数週間となり、ついにどこからともなく待ち望まれた翼を持つ生き物が現れ、記念すべき成功を示していた。（Dooling and Lachman, 1971, p. 216）

もし誰かがこの文章を朗読したら、おそらく聞き手はすべての語を認識し、簡単に各フレーズを言われた通りに繰り返したり、書き取ったりすることで、高度な識別的理解を示すことができるだろう。また、各文の可能性のある意味を認識し、それらを違うことばで言い換えることさえできるという状況も大いにありうる。その場合、テクストの認識的理解もまた高いと考えられる。しかしながら、たった一度聞いただけで話を説明する自信が十分あるということはないだろう。最初に読んだ時点では、著者の意図を知ることは難しい。これは科学を題材にした作り話か、子ども向けのテレビ漫画作品用の筋書きだと思うかもしれない。しかし、もし「Christopher Columbus Discovers America（クリストファー・コロンブスのアメリカ発見）」という著者がつけたタイトルを聞き、もう一度文章を聞くことを許されれば、今回はおそらくまったく異なった答えになるだろう。最初にテクストを聞いたときは、状

況に関する文化的文脈がないため、混乱したかもしれない。タイトルを提示するだけで文脈を理解する人もおり、高い認識的理解や識別的理解とともに、高い解釈的理解を示す可能性は増すであろう。

　ときに認識的な理解と解釈的理解の難しさは語や発話が文化においてどのように使用されているかに関係する。例えば、Prajuab Thirabutana（1973, p. 15）によるタイの小説 Little Things からの次の一節を読むと、解釈的理解の問題が生じるであろう。

> "So you've come? Is this your daughter that you've told me about?" a woman who was sitting on a low raised place in the shop greeted us.
> 「おや、来たね。これがあなたが話していた娘かい？」と店の少し高くなっているところに座っている女が私たちを出迎えた。
> "Yes. Ee-nang, salute Koon Maa."
> 「はい。Ee-nang、Koon Maa にご挨拶なさい」

文章が音読されたなら、聞き手はおそらく識別的理解にはほぼ問題を感じないだろう。なぜなら、「Ee-nang」と「Koon Maa」以外の語はすべて一般的であり、認識が容易だからである。最初の文は挨拶としては多少不自然に聞こえるかもしれないが、著者はそれが挨拶として使われているということを示しており、それによって挨拶であるということを認識的に理解することができる。「Ee-nang」と「Koon Maa」という語さえ識別的に理解可能（語としての認識が可能）であり、おそらく名前か呼びかけの形式として認識的に理解されるであろう。しかしながら、文章の解釈は容易ではない。自信を持って解釈するためには、タイ全般と特にタイの北東部に関する特定の情報がなくてはならない。タイ北東部では「Ee-nang」は親が一番下の娘に呼びかけるときに使われることばであり、「Koon Maa」は目上の女性に対して、まるで家族の一員であるかのように敬意を持って呼びかける特有なタイ語のことばであるということを知っていなくてはならないのだ。タイの文化に関するこのような事実を知らなければ、これらのことばは適切に解釈できない。「salute」という語もまた混乱を招き、高度な解釈的理解を妨げるかもしれな

い。この文脈では、「salute」は「greet」としてたいてい正確に理解される。しかし、タイの幼い女の子が目上の人に敬意を持って挨拶する方法に関する知識を持っていなければ、その語を正しく解釈したり、その女の子が振舞うように指示されている行動を推測することはできないのである。

Bokamba（1992, p. 132）は同様の現象に関するアフリカ英語の会話例について報告している。

"Hasn't the President left for Nairobi yet?"
「大統領はまだナイロビに向けて発っていないのですか？」
"Yes."
「はい」

話者がはっきり話していて、邪魔をする物音がなければ識別的理解（語の認識）と認識的理解（可能な意味の理解）は高いであろうが、話者の解釈的理解（意図の理解）は低いであろう。アフリカ英語に精通していない人にとっては、大統領が出発したかどうかは（この場合、出発していないのであるが）はっきりしないかもしれない。

識別的理解と認識的理解（発話の認識と発話の意味づけ）は解釈的理解（語の背後の意味の理解）と比べると比較的容易なのである。

● 言語の流暢さと文化的能力との関係 ●

英語の流暢さと文法的能力は識別的理解と認識的理解の達成を促進するが、解釈的理解の達成には明らかに不十分である。解釈的理解を達成するためには、文化的能力も必要なのである。自分とは異なる英語の変種を話す人とコミュニケーションをとる場合、彼らが異なった発音、イントネーション、語彙を使用する可能性が高いということを覚えておかなくてはならない。より重要なのは、彼らがまた言語行為機能（挨拶の仕方、同意の表明方法、指示の使用方法、断り方、いとまごいの仕方など）と同じく、コミュニケーションにおける彼ら自身の文化的慣習を使用するであろうということである（ポ

ライトネスの方略、会話の適切な題材、情報の順序など）。

● コミュニケーションにおける文化的慣習の例 ●

　日本人が日本人でない人とコミュニケーションをとるために英語を使用する場合、その相手が日本人のコミュニケーションの慣習に混乱することがある。例えば、日本人の「Yes」という語の使い方について考えてみたい。日本人でない人が話しているとき、日本人の聞き手はうなずきながら頻繁に「Yes」と言うだろう。この状況での識別的理解と認識的理解はおそらく高い。日本人でないその話し手は「Yes」という語を知っているし、うなずきも認識する。これらの言語／非言語行為を同じような状況で使用するとすれば、話者と聞き手の間の理解や同意を伝えるというのが最も考えられる目的である。日本の文化について知らなければ、日本人も同様であると考えるであろう。もしそのように考えるなら、その行為の解釈的理解は低くなってしまう。日本人が「Yes」と言ってうなずくのは、話者を促し、聞いているということや言われたことを理解しようとしているということを示すためなのだと知って驚くだろう。これらの行為は日本人の聞き手が理解し、話者に同意しているということを意味してはいないのである。述べられていることを理解しているとしても、それに同意しているということを意味しないのだ。

　日本人が使用すると意味が拡張するもう１つのよく知られた例が「I'm sorry」である。「I'm sorry」は、罪や過失を認めるためではなく（そのようにも使われるが）、関与している当事者同士の露骨な衝突を防ぐための潤滑油のようにしばしば使われる。それはポライトネスの方略であり、礼儀正しさのしるしなのである。日本人にとって、その使用は「育ちのよさ」や「高い教育」の証なのだ。

　謝罪のように聞こえる（つまり「I'm sorry」）がそうでないのと同じように、辞退のように聞こえないのに辞退が意図されているものがある。Ikoma and Shimura（1994）は次の例を挙げている。

　　アメリカに住んでいたとき、ある日本人女性がアメリカ人の友人から

ディスコパーティーに招待された。その日本人女性はディスコが好きではなかったので、その招待を断りたくて「ディスコはあまり好きじゃないんだけど、考えとくわ」と言った。この「考えとくわ」が彼女の丁寧な断り方であり、アメリカ人の友人もそれを理解すると思っていた。そのため、その友人がパーティー当日に彼女に電話をして「準備できた？ これから迎えに行くところよ」と言ったとき、驚いて不快に感じたのだ。

この日本人女性とアメリカ人の友人との間の識別的理解と認識的理解は高かったものの、双方にとって解釈的理解のレベルは低かったのである。

Koreo（1988, p. 21）は以下のように述べている。

日本人は物事を細部まで特定することを嫌う。このことから日本人の話は日本の水墨画のようだと結論づける欧米人がいる。水墨画は空白部分の使用によって効果を生み出し、この空白部分を読み取ることができなければ、その作品を理解することはできないのである。

このことは上記の例が示すように、社会的やりとりの大部分において当てはまるようである。明らかに数学的証明や科学的研究ではこうは行かない。

Nishiyama（1995）は文化を隔てて世界の英語を使用する際の解釈的理解の道具立てとしての情報の順序の重要性について述べている。日本人の商売相手に対して提案をしているアメリカ人ビジネスマンの例を挙げているのであるが、アメリカ人が提案を終え、日本人が数分話す。日本人はいかにプロジェクトが興味深いかということに関するコメントをいくつか述べることから始める。そしてアメリカ人に、彼の会社が同様の題材について行ってきた研究について述べるのである。この時点でアメリカ人は提案が簡単に受け入れられるであろうと思った。なぜならそれが彼がそのように情報を構成したなら意味するであろうことだからである。だから日本人が「しかし」と言って提案を断るとそのアメリカ人は驚いたのである。アメリカ人と違って、日本人が話しているときは通常、話の冒頭よりも最後の方が重要なのだとNishiyamaは指摘している。日本人でない人がこのことを知らなければ、解

釈的理解は低くなり、その結果そのような行為によって誤解させられたと感じる可能性が高いのである。

　Nishiyama は日本人の情報の組み立て方が、アメリカ人の解釈的理解に関する深刻な問題を引き起こしうる例をもう 1 つ挙げている。英語が堪能な日本人のリーダーとアメリカ人のリーダーがアメリカと日本の貿易および経済の関係についてのテレビ会議を行っている。討論の間、1 人のアメリカ人がドルが円に対してかつての半分の価値に下がるという為替レートの変動が日本のアメリカに対する輸出に深刻な影響を与えるかどうか尋ねた。この質問は特定の日本人参加者に向けられたものであったが、その日本人はまず最初に日本の自由貿易を支持し促進する政策について説明することから答え始めた。それから為替レートの変動に対応するための産業改造に向けた日本の取り組みについて話し、最後にそれらの理由から日本はアメリカと健全な貿易関係を維持するであろうと述べて終えたのである。日本人が答えているとき、テレビの一部にアメリカ人の顔が映されていた。Nishiyama によると、明らかにそのアメリカ人はなぜ話者がそんな「まわりくどい」方法で話しているのかを理解しようと困惑していた。彼はおそらく「輸出は深刻な影響を受けるでしょう」や「輸出は深刻な影響を受けないでしょう」というようなもっと直接的な答えがあり、その後に説明が加えられると予想していたのだろう。アメリカ人は日本人が質問に答えるとき、答えを述べる前に答えの説明をすることから始める傾向があるということを認識していなかったのである。話題の周辺から中心へと話し、述べられないことは述べられることよりもほぼ常に重要なのだ。アメリカ人はアメリカの情報構成の方法が日本の方法とは異なり、日本人が英語を流暢に話していてもそれは変わらないということを知っていなくてはならなかったのだ。ここで登場する各人は、相手の言うことや意図について高い識別的理解と認識的理解を備えてはいたが、解釈的理解は低かった。彼らはいずれも相手に対する適切な準備をしていなかったのである。

● おわりに ●

英語の世界的な普及と英語の多様な変種の発達にともなって、識別的理解の問題は関心事であり続けるだろう。理解の特性を識別的理解、認識的理解、解釈的理解に区別することは有益だと思われる。コミュニケーションは通常2人の当事者の間でなされるものであり、識別的理解、認識的理解、解釈的理解は「相互作用的」活動なのであるということを念頭に置いておくことが重要である。それらは話者または聞き手を中心としたものではない。内円圏英語の話者は、他の英語円圏の話者よりも他者にとって何が識別的に理解可能で何がそうでないのか、何が認識的に理解可能なのか、何が解釈的に理解可能なのかを判断するに長けているわけではないし、内円圏英語の話者の方が他の英語円圏の話者よりも識別的に理解可能であったり、認識的に理解可能であったり、解釈的に理解可能であったりすると主張することもできないのである。英語の熟達度は英語でコミュニケーションをとる相手を理解する能力と関係してはいるが、理解において異文化能力は文法能力より重要なのである。内円圏英語の話者が世界の英語に関する識別的理解、認識的理解、解釈的理解のレベルを上げるには、他の英語円圏の話者と同じくらい文化的情報や他の英語の変種との接触が必要なのである。

文献案内

Baker, W. and Eggington, W. G. (1999) Bilingual creativity, multidimensional analysis, and world Englishes. *World Englishes*, 18(3), 343-357.

Frenck, S. and Min, S. (2001) Culture, reader and textual intelligibility. In E. Thumboo (ed.), *The Three Circles of English* (pp. 19-34). Singapore: UniPress.

Kachru, B. B. (1992) *The Other Tongue: English across Cultures* (2nd edn.). Urbana, IL: University of Illinois Press.

Nelson, C. (1995) Intelligibility and world Englishes in the classroom. *World Englishes*, 14, 273-279.

Wolff, K. H. (1959) Intelligibility and inter-ethnic attitudes. *Anthropological Linguistics*, 1 (3), 34-41.

課題

1. 認識的理解は識別的理解をもとに形成されるのか？ 識別的理解は認識的理解や解釈的理解が可能になる前に必要か？

2. 標準英語の問題は識別的理解の問題とどのような関係を持っているか？

3. Burkhardt（1990）の29ページから61ページを読み、識別的理解、認識的理解、解釈的理解の概念が言語行為理論とどのように関連があるのか議論しなさい。識別的理解、認識的理解、解釈的理解の概念は発語行為、発語内行為、発語媒介行為と一対一の関係にあるのか？ もしそうでないなら、その違いは何か？

4. National Public Radio（NPR）、BBC、または他の国際的ネットワークで放送されるインタビューを聞き、対話者が文化の異なる世界の英語を使用しているとき、どのくらい理解可能か調べなさい。誤解が生じる場合、それが識別的理解の低さのせいなのか、または認識的理解の低さ、解釈的理解の低さのせいなのか、判断することは可能か考えなさい。

5. *The Guardian*（ナイジェリア・ラゴス、2000年4月9日付）に掲載された下記の編集部への手紙を読み、ナイジェリア英語話者でない人にとって手紙は識別的に理解可能か、認識的に理解可能か、解釈的に理解可能か考えなさい。そうでない場合、手紙の中で働いている識別的、認識的、解釈的に可能でない要素をそれぞれ特定しなさい。

Killing the Joy of Democracy

To the Editor: On May 29, Nigerians collectively agreed by national consensus, that we were all going to embrace democracy and sustain it.

But eight months into our democracy, the indices that have impacted on the polity have rather been more negative than one would ordinarily have expected. The collective realization of these negative manifestations cuts across every facet of the three arms of government but as is natural, the executive comes in for a lot of flak in the calculation of these negative happen-stances.

And so where can one start, is it not from Odi where perhaps the darkest points of our democracy was recorded. Closely inter-woven with this is the Niger-Delta issue which has achieved albatross status and is currently dominating the political discourse.

Interestingly, the human rights activists have surprisingly remained silent over the manifestation of all these negative things particularly the obvious anomalies and violations that have characterized the trials of Mohammed Abacha, Hamza Al-Mustapha and company. Even the press has not helped matters by apparently misleading and fashioning public opinion with their sensational tales and reports concerning the trials of Abacha loyalists and the Abacha family.

To add to this, the avalanche of promises which ushered in this democracy, have largely been unfulfilled. Again, uncertain attempts at poverty alleviation, curbing corruption, the weak exchange rate of the naira, the rising violent crimes, have all contributed to give our nascent democracy a negative picture.

Rather, what the press has done is to kill the joy of our democracy by continuing to indulge in Abacha saga and sensationalizing the trials of Mohammed Abacha and company beyond permitable legal and moral limits.

One hopes this millennium, the press, the government and indeed all Nigerians will stop killing the joy of democracy.

KI, Ibadan

第2部

音、文、語
Sound, Sentence, and Word

● はじめに ●

　これまで世界への拡張に関する歴史的背景や、その結果生じた様々な言語や文化にわたる使用のバリエーションなどの英語に関する背景について見てきた。加えて、社会的言語使用が文化的文脈の中で行われており、世界における現在の英語の位置づけについて学びたいのであれば、そのような文脈や、文脈がもたらす言語に対する影響について論じるに必要な概念が必要不可欠なのだという事実について認識してもらえたことと思う。これらの概念は、社会言語学、語用論、コミュニケーションの民族誌学、認知心理学、言語に関連した人工知能など、多様な学問分野から引用されたものである。第2部ではこれまでの議論を引き続き行いつつ、言語の科学、つまり言語学の視点を取り入れたい。

　コミュニケーションを目的に言語を使用するためには、2種類の能力が必要である。つまり、言語能力とコミュニケーション能力である。言語能力は通常、用法のルールに関する知識として特徴づけられる。つまり、音声システム、文法構造、語彙である。コミュニケーション能力は使用のルールに関する知識のことである。つまり、記号システムが実際の状況で意図した意味を表すために、どのように使用されるかということである。本書の第2部では、世界の英語を特徴づける使用のルールに焦点を当てる。第5章では音声システム、第6章では文法構造、第7章は語彙について取り上げる。

● 言語バリエーション ●

　異なった言語を話すコミュニティは異なった話し方をするというのは十分に認識された事実である。話し方の違いとは、何が話されているのか、何が強調されているのか、何が既出の発話に関連しているかというような意味を示すリズムパターン、語順、その他の道具立てに関する異なる一連のルールの使用を意味する。通常の会話に加えて、就職面接、裁判、医師と患者のやりとりのような実際の社会的文脈における言語使用の近年の研究は言語コミュニティによって言語の使用方法が異なるということを示している。実際のところ、同じ言語コミュニティに住む民族グループでも、コミュニティ内で共有されている言語の使い方は大きく異なる（Tannen, 1984）。例えば、アメリカ在住のアフリカ系アメリカ人は他のアメリカ人と比べると、英語を異なった言語機能で使用しており、会話を異なった目的で使用している（Goodwin, 1990; Labov, 1972a, 8章; Mitchell-Kernan, 1972, 1973; Morgan, 1996; Schilling-Estes, 2000; Smitherman, 1995 など）。さらに、異なった民族コミュニティの話者は多民族間コミュニケーションの中で、彼らの民族的背景を共有していない聞き手に問題を与えてしまうほどに異なった方法で意図を表す（Hansell and Ajirotutu, 1982; Hecht *et al.*, 1992; Mishra, 1982 など）。やりとりの参与者が異なる言語コミュニティに所属し、英語のような共通語を著しく異なった方法で使用する場合、さらに深刻な問題が生じるのである。

● リズムパターン ●

　特定の意味を伝える強勢、ピッチ、音量のパターンがある。その中には普遍的なものもあり、例えば高いピッチと大きな音量は興奮を表すか、または新情報であることを示している（Chafe, 1972）。文化特有なものもある。例えば、ある文化において音量は強調を表す一方で、他の文化では攻撃性を表したりする。高いピッチはある文化では特定の話者に対する話において必

須だが、他の文化では「子どもっぽい」行為と結びつけられるかもしれない。

　すでに述べたように、内円圏の英語を話す人々は、彼らが感じるところの発音や文法の「誤り」には通常寛容である。例えば、普通彼らは他の変種の次のような特性に合わせようと努力する。語末の子音群の単純化（left を lef）、語の間違った強勢（suˊccess を ˊsuccess）、冠詞の脱落（he gave me tough time）、誤った前置詞の使用（We are ready to eat, go sit on the table）、動詞の一致パターンの誤り（That time I see him, he tell me…）などである。しかしながら、特定のほかの道具立ての使用における違いは深刻な問題を招く。話しことばでのリズムパターンは特に問題となる。

　英語やその他の言語で、強勢やイントネーションは、主題、焦点、強調などを特有の方法で伝えるために使用される。強勢およびイントネーションが話者の意図を示す際、それらを修正するのは容易ではない。このため、外円圏および拡大円圏の変種におけるリズムパターンの使用などの特定の特徴は、言語の能力ではなく、話者の性格によるものだと考えられてしまう。もちろんこの反応は一方的なものではない。英語のすべての変種の使用者は、話者の発話が聞き手の英語使用の慣習に従うと解釈可能であるような場合、互いに無礼であるとか、思い上がっている、不正直、ためらいがちなどと感じるのである。

　このことは、外円圏や拡大円圏の変種に特徴的な性質が、内円圏の変種の話者による解釈に深刻な問題を引き起こした例を見れば明らかである。まさにこの種の誤解が生じている実際の出来事における詳細な例が Mishra（1992, pp. 100-129）で挙げられている。対話者は M（イギリスの National Institute of Industrial の研修を担当するイギリス人女性スタッフ）と、K（インド人の男性労働者）である。K はあるコースを受けたいと考えており、そのコースの参加申し込みの書類一式を必要としている。M の判断では、そのコースは特殊な専門グループ向けであり、K は参加の資格がない。M は K が望む申込書を入手してはおらず、K が要求したときにそれを彼に送ることができなかった。郵送で申込書を手に入れることができなかったので、K はなぜ申込書が送られてこないのか突き止めようと自ら出向いた。そのやりとりが Mishra（1992）に報告されている。やりとりは M は K が

彼女をうそつきだと呼んで侮辱したと感じ、Kは彼の出身国や英語の能力によって差別されたと感じる結果となった。

　Mishra（1992）によると、両対話者にとってのこの苛立たしい経験の要因は以下の通りである。最初の要因は、背景知識の食い違いである。例えば、「suitable（適した）」、「qualification（資格）」、「professional interest（専門的関心）」のようなことばの意味である。Mにとっては、現在の職が適性、資格、専門的関心を決めるものであり、Kにとっては、コースが開かれる機関にすでに登録しているということが資格を決定し、将来の職業に対する個人的関心がコースへの適性を決定するのである。コースは新聞で広告されていたため、要求したように申込書を入手できなかったという事実は彼が差別を受けているということを意味するのである。第2の要因はKのyesとnoの使用が賛否以上のことを示しているということである。彼はそれらをMの言うことを聞いているということを表すために使用しているのである。彼がyesと言うたびにMは彼が彼女に同意していると思うが、その後それが彼の意味するところではないということに気づくのである。そのため、彼女はすでに言ったことを繰り返し、その過程が彼女を疲弊させるのである。MはKのyesが何を意味するのか理解できない。同じことがKのnoにも当てはまる。彼はnoをターンを始めるために使用しているのである。この両方の特性が以下の抜粋に見られる（Mishra, 1992, pp. 121-122）。ターン382、389、398のyesは同意を示してはいない（ターンの番号はMishra, 1992によるもの）。同様に、ターン401のnoも単にKが彼のターンをとろうとしているということを意味する。

381. M: Mr. K I know "more about this course /than you do/ I designed it
382. K: [yes//
388. M: I "don't have an equal say actually/ it's—
389. K: yes//
390. M: ++I am <telling you/++I-<know//
391. K: (acc.) if if if if you feel somebody/ who is not suitable

392.   """you""can""say""no()//
395. M: (acc.) its got nothing to do with me//if"you have applied to
396.   E. technical College/that's as far as I'm concerned/that's
397.   <<that//it's up to_<<them.it's got nothing to do with me/at all/
398. K: "yes/still uh you have say//you have opinion//
399. M: Mr. K stop_<<telling me/what I'm doing/what I'm not doing//
400.   I_<<know what I am "doing//
401. K: no/++I'm not telling you/what you do/or what you not to
402.   [do/but I I "know.the.fact/ what you're/and what you what
403.   did your opinion will be//

【注：[＝オーバーラップ、/＝小調子群境界、//＝大調子群境界、"＝高ピッチレベル、""＝持続的高ピッチレベル、++＝高ピッチ、_＝低レベル音調、(acc.)＝加速、<<＝漸次的下降調】

背景知識や yes および no の使用に加え、強勢のパターンも 2 人の対話者にとって異なった意味を持っている。強勢とリズムについては第 5 章の中で詳しく論じる。

● 文法パターン ●

　数、時制、相などの文法カテゴリーは特定の意味を持っている。言語はそれぞれその言語において重要な意味を表すために、これらカテゴリーの異なったパターン化を採用している。文法カテゴリーの使用において、外円圏および拡大円圏の英語は、確立した内円圏の変種と異なるため、ときに誤解を招き、ときに話者の能力の評価を引き起こす。
　例えば、ジャマイカ英語の以下のような文は理解や分析が難しいものではない（Shields, 1989, pp. 50-51）。

1. This shop is safe; it is here approximately for 35 years.
   この店は安全だ。35 年くらいここにある。
2. Political tribalism is going on now for over 20 years.
   政治的部族主義は 20 年以上も続いている。

期間を表す副詞である for X years が与える文脈が、話者または書き手がその店が X 年間そこに継続してある（has been）ということ、また X 年以上部族主義が継続してはびこっている（has been）ということを明らかにしている。それでも、英語の変種に関する経験によっては、このような文の解釈にたどりつくのに多少の調整を要するかもしれない。さらに、内円圏の変種の話者はジャマイカの変種の話者を非標準言語の使用者と見なすかもしれないし、例えば書きことばにおいてはジャマイカ英語を受け入れようとしないかもしれない。

　文法パターンの選択や文法パターンが世界の英語においてどのように異なるのかについては、第 6 章で詳細に論じる。

● 語彙とイディオム ●

　場所と時間は人間の使用するいかなる言語の語彙に対しても多大な影響力を持つ。イギリス英語、アメリカ英語、オーストラリア英語の辞書を比べてみれば、このことは明白である。また、ウェブスターの初版と第 9 版を比較すれば、時の流れが語彙にもたらす変化に誰もが納得するはずだ。opossum、moose、hickory、squash、moccasin、caucus のような語は、アメリカの変種から英語に入ってきた（Mencken, 1936）。そして sputnik、byte、software のような語は 1940 年代や 1950 年代に出版された辞書には載っていない。to play possum、to have an ax to grind、to pull up the stakes というようなイディオムもまた、もともとアメリカ英語で作られたものである（Mencken, 1936）。

　外円圏と拡大円圏の変種も、その変種の使用者の地理的な場所や社会文化的文脈から同じように影響を受けやすく、新しい語彙項目やイディオムを発

達させている。例えば、gherao（議員が議場に入るのを妨げる抗議者による座り込み）、lathi-charge（警棒を使った警察による攻撃）、satyagrah（権力への非暴力抵抗非協力運動）といった語彙項目はインドの英字新聞では一般的であり、your tongue flies（聞いたことを口外しないという信頼がない）のようなイディオムはカリブ海英語ではよく使われる。フィリピンの英字新聞では carnapper（アメリカ英語の carjacker〔カージャック犯〕）や reelectionist（再選を目指した立候補者）、studentry（全学生）による行為に関する報道がなされる。

　世界の英語におけるイディオム表現を含む語彙の特性は第 7 章で論じる。

第 5 章

音とリズム
Sounds and Rhythm

● **はじめに** ●

　この章では、外円圏の英語話者と拡大円圏の英語話者が伝えようとするメッセージが、英語の音声体系においてどのように記号化されているのか、また両英語話者が使用する道具立てがどのようにミスコミュニケーションという結果を生むかについて述べる。

● **強勢とリズム** ●

　英国系の銀行という場面で構成された、結果的にミスコミュニケーションが生じているリズムパターンの例について考えてみよう（Gumperz *et al.*, 1979, pp. 21-24）。

1. 客：　　Excuse me.
　　　　　すみません。
　　行員：Yes, sir.
　　　　　はい。
　　客：　　I want to deposit some **money**.
　　　　　お金を預けたいのですが。
　　行員：Oh, I see. OK. You'll need a deposit form then.
　　　　　なるほど。わかりました。それでは預金票が必要です。

客： Yes. **No, No**. This is the **wrong** one.
　　　はい。いえいえ。これは違う用紙です。

行員：Sorry?
　　　はい？

客： I got my account in **Wembley**.
　　　私はウェンブリーに口座を持ってるんです。

行員：Oh you need a Giro form then.
　　　ああ、それでは振替票が必要です。

客： Yes, Giro form.
　　　はい、振替票です。

行員：Why didn't you say so the first time.
　　　最初にそう言ってくだされればよかったのに。

客： Sorry, didn't **know**.
　　　すみません、知りませんでした。

行員：All right?
　　　これでいいですか？

客： Thank you.
　　　ありがとう。

　客が強調した項目は太字になっている。客がイギリス英語話者ではないことは明らかである。Gumperz *et al*.（1979）によれば、会話の3つ目のやりとりにおける no と wrong に置かれた強勢は誤ったシグナルを発している。行員に対して、客がミスコミュニケーションが生じたのは行員のせいであると考えていると暗示しているのである。5つ目のやりとりにおける客の Giro form の繰り返しは、彼または彼女の謝罪方法なのであるが、気づかれずにやり過ごされてしまい、行員の苛立ちが同じやりとりで表されている。6つ目のやりとりはミスコミュニケーションの修復を試みたものであるが、しかし再び know に置かれた強勢が誤ったシグナルを与えてしまっている。そして参与者のいずれも心地よくない結果に終わっている。

　上述の例と次の 2 を比較してみよう。ここでは客と行員の両方がイギリ

ス英語話者である。

2. 客： Good morning. I want to **deposit** some money, please.
    おはようございます。お金を預けたいのですが。
  行員： Certainly sir, you'll need a deposit form.
    かしこまりました。預金票が必要です。
  客： Thank you very much. Oh no. This is the wrong **one**. My account is in **Wembley**.
    どうもありがとう。ああ、これは違う用紙です。私の口座はウェンブリーにあるんです。
  行員： Oh I see. In that case you'll need a Giro form, sir. There you are.
    なるほど。その場合は振替票が必要です。こちらです。
  客： Thank you.
    ありがとう。
  行員： You're welcome.
    どういたしまして。

イギリス英語話者は wrong ではなく one を強調しており、インド英語話者のように Wembley のピッチにあまり変化がない（Gamperz *et al.*, 1979, p. 24）。そのため、行員は誤った用紙を出したり、客の口座がどこにあるかを知らないことで責められていると感じないのである。

　外円圏と拡大円圏の変種における強勢の付与に関する以下の情報は有益である。これらの変種での語への強勢の与え方は内円圏の変種で働くルールには従わない。例えば、外円圏と拡大円圏の変種での語の強勢はアメリカ英語またはイギリス英語の話者の視点から見ると特異である。suˊccess ではなく ˊsuccess（ナイジェリア英語、以下 NE）、ˊrecognize ではなく recogˊnize（インド英語、以下 IE）といった具合である。実際のところ、多くの同様の変種が強勢拍リズムではなく音節拍リズムを持つため（Bamgboṣe, 1992; B. Kachru, 1983a）、強勢付与がこれらの変種での「モーラ」（時間で見る音節

の重さ）に与えられた値に従っているということであろう。この現象は IE に見られるようである。re- や -cog- といった音節に含まれる母音は短く、-nize の二重母音のように重くないため、第1強勢は重音節に置かれる。これらの変種のリズムは音節のモーラに基づいているのである。長音節は短音節の2倍長いが、短音節と同様に長音節の母音の質は同じままということである。いくつか長音節を持つ語の場合、強勢が置かれているかどうかにかかわらず、すべての音節が長く発音されるのである。内円圏の英語では、強勢の置かれた音節は強勢を持たない音節に比べてより長く発せられる。事実、イギリス英語に特徴的なリズムのパターンは、多音節語で複数の強勢の置かれていない音節の長さが1つの強勢を持つ音節にほぼ等しいというものである。結果的に、母音の質は強勢と密接な関係を持つ。内円圏の英語話者にとって、外円圏と拡大円圏の変種は断音リズムを持つように聞こえるのである。[†1]

　大半の外円圏と拡大円圏の変種には、「綴り字発音」と呼ばれる現象がある。例えば、lamb や comb のような語は語末の子音群 -mb とともに発音される。なぜなら語がそのように綴られているからである。学校で多くの語彙項目について自ら綴り字発音を持つ教員から英語を学ぶため、同じ発音の慣習が続くのである。それゆえ、これらの変種の話者にとって、第一言語での慣習に従った音節の値に至り、それに則って強勢を付与するというのは自然なことなのである。例えば、biology のような語では、IE 話者は ba-yo-lo-ji のように音節に値を与える。インド系言語の多くで、母音 a、o、i は長く発せられるのである。主要なインド系言語の多くにおいて、最初の長音節、または長音節であれば語尾から2番目の音節が第1強勢を与えられる。したがって、IE では ´bi-o-lo-gy や bi-o-´lo-gy のように聞こえるのである。

　加えて、これらの変種は内円圏の英語と同じように強勢を使用しない。例えば、´import と im´port のようなペアで名詞と動詞の区別をするために強勢を使用しないのである。また、焦点を示すために対照的な強勢を使用するこ

[†1] インド英語のような外円圏の変種での強勢の音声体系については現在も研究が行われている。この点についての2つの最近の研究レポートは、Peng and Ann（2001）および Wiltshire and Moon（2003）を参照。

ともしない（Bamgboṣe, 1992; Gumperz, 1982a, 1982b）。JOHN did it と言う代わりに、ナイジェリア人は It was John who did it と言い（Bamgboṣe, 1992）、ザンビア人は Me I am going to sleep（Tripathi, 1990）、インド人は John only did it と言う（Gumperz, 1982b）。また、Gumperz（1982a, 1982b）が論じるように、強調や焦点と同じように旧情報と新情報の区別も、内円圏の英語とはまったく異なった方法でピッチやイントネーションを使用することで表される。この点については外円圏と拡大円圏の英語での焦点や主題の表示との関連でさらに論じる（第6章参照）。

　外円圏や拡大円圏の変種における個別音の発音はコミュニケーションの崩壊や深刻な誤解につながることはほとんどない。これは対話者がお互いの音韻体系のシステムに慣れるにつれて自らの慣習的パターンを相手のパターンに適応させるからである。スピーチ適応理論［Speech Accommodation Theory］（SAT、Giles, 1973 によって提唱）によれば、話者はやりとりをしている対話者の話すパターンに徐々に近づく。のちにこの理論は、社会的相互作用についての単なる言語学的説明ではなく学際的な説明を与えるために拡大され、コミュニケーション適応理論［Communication Accommodation Theory］（CAT、Giles et al., 1987）という新しい名前が与えられた。したがって、より包括的な記述をするためには、コミュニケーションの言語的手段、つまり言語の変異に加えて、相互作用における非言語的（ジェスチャー、姿勢など）で広範囲にわたる側面が必要となる。この理論は当初聞き手に適応する話し手を扱うものであったが、相互のやりとりにおいては参与者の双方で話者および聞き手としての役割が入れ替わるため、現在では話者と聞き手の両方について説明するために用いられている。以下のことを覚えておく必要がある。

　　適応というのは、通常対面式の会話においてコミュニケーション参加者が使用することのできる、多重構造を持ち、かつ文脈の中で複雑性を持つ選択肢の集合として捉えることができる。それは相互的にそして動的に会話の相手との団結または分離を示したり成し遂げたりするために働くものなのである。　　　　　（Giles and Coupland, 1991, pp. 60-61）

私たちは相互作用をともなう文脈の中で持つ役割に合わせて自分の言語行為を調整することによって、他者に適応または順応しているのである。

　識別的理解に関する研究の中でも、対話者が英語の変種についての経験を多く有するほど、聞いたことを処理する際に苦労しないということがわかっている（第4章参照）。これらの指摘を考えると、音声における違いというのはここで詳細に扱っていない。しかしながら、これらの英語の各変種における特徴的な音声の使用についての以下の情報は、すべての変種の使用者にとって有益であろう。

● 音 ●

　発音においては、ほとんどの外円圏および拡大円圏の変種は内円圏の変種と異なっている。内円圏の変種は内円圏の英語の方言と発音を共有しているのである。これらの違いには認識的理解に影響を与えるような文法的結果につながるものもある。その1つが、例えば left を lef と発音するというような語尾の子音群の単純化である。ほとんどの文脈においてそれ自体ではおそらく深刻な問題は生じないだろう。しかし、この特徴が picked を pick と発音するような動詞の過去時制語尾の喪失、そして desks を des と発音するような名詞の複数標示の喪失につながるというのは注目に値する。このような場合に誤解の可能性がある。このことは外円圏や拡大円圏の変種だけでなく、例えばアフリカ系アメリカ人の日常英語（Labov, 1972a 参照）といったアメリカ英語の特定の変種にも見られるというのは覚えておく価値がある。

　外円圏と拡大円圏の変種で異なって発音される音声は以下の通りである。子音と母音が内円圏の変種と比較して以下のように異なるのである。[†2]

[†2] ここに示されている諸英語における音声システムの簡単な記述は次の出典に基づいている：インド英語については Gargesh（2004）, B. Kachru（1965, 1983a, 1985a, 1985b, 1986a, 2005a）、シンガポール−マレーシア英語については Bao（2001）, Brown（1986）, Platt and Weber（1980）、フィリピン英語については Llamzon（1997）, Bautista and Bolton（2004）、パキスタン英語については Rahman（1990）、カメルーン英語については Simo-Bobda（1994a）、その他文献案内に挙げられている文献。

1. 無声破裂音の p、t、k が語頭の気音を失い、内円圏の変種の話者はそれらをしばしば b、d、g と認識する。口語においては、マレーシア英語のように（Schneider, 2003, pp. 56-57）語末の閉鎖音がしばしば声門閉鎖音に代わる。例えば「back」は baʼ、「bet」や「bed」は beʼ というように。
2. 摩擦音 ƒ ʋ θ ð s z ʒ がしばしば他の音に代わる。ƒ は ph（IE）、ʋ は bh または w（IE）、θ は t（中国英語（CE）、ガーナ英語（GhE）、シンガポール・マレーシア英語（SME））、th（IE）、d（GhE、CE、IE、SME）または z（ドイツ英語（GE））、z と ʒ はほとんどの変種において j に代わる。多くの変種（例えば SME）において、語頭の p、t、k は気音なしで発音され、b、d、g は無声化する。結果的に pig：big、town：down、could：good は同じように発音されることがある（Brown, 1986, p. 4）。
3. 明るい l と暗い l はほとんどの変種において区別されない。
4. アフリカ英語話者の一部（例えばザンビア人）や拡大円圏の変種話者の一部（例えば日本人）は r と l を区別しない。これらは互いに自由に入れ替わる。
5. 語末の子音群はほとんどの東アジアおよび東南アジアの変種において簡略化される。IE のように変種によっては s で始まる語頭子音群は 2 つの子音の間に中性母音を挿入することによって簡略化されるか、またはその子音群が語頭にならないように母音を置いて発音されたりする。例えば、「sport」を saport、「slow」を islow（IE）というように。教養ある層の使用するヒンドゥー語（High Hindi）のサンスクリット語からの借用語にはそのような子音群が存在するのである。例えば、「shoulder」を意味する skand^h、「competition」を意味する spard^{h}aa、「established」を意味する st^{h}aapit がそれにあたる。しかしながら（より教養の低い）口語のヒンドゥー語においては、それぞれ askand^h、aspard^{h}aa、ast^{h}aapit と発音される。

上に述べた音の融合は、英語の変種によっては同音異義語になってしまうような以下の語を生む。SME の theme と team、then と den、および thin と tin

などがその例である（Brown, 1986, p. 4）。しかしながら、IE、パキスタン英語（以下 PE）など、変種によっては tʰiim「theme」と ṭiim「team」、den「then」と ḍen「den」（tʰ と d は歯破裂音、ṭ と ḍ は反り舌破裂音）のように2 つの語の差異を保っているものもある。ほとんどの場合、明確化の必要が生じるような場合もあるが、その語が発せられる文脈が言われていることのあいまいさを解消するのに役に立つ（そのような場合の例については Brown, 1986 参照）。

6. ほとんどすべての外円圏と拡大円圏の変種は、イギリス英語の持つ二重母音と三重母音を簡略化する（例えば「paid」の ei を e、「bowl」の ou を o、「our」の au を aw）。
7. 強勢を持つ母音と強勢を持たない母音は区別されない。例えば、強勢のない音節で母音の弱化が生じない。
8. いくつかの変種（GhE など）では、iː と i、uː と u は区別されず、したがって「sleep」と「slip」は同じ発音を持つ。「pool」と「pull」も同様である。

外円圏と拡大円圏の変種における文法の違いはリズムパターンの違いと一緒になって、内円圏の変種の話者とその他の円圏の変種の話者との間のコミュニケーションに、ときに深刻な問題を引き起こす。しかしながら、これまでの研究の中で指摘されてきたように（Giles, 1973; Giles *et al.*, 1987）、すべての円圏における英語使用者は対話者の間で使用されている変種に慣れてくるとともに適応するに至る。このように、変種の違いへの意識は変種を隔てたコミュニケーションの成立にとって非常に望ましいものなのである。BBC や Public Radio International（PRI）、CNN のような複数の国にまたがったチャンネルが全世界の視聴者に現地のまたは地方の出来事を伝えるために、多様なアクセントを持つ現地レポーターをますます多く起用するにつれ、メディアがこの点についてはかつてよりも大きな役割を担い始めている。

● 音と識別的理解 ●

　このような違いについて考えると、1つの疑問が自然とわく。つまり、アクセントは識別的理解においてどれだけ重要かということである。アクセントは音の発音だけを言うのではなく、強勢やイントネーション、または発話のリズムをも指す。変種と同じように、アクセントもまたどれが優れているのか、望ましいのかなどの議論に発展する。イギリスの音声学者であるDavid Abercrombie は以下のように述べている（1951, p. 15）。

　　アクセント差別は人種の差別に少し似ている。多くの人にとって、都合よい側にいれば、それは非常に理にかなっているように見える。自分自身が容認発音［Received Pronunciation（RP）］を話していると、その発音が本質的に他のアクセントより優れているわけではないと考えるのは非常に難しいのだ。

　変種とアクセントは本来対になっていて、区別はなされないと一般的に考えられている。しかし、1つの変種が多くの異なるアクセントを持つということは明白である。例えば、アメリカ英語はニューイングランド、南部、中西部とされる異なるアクセントを持ち、ニューヨークやシカゴなどの特定の都市に関連するものや、アフリカ系アメリカ人やメキシコ系アメリカ人のような特定の集団に関連したものもある。音の発声のバリエーションや、さらにはリズムのバリエーション以上に特定のアクセントに対する姿勢が変種を隔てたコミュニケーションにおいて障害になりうるのである。
　リンガフランカとして使用される英語の核を決めるための試みが、特にヨーロッパでなされている（Jenkins, 2000 参照）。このような試みは教育や学習における明確な模範、そしてより重要なことに、英語教育での監視機能を求める人々にとって安心感を与えるかもしれないが、経験上、理想的な国際英語の核となる音声システムを規定することは、すべての状況において完全な成功に至ることはほとんどないということがわかっている。学問や外交、

金融、健康、メディアなどの様々な分野でやりとりをする人々によって繰り返し示されてきたように、異文化間コミュニケーションでのより大きな成功は世界の英語の違いへの配慮によって成し遂げられる。他の英語の変種使用者とやりとりをする人々は互いの話しことばや書きことばで出会うバリエーションに適応し、徐々に、より効率的にコミュニケーションをとることを学ぶのである。この経験はこのグローバル化の時代において東西南北すべての国外在住の労働者や専門家が共有しているものなのだ。

文献案内

様々な外円圏と拡大円圏の変種の音声体系については、以下を参照のこと。

Bamgboṣe, A. (1992) Standard Nigerian English: issues of identification. In B. B. Kachru (ed.), *The Other Tongue: English across Cultures* (pp. 148-161). Urbana, IL: University of Illinois Press.

Craig, D. R. (1982) Toward a description of Caribbean English. In B. B. Kachru (ed.), *The Other Tongue: English across Cultures* (pp. 198-209). Urbana, IL: University of Illinois Press.

Kachru, B. B. (1983) *The Indianization of English: The English Language in India*. Delhi and Oxford: Oxford University Press. [pp. 26-32 参照]

Platt, J. and Weber, H. (1980) *English in Singapore and Malaysia: Status, Features, Functions*. Kuala Lumpur and Oxford: Oxford University Press. [pp. 49-59 参照]

Zuraidah, M. D. (2000) Malay + English → A Malay variety of English vowels and accents. In H. M. Said and K. S. Ng (eds.), *English is an Asian Language: The Malaysian Context* (pp. 35-46). Sydney: Persatuan Bahasa Moden Malaysia and The Macquarie Library Pty Ltd.

課題

1. ディズニーアニメ(ライオンキングなど)を見て、どの登場人物にどのアクセントが使用されているか観察しなさい。また、そのアクセントを持つ人がどのように捉えられているのかという点において、それが何を意味するのか論じなさい。つまり、特定の民族グループのメンバーに結び付けられているアクセントが「粗野な」、「教養のない」、「下品な」、

「教養のある」、「陽気な」などのラベルを付けられているということである。どのアクセントをディズニー映画で「悪」として描かれている登場人物が使用しており、どのアクセントを「善」として描かれている登場人物が使用しているか分析しなさい。

2. Jenkins（2000, pp. 158-159）は英語教育に以下のリンガフランカの核を提案している。自らの経験に照らして、これらすべての特徴が認識可能性に必要か考えなさい。加えて、自分の属する教師または学習者のコミュニティの中で、これらすべての対比を教えるのに教員が（または学習するのに学習者が）どれだけ成功しているかを考えなさい。

子音目録
- r音声的方言のr［イギリス英語のrではなく一般アメリカ英語のr］を使用
- bu*tt*erのような母音間のtを使用
- θとðおよび ɫ が置き換え可能
- 中心的子音への近似は概して可能［つまり、θをth、暗いτを ļ など］
- 子音が失われてしまう場合の近似は不可

音声的必要条件
- 硬音破裂音p、t、kに続く気息音
- 先行母音の長さ（一般的に、有音のb、d、gの前に置かれる母音は、無音のp、t、kの先行する母音よりも長い）に対する、硬音／軟音の弁別効果［pとb、tとd、kとgの弁別効果］

子音群
- 語頭の子音群は単純化されない
- 語中および語末の子音群は第一言語の脱落規則に従う場合においてのみ単純化される

母音

・母音の長さの差異を維持する［slip と sleep など］
・維持しなくてはならない ɜː［bird に見られるような］を除き、矛盾が生じない場合に第二言語の地域的特性が許される

（さらなる提案として）

・核をなす強勢の生成および付与、発話の流れの語群への分割を行う［「Did you *buy* a tennis racket or did you *rent* one?」に対して「Did you buy a *tennis* racket or a *squash* racket?」など］

第6章

句と文
Phrases and Sentences

● はじめに ●

　外円圏と拡大円圏における英語変種の使用者たちにとって、英語は第二言語であるか、あるいは、多言語話者であれば自分の持つ言語レパートリーのうちの1つである。もちろん、同じことが、イギリスの移民や「〜系」という呼び名で表されるアメリカ人たち、つまりアラブ系アメリカ人やインド系アメリカ人、韓国系アメリカ人やメキシコ系アメリカ人といった人たちにも当てはまる。外円圏と拡大円圏における英語の変種は使用されている地域の土着言語と常に接触し、文法の様々な領域において地元の（諸）言語の影響を受けている。各々の変種がそれぞれに固有の文法的特徴を備えているのはこのためである。これらの特徴は、内円圏の英語変種の規則を拡張して用いているか、あるいは制限的に用いているかのいずれかである。こういった特徴は、先行研究の中でも注目されてきた現象であり、ここで扱うに値するものである。

● 文法 ●

　外円圏と拡大円圏における英語変種の文法について、以下では3つのセクションに分けて記述する。最初のセクションでは名詞の文法を、次のセクションでは動詞の文法を、そして、最後のセクションでは連結語の文法をそれぞれ扱う。記述に際しては、文法書（例えば Quirk *et al*., 1985 など）や辞

書（例えば、Merriam Webster, Random House, Longman など）によって文典化されているイギリス／アメリカの標準英語との比較を常に行い、議論をよりわかりやすいものとしたい。ただし、ここでの説明が英語変種の文法のすべてを明らかにするものでないことには注意されたい。世界中で用いられている多様な英語の変種はいまもなお研究の途上にあり、重要な発見が様々なコーパスを用いた記述と分析によって次々に報告されているということは念頭に置いておく必要がある（収集され分析されているコーパスの詳細についてはGreenbaum, 1990, 1991; Greenbaum and Nelson, 1996; Nelson, 2004 を参照）。

名詞

この第1のセクションでは、冠詞と可算名詞の単数形の依存関係、それから、可算名詞と質量名詞、単数形と複数形の区別を扱う。

冠詞（articles）**と決定詞**（determiners）：英語の冠詞は名詞との関係によって定義される範疇に属している。冠詞と名詞に相互依存の関係があることは、冠詞には必ず名詞がともなうということ、また、名詞についても、少なくとも可算名詞の単数形に関しては、必ず冠詞をともなうということなどからも明らかである。例えば a や the は文字で表せば一個の独立した語となるが、実際には独立した語として生起する力はない。同じように、boy, book, chair, などといった可算名詞の単数形も、文の中で生起する場合には必ず冠詞やあるいは this, that, any, each などといったその他の決定詞をともなう。

アフリカやアジアの諸地域で話されている言語の多くには、決定詞はあっても、英語の冠詞に相当するようなものがない。加えて、これらの地域では英語教師でさえ、どのような意味的根拠があって英語で冠詞が用いられているのかということをそれほどはっきりと理解していない場合がほとんどである。例えば、一般に不定冠詞と呼ばれる a とその音韻的変種である an を取り上げてみよう。この冠詞が、a book のように「可算」名詞として知られるクラスの名詞の単数形を表す場合にだけ用いられるというのは本当は正しくない。もしそうなら、an oppressive atmosphere（重々しい雰囲気）という表現は非文法的なものとなるはず（atmosphere は質量名詞である）だが、

実際はそうではない。文章の中で、ある名詞に「初めて言及する」ときにのみ a (an) が用いられるという説明も正確ではない。もしそうなら、Cells are the building blocks of life. A cell is composed of a nucleus and cytoplasm (細胞は生命を形作る構成要素である。細胞そのものは核と細胞質から成り立っている) という文のつながりは、1文目に Cells という単語が出ているにもかかわらず、2文目で a cell という表現を用いているので、非文法的となるはずである。しかし、そうとはなっていない。同様に、一般に定冠詞と呼ばれている the が特定の明確な名詞を表すときにのみ用いられるというのも誤りである。実際、英語の冠詞はいずれも2つ以上の意味（下の議論を参照）を表すのに用いられるのであり、同一の意味が2つ以上の冠詞によって表されることもある（例えば、a, the, 無冠詞は3種とも総称指示を表すのに用いられる）。冠詞の使用が文法とのみ関わっており、まったく意味的な内容を持たないこともある。例えば、My father is a doctor（私の父は医師です）のように述語名詞（predicate nominal）につく a などがそうである。

英語の冠詞が持つ機能は3種類に大別される。純粋に文法的な機能、指示を含む意味的な機能、そして語用論的な機能である。文法的な機能だけでもかなり複雑であるが、そこに相互に関係し合う意味的機能と語用論的機能が加わると、冠詞体系の記述はよりいっそう複雑な様相を呈する。冠詞が持つ文法的機能とは以下のようなものである。

1. 単数形の可算名詞の前には、冠詞かあるいはほかの何らかの種の決定詞がなければならない（例：A dog is a man's best friend）。
2. 単数形の述語名詞の前には、冠詞 a か an がなければならない（例：My friend is a student）。
3. ある特定の固有名詞の前には、冠詞 the がなければならない（例：The Hague, The Rhine）。

意味的機能は基本的には指示と関係している。すなわち、冠詞が持つ様々な意味は定／不定指示（definite / indefinite reference）、特定／不特定指示（specific / non-specific reference）、総称／非総称指示（generic / non-generic reference) といったものに分類される。次の例を詳細に検討すれば、これらの機能がどういったものかが理解できるだろう。

4. A：How was your weekend?
　　　週末はどうだった？
　　B：Rather hectic. I had to go to **a movie** that my sister wanted to see on Saturday and then to a dinner on Sunday.
　　　かなり慌しかったよ。土曜日には姉／妹が見たいっていう映画につき合わされたし、日曜にはディナーにも行かなければならなかったからね。
　　A：How was **the movie**?
　　　映画はどうだった？

太字の名詞句に注目すると、B の発言における a movie は不定指示である。これは、どの映画のことを指しているのか A にはわからないだろうと B が考えているためである。一方、B の発言に対する返答で A が用いた the movie は定指示であるが、これは B が見に行ったまさにその作品について話しているためである。

　a movie という表現によって不定指示を表しながらも、B は特定指示を行っているという点に注意して欲しい。つまり、彼（あるいは彼女）はある特定の映画（姉／妹が見たがった映画）を見に行かなければならなかったということを言おうとしているのである。ここから、不定指示であることが常に不特定指示を意味するわけではないということがわかる。一方、A の返答における the movie は定指示かつ不特定指示である。不特定指示と特定指示の違いは、以下のような例文を見ると理解しやすい。

5. a. He wanted to buy **some** books but couldn't find **any** worth buying.
　　　彼は何冊か本を買いたいと思ったが、買うに値するような本は 1 冊もなかった。
　b. He wanted to buy **some** books but couldn't find **them** in the store.

彼には欲しい本が何冊かあったが、それらは本屋になかった。
[これらの例における some そして、この議論全体を通じて出てくる some はストレスを置かない some である。]

この例では、不特定指示を some / any のペアが表しており、特定指示を some / them のペアが表している。
　以上の例では、a（an）, the, some を英語の冠詞とした。冠詞の全容を見るためにさらに例を検討してみよう。

6. A: Are bats birds?
　　　コウモリは鳥類ですか？
　B: No, bats are mammals.
　　　いいえ、コウモリは哺乳類です。

　　あるいは

　B: No, a / the bat is a mammal.
　　　いいえ、コウモリは哺乳類です。

　6B では、bats, a bat, the bat のすべてが総称指示に、すなわちある種に属するもの全体を指示するために用いられている。この場合には、一般に定冠詞と呼ばれているものが不特定指示を表すのに用いられるということは明らかである。
　上の例はすべて、可算名詞を含むものである（単数形とともに a（an）が用いられ、複数形とともに some が用いられている点に数量のニュアンスが込められている）。さらに質量名詞を含む例を見てみるのも有益である。

7. A1: I understand you went to the store early this morning.
　　　今朝早く、店に行ったみたいですが。
　B1: Yes. I needed (some) coffee, (some) sugar and (some) milk.

そうなんです。コーヒーと砂糖とミルクが（少々）必要だったので。

A2: So you got everything you needed.
では必要なものを全部買ってきたわけですね。

B2: Oh, no, I forgot the milk!
あ、しまった。ミルクを忘れてしまった！

7B1 では、無冠詞あるいは冠詞 some のいずれを用いても不定・不特定指示を表すことができる。対照的に、7B2 の the milk は定・特定指示を表している。

　冠詞の使用のルールは以下のように記述することができる。

8. a（an）:不定・不特定、不定・特定、総称（可算名詞の単数形とともに用いて）

    the: 定・特定（可算、質量名詞とともに用いて）、不特定総称（質量名詞の場合のみ）

    some: 不定・不特定、不定・特定（可算名詞の複数形、あるいは質量名詞とともに用いて）

    Ø（無冠詞）:総称（可算名詞の複数形、あるいは質量名詞とともに用いて）

この記述から、冠詞の形式とそれらが表す意味には相当の重複があることが明らかである。もちろん、総称指示は冠詞のみによって表されるわけではない。発言の時制と相も関係してくる。A tiger roars（トラは雄叫びを上げる）と A tiger is roaring（トラが雄叫びを上げている）あるいは A tiger roared（トラが雄叫びを上げた）とを比較してみると、最初の例だけがトラ一般について述べた文であり、うしろの 2 例は、話し手／聞き手の意識の中にある特定のトラについて述べていることがわかる。

　英語を第一言語としない地域の人々が、以上のような冠詞の体系を学習するのに困難を覚えるのには、2 つの要因が関わっている。第 1 に、内円圏で

の英語変種では、不定冠詞と定冠詞のいずれを用いても総称指示を表すことができるという点がある。総称指示というのは不特定指示の一機能であり、すべての冠詞がこの不特定指示を表すことができるからである。第2に、世界の多くの言語においては、定・特定名詞というのは有標ではなく、たいていは不定名詞が有標であり、総称は定・特定の一機能となるという点がある。これは南アジアやペルシャの主要な言語すべてと、世界各地の様々な言語に当てはまる特徴である。以下の標準アメリカ英語、あるいはイギリス英語の翻訳と、ヒンドゥー語の翻訳を比べてみるとよい。

9. A: I want to buy **a book**, could you suggest some titles?
   muj^{h}e **ek kitaab** xariidnii hai, aap kuc^h naam suj^{h}aaenge?
   to me **a book** to buy f is you (h.) some names suggest will (h.)
   本を1冊買いたいんだけど、何かお勧めは？

   B: (S)he got **a letter** from her friend today.
   aaj use dost kii **citthii** milii hai.
   today him / her friend of **letter** obtained is
   彼（女）は友人から今日手紙をもらった。

   C1: I just read **a poem** and **a short story** by Anita.
   maiN ne ab^{h}ii ab^{h}ii anitaa kii lik^{h}ii **ek kavitaa** aur **ek kahaanii** paṛ^{h}ii.
   I ag. just Anita of written **a poem** and **a story** read
   私はアニタの詩と短編を読みました。

   C2: How did you like **the poem**?
   kavitaa kaisii lagii?
   poem how appealed
   詩はどうでしたか？

   D: **A bat** is a mammal.
   camgaadaṛ stanpaayii hotaa hai.
   bat mammal is

コウモリは哺乳類です。

太字となっている名詞句を見れば、ヒンドゥー語では、不定・不特定が一貫して ek のような決定詞によって有標なものとなり 9A と 9C1、不定・特定 9B や定・特定 9C2、総称 9D の名詞句は無標となる。

このような体系的な違いが見受けられることを考慮すると、外円圏と拡大円圏の英語変種が、内円圏の英語変種とは異なった形で冠詞を用いるということも驚くにはあたらない。形式（すなわち、a, the, some）とそれらが表す意味が一対一対応となっていないため、英語の学習者が冠詞の使用の基盤となっている原理を習得することは難しいということになる。さらに厄介なのは、学習者にとってはまったく同じに思える文脈でも、話し手の意図次第で、どの冠詞を使用するかが様々に異なってくるという点である。例えば、以下の A に対する B の返答としては、いずれのものも（some を入れても入れなくても）文法的に正しく適格である。

10. A: I am thirsty.
    喉が渇いた。
    B: There is (some) orange juice in the fridge.
    冷蔵庫の中に、（少し）オレンジジュースがありますよ。

無冠詞ではなく some を用いることによって量のニュアンスが加わることを除けば、いずれを選択しても指示的な意味に違いはない。

可算（count）／**質量**（mass）：以上の議論は、名詞は本来的に可算名詞か質量名詞かのいずれかに分類されるものであり、冠詞の使用はこういった名詞の特性によって決定されるという印象を与えたかもしれない。しかし、事実はそうではない。すでに述べたように、冠詞と名詞の間には相互依存の関係がある。それどころか、Huddleston (1984) は、あらゆる決定詞に適用可能な一般的な使用規則というものが存在し、「可算性は、名詞に見られる様々な種類の決定詞と結びつく可能性によって定義される」(p. 246) とも言っ

ている。

　Allan（1980）によると、英語には8種類の異なった名詞が存在し、それらは以下の観点から分類される。(1) 無決定詞（zero determiner）、a (n) や one といった単位決定詞（unit determiner）、several や about fifty といったような概算的数量詞（fuzzy quantifiers）、「完全に」という意味を持つ決定詞 all、といったものと結びつくことができるかどうか。(2) 接辞によって、あるいは一致（agreement features）によって、複数形としてマークされうるかどうか。Huddleston（1984, p. 245）によると、6種類の名詞が存在し、それぞれの代表例として、equipment（完全な質量名詞）、knowledge（ほとんど質量名詞だが、a good knowledge of Latin のように a と共起することがある）、clothes（many や few といった概算的数量詞と共起するためより可算的）、cattle（概算的数量詞や大きい概数と共起する）、people（集合名詞で、peoples のような複数形を持つが、単数形では生起しないという意味において完全には可算的でない）、dog（完全なる可算名詞）を挙げている。

　このように、英語が持つ可算性のシステムは複雑である。可算性をどのように言語化するかの規則は言語によって異なるということにも注意が必要である。英語では、質量名詞（equipment や sugar）は本来的に単数形であるが、シンハラ語やスワヒリ語では、複数形として扱われる。多くの言語では、a shirt と a pair of trousers の区別はしていない。

　アフリカ、カリブ、東アジア、南アジア、東南アジアの諸地域で用いられている英語の変種では、英語の可算名詞と質量名詞の区別をマークする複雑なシステムは単純化されている。知覚的なレベルで見て可算と考えられるもの、例えば、furniture や equipment、luggage などは、複数存在するということを示すのに複数形の形で用いられることが多い（Bokamba, 1992; Low and Brown, 2003; Shim, 1999）。加えて、決定詞のシステムも可算性のシステムも、学習テキストや教授テキストではっきりと記述されていないため、外円圏と拡大円圏の英語変種には、決定詞の使用法や名詞の分類においてかなりの多様性が見られる。中には、シンガポール英語やタイ英語のように、接辞による複数形のマーキングが一貫していないものもある。これは一部に

は、語末で子音が重なった場合に単純化が生じるといった音韻的過程の結果である。シンガポール・マレーシア英語に関しても同様のことが当てはまる。Brown（1986, p. 6）によると、音節末で最もよく省かれる子音は歯茎閉鎖音 /t, d/ である。ほかに、/s, z/ の音も語末で子音が重なった場合には省かれることが多い。

動詞

　本セクションでは動詞における時制と相の区別だけではなく、状態的／動的、叙実的／非叙実的、意志的／非意志的などといった観点からの動詞の意味的分類も取り扱う。もちろん、これらの区分は世界の英語のあらゆる変種に一律に当てはまるわけではない。

状態的（static）／**動的**（dynamic）：Quirk *et al.*（1972）では、状態性による分類が、英語の動詞の文法にとって中心的なものとなることが指摘されている。動詞の状態性は英語の動詞構文の相や法といった側面と相互に関わり合っている。例えば、状態動詞は進行相の形式では生起しない。よって、以下のような文は非文法的である。*You are resembling your brother（あなたは弟に似ています）／*They were knowing all the answers（彼らはすべての答えを知っていた）また、次のような命令法の文も奇妙である。?Know Russian!（ロシア語を知っていろ！）?Resemble your mother!（母親に似ていろ！）

　しかしながら、世界には、状態的か動的かの区別を動詞によって表現しない言語も多い。それゆえ、外円圏と拡大円圏の英語変種では、両者の区別がしばしば無視される。南アジアの変種では、次のような文も完全に文法的なものだと見なされる。He is having two cars（彼は2台車を持っている）；I was not knowing him then（当時、私は彼をよく知らなかった）；She is not recognizing you（彼女はあなただとわかっていない）（B. Kachru, 1986a）。

叙実性（factivity）**と意志性**（volitionality）：上で言及した状態的／動的の区別に加え、言語の動詞体系では、さらに別の、意味と文法の両方の側面に

関わる区別がなされる。例えば、英語では叙実動詞（factive verbs）と非叙実動詞（non-factive verbs）というものを区別する（Peter regrets that he was rude to Bill（ピーターはビルに無礼に振舞ったことを後悔している）vs. Peter believes that he was rude to Bill（ピーターはビルに対して無礼に振舞ったと思っている））。叙実動詞である regret を用いた文においては、主動詞を否定しても「彼がビルに対して無礼に振舞った」というのが事実だという解釈に変化は生じないが、非叙実動詞である believe を否定すると、その文の内容全体が否定されることに注意が必要である（Peter did not regret that he was rude to Bill（ピーターはビルに対して無礼に振舞ったことを後悔していない）（話し手の観点から見て、ピーターはビルに対して実際に無礼だった）; Peter did not believe that he was rude to Bill（ピーターはビルに対して無礼に振舞ったとは思っていない）（話し手はピーターがビルに対して実際に無礼だったとは主張していない））。ほかの言語でも、意志的動詞（volitional verbs）と非意志的動詞（non-volitional verbs）の区別、つまり、文の主動詞が表す動作の責任が主語にあるということを示唆する動詞と、そのような責任関係を示唆しない動詞の区別をする場合があると思われる。英語の He lost the key（彼は鍵をなくした）という文をヒンドゥー語の2つの対応文 *usne caab^{h}ii k^{h}o dii* vs. *usse caab^{h}ii k^h ogaii* と比較してみよう。最初の文は能動文であり、他動詞である *K^{h}o denaa* というものをともなっているのに対し、2つ目の文では因果関係を表さない動詞、*K^{h}o jaanaa* が用いられている。前者では、行為者が行為者を表す後置詞（postposition）*ne* によってマークされているが、後者では代名詞の主語が具格の後置詞 *se* によってマークされている。最初の文は英語の He (deliberately) lost the key（彼は（わざと）鍵をなくした）という文と同義であり、2つ目の文は He (accidentally) lost the key（彼は（誤って）鍵をなくした）と同義である。内円圏の英語変種では、帰責性は deliberately のような副詞を用いるか、あるいは、**He** lost the key のように主語に強調を置くことによって表される。

　以上述べたような動詞の区別に見られる差異は、ヒンドゥー語だけでなく、南アジアで話されているあらゆる主要な言語にも当てはまる。このような事実は、インド英語にある種の際立った特徴を生み出しており、それが内円圏

の英語変種の話し手たちとの意思疎通における問題につながっている（Gumperz, 1982b）。

動詞化の方略（verbalization strategies）：英語では、品詞による語の分類が厳格ではない。man などのように、同じ語が名詞と動詞の両方として機能することがある。英語の文法に見られるこの特性は世界の様々な英語においても創意工夫溢れる形で活用されている。例えばガーナの英語には、Your behavior tantamounts to insubordination（あなたのやっているのは反抗と同じことだ）とか、It doesn't worth the price（それは値段ほどの値打ちはない）といったような用法がある（Gyasi, 1991）。英語の持つ生産性の高い派生接辞（derivational affixes）を活用し、新しい語を作る英語変種もある。Simo Bobda（1994b）によると、カメルーンの英語には「公務員となることを承認する」という意味の titularise といった動詞があり、インド英語では postpone（延期する）と並んで prepone（予定を早める）という動詞が用いられている。

時制（tense）／**相**（aspect）：タイ語のような東南アジアの言語や東アジアの言語では、動詞が時制を基準にして屈折することはない。例えば、現在時制と過去時制の違いは副詞によって表現する。南アジアの言語には、時制と相と法が英語の時制／相の体系には見られないような形で複雑に関係し合っているものもある。さらに厄介なことに、大半の英語の教科書は、どのような意味的、語用論的要因に基づいて、ある時制が選択されるのかということを説明していない。内円圏の英語変種の話し手たちは、自分たちの社会における会話のルールを学びながら、時制と相の体系を習得する。当然ながら、外円圏と拡大円圏の英語学習者たちにはそのような機会がほとんどないため、時制の体系の根拠を、自分たちが最も知っている体系に求めるしかない。結局それは、第一言語の体系、あるいは、多言語話者の場合には、自分の知っている様々な言語の体系ということになる。結果として、外円圏と拡大円圏の英語変種では、英語が持つ時制／相のマーカーをどのように用いるかという点において、かなりの多様性が見られる。例えば、インド英語では、特定過去を表す副詞が現在完了とともに用いられているような例に出会うことも

よくある（例：I have written to him yesterday（私は昨日、彼に手紙を書いた）。東アジアや東南アジア出身の話し手たちは時制のマーカーを省略し、時の副詞によって時制を表すのが一般的である（例：I talk to her yesterday（私は昨日彼女に話しかけた））。また、東南アジアの変種では、相を already（完了）や last time（経験）のような副詞で表すこともよくある（例：Her fiancé at that time brought over some canned ribs, pork ribs, yes, about... twenty eight (of) cans of them. And then we return about fourteen of them（彼女の婚約者はそのとき缶詰のポークリブを 8 缶ほど持ってきた。それで私たちは、お返しに 14 缶ほど差し出したのだ））(Tay, 1993, p. 99)。過去ということが副詞である at that time によって一度明確にされてしまえば、時制のマーキングは必須のものではなくなるため、brought は過去形となっているが、return はそうなっていないというような状況が生じるのである。

　Gumperz（1982b）はアメリカでの 2 件の法廷の事例を論じている。それぞれ、フィリピン人医師と 2 人のフィリピン人看護師が関わったものであり、彼らが偽の証言を行っていると見なされた事例である。実際、医師の方は偽証罪で訴えられるまでに至った。次のやりとりを見れば、どうしてフィリピン人が、証言の文脈の中で疑いの目を向けられたかが一目瞭然である。

11. Q: Would you say that the two of you were close friends during that period of time?
　　　その頃あなたたち 2 人は親しい友人だったと認めますか？
　　A: I would say that we are good friends but we are really not that close because I don't know her and we don't know each other that much.
　　　私たちはよい友達です。けれど、私は彼女を知らず、お互いあまりよく知らないのでそれほど親しくはありません。

Gumperz（1982b, pp. 173-174）に引用されている Naylor（1980）によると、2 人のフィリピン人看護師に対する告発は完全に状況証拠に基づいており、専門家の証言と比較した上での、看護師たちの証言の信頼性が鍵を握ってい

たが、上の 11 の返答は標準アメリカ英語の基準から虚偽だと見なされてしまった。尋問されている看護師が以前に裁判という厳しい環境を通じてもう 1 人の看護師と親友になったと証言していたという事実があったためである。上の 11 の返答は、現在時制で話されているため、アメリカ英語の規範から言えば、明らかに誤りとなってしまうのである。

しかしながら、フィリピン英語（FE）では、ほかのいくつかの英語変種と同様、時制の区別は相の区別ほどは重要ではない。Naylpor (1980) は、フィリピン英語が現在時制と過去時制の区別をしないということを説明するのに、フィリピンの諸言語の影響を挙げている。例えば、フィリピンのことばの 1 つであるタガログ語は、行為の時間枠というよりは、その開始と完了といった相による区別の体系に基づいている。したがって、タガログ語は以下のような区別を持つ：

12. まだ開始していない：*kakain* "will eat"（これから食べる）
    開始したが未完了：*kumakain* "eats / is or was eating"（食べる／食べている（いた））
    完了：*kumain* "ate / has or had eaten"（食べた／食べ終わった）

看護師たちが、現在と過去とをはっきりと区別しなかったために、法廷において発言の信頼性が疑われたのも無理はない。

同じ現象が、上で言及したフィリピン人医師に対する事例の記録にも見て取れる。以下の抜粋を見て欲しい。

13. Q: Then I am to understand that you were really not aware at the time that you were working at Port Huename that a list of rules, or what we call the Navy Instructions existed governing the day to day conduct and operation of the hospital?
    では、あなたは、Port Huename で働いていたとき当該病院の日々の業務を取り仕切るための一連の規則、いわゆる Navy Instructions なるものが存在していたことを本当に知らなかったということ

ですね？

A: I'm not aware.
　知りません。

Q: You weren't aware of that?
　当時、知らなかったのですね？

A: May be they have, but I was not told where to find it or where I could find it.
　あるのかもしれませんが、どこにあるのか、どこに行けば手に入るのかなどは教えられなかったです。

最初のやりとりでは、質疑が過去形で行われているのに対し、応答が現在形となっており、次のやりとりで確認のために質疑者が聞き直しているのが読み取れる。
　以下の 14 の抜粋を見れば、これが一貫して生じる現象であるということがわかる。

14. Q: At the end when you released the child to the family, did you feel that the cause of the injuries was sunburn or thermofluid burn?
　　　最後に子どもを家族に返したとき、傷の原因は日焼けだと感じていましたか、あるいは、火傷だと感じていましたか？

　　A: I still feel it was due to sunburn.
　　　私はいまでも、日焼けだったと思います。

このやりとりからは、応答している人物はいま現在も原因が日焼けであると考えているという印象を受ける。しかし、実際は違う。この時点で、偽証罪を理由に裁判を受けていた医師には原因が児童虐待であるということはすでにわかっていた。この応答文の言わんとしていることは、I still feel I was justified in concluding that it was due to sunburn（私はいまでも、原因が日焼けだと結論づけたのは妥当だったと感じている）というような内容である (Gumperz, 1982b, p. 175)。しかしながら、返答において現在時制を用いて

いるために、アメリカの法廷ではそのように解釈してもらえないのである。

　単文における時制の使用だけでなく、連続文における時制の使用においても、外円圏と拡大円圏の変種は内円圏の変種と異なっている。連続文における時制使用の一貫性は、外円圏と拡大円圏の英語にはまず見られない。物語文では、時制の形式が、現在から過去、過去から未来、未来から過去へと内円圏の話し手から見ると目まぐるしいと思われるほど頻繁に変化する。Nelson（1985）はインド英語の創作文に見られる時制の変化を記録している。Y. Kachru（1983）では、インドの諸言語には時制の連続に対し文法的制約がないということが示されている。連続する文の時制の形は、時間軸の中での出来事の自然な流れによって決定される。物語文としては、例えば次のような文章は、インド英語においてもヒンドゥー語においても完全に適格である。

> 15. Last Wednesday, he said that he will be going to the city on Saturday and coming back on Sunday. So we will meet for dinner on Monday. I went to his room, and saw that he is not there.
> 先週の水曜日、彼は土曜に街に出かけ、日曜に帰ってくる予定だから、月曜に会って食事をしようと言っていた。私は部屋に行ってみたが、彼はいなかった。

長い物語文や、内円圏の変種の話し手との会話では、このことが問題となる。とりわけ、内円圏の変種と大きく異なる韻律的手がかり（prosodic clues）と結びついた場合にはそうである（Mishra, 1982）。

法助動詞（modals）：アフリカ英語やフィリピン英語、南アジア英語といった外円圏の変種では、will の代わりに would を好んで用いる傾向がある。例えば、Banjo（1997, p. 89）はナイジェリアの日刊紙 *Guardian* から次のような例を引用している。

> 16. At dawn, fog patches are expected which by mid-morning *would* give way to a partly cloudy and hazy afternoon. . . .

夜明けには部分的に霧が出ることが予想されますが午前中のうちに変化して、午後には少し曇り気味のもやのかかった天気となるでしょう。

17. Applicant must be a Registered Nurse,.... Successful candidate *would* be involved in the treatment of staff and staff dependents,....
応募者は公認看護師であることが必要。合格したものはスタッフやその扶養家族の治療に関わる。

新聞英語を集めたわれわれの小規模なデータベースにも、以下のような例が見られた。

ナイジェリア、ラゴスの *The Guardian* 2000 年 4 月 6 日の記事より：

Since the past seven years, the telephone lines in Umualum Nekede have not been functioning, ... The unfortunate part of it is that the subscribers are still servicing the lines with the hope that NITEL territorial headquarters in Owerri *would* resuscitate them in due course.
7 年前から、ヌケデの電話線は機能していない。遺憾なのは、加入者はオーウェリにあるナイジェリア電気通信会社（NITEL）の本部がそのうちに復旧させるだろうと期待し、未だに料金を払い続けていることだ。

フィリピン、マニラの *The Manila Times* 2003 年 6 月 17 日の記事より：

Feken has suggested the passage of a municipal ordinance requiring inveterate chewers to tote or dangle from their necks portable spittoons, together with their betel quid pouches, to contain the messy sight caused by the phenomenon. "An empty sardine can *would* do," he said.
フェケンはキンマの常習者たちに、不潔な姿を晒さないよう、キンマを入れたポーチと一緒に携帯用の痰壺を首からつるすなどして持ち歩くことを求める地域法令の可決を提案している。「空のイワシ缶のようなも

ので十分だろう」と彼は言った。

インド、デリーの *The Indian Express* 2005年6月30日の記事より：

> Although the Parechu disaster seems to have been averted, it is high time that Chinese and the Indian governments cooperate and formulate a policy for joint water management. . . . If not, then it *would* be difficult for India, being the lower riparian state, to have any say in the use and control of water by China.

パレシュ湖での大災害は回避されたかに見えるが、中国政府とインド政府が協力し、共同治水のための政策をまとめるべき時がきている。……さもなければ、湖の下流域にあるインドが、中国の水の使用と管理に対し発言権を持つことは難しくなるだろう。

統語パターン

これまでに注目され、様々な変種間で比較対照されてきた統語構造（syntactic constructions）には以下のようなものがある。

質疑‐応答の形式（question–answering systems）：上で言及した（そして、11と13に例文として挙げた）アメリカの法廷でのフィリピン人医師の場合、時制に関する問題に加え、アメリカ英語には見られない質疑‐応答の形式の使用がさらに問題を複雑にしている。以下の18と19の例がこのことを明らかにしている。

18. Q1: Did you check to determine if dehydration was present?
    脱水症状の有無についてしっかりとチェックしましたか？
    A1: Yes.
    はい。
    Q2: What steps did you take to determine that? If it was there or absent?

どういう手順を用いたのですか？　脱水症状があるかどうかを確認するのに。

A2: When the child came, I initially examined the patient and I noted the moistness of the tongue, sunken eyes, the skin color, and everything was okay.
子どもが入ってきたとき、まず検査をして、舌の潤い、目のくぼみ、肌の色などを確認し、すべてが問題ありませんでした。

Q3: Are you suggesting that there were no sunken eyes?
目のくぼみがなかったということですか？

A3: No.
いいえ、違います。

Q4: I think we better slow down a little bit more and make sure the record... did you observe sunken eyes?
記録の正確さを期すためにもう少しゆっくりと確認した方がよさそうですね。あなたは目のくぼみを見て取りましたか？

A4: No.
いいえ。

A2 の発言は「目のくぼみ」があったことをほのめかすが、これは最後の節（clause）の「すべてが問題ありませんでした」ということばと矛盾する。Q3 は確認を試みているが、A3 の答えが「いいえ」であるため、いまだ判然としない。Q4 の問いが A4 の応答を引き出し、ようやく状況が明らかになる。3 つ目のやりとりを見ると、「目のくぼみはなかったのか」という問いに暗に含まれた前提に基づき、その前提に答える質疑 – 応答の形式を回答者がとっていることがわかる。同様のことが、以下の 19 の抜粋でも起こっている。

19. Q: It is the testimony by LOG that you did not attend the briefing.
　　　LOG はあなたが説明会に出席しなかったと証言しています。
　　A: Yes.

そうです。
Q: You did attend it?
というと、出席したのですか？
A: No.
いいえ、していません。

　ここでも、19の最初のやりとりのYesはLOGの証言に対する同意を表すものであり、医師が説明会に出席したということを肯定するためのものではないが、質疑者はこのようななじみの薄いタイプの応答の仕方に当惑している。
　このような発話の結果、問題の医師の発言は信憑性が薄いと考えられ、偽証罪で裁判にかけられることとなってしまった。のちに、これらの発言の言語的な根拠が陪審員たちに説明されると、偽証罪の嫌疑を解かれ、無罪となったのである。
　この応答の形式は、フィリピン英語にのみ見られる現象ではない。他の外円圏と拡大円圏の変種にも同様の形式をとるものがある。例えばアフリカ英語（Bokamba, 1982）、南アジア英語（B. Kachru, 1994aなど）、マレー諸島の変種（Lowenberg, 1984など）、中国で生じつつある変種（Li, 1995, p. 55など）などである。実際のところ、内円圏の変種の話し手と他の変種の話し手とのやりとりを扱ったほとんどすべての研究において、外円圏と拡大円圏の話し手たちの質疑に対する応答の仕方が内円圏の話し手たちにとって混乱を招きやすいということが述べられている。
　外円圏と拡大円圏の変種においても、肯定的なyes-no疑問文に関する限りは、内円圏の変種と同じ体系を持っている。問題は、文脈によって否定的方向性を持つyes-no疑問文（例：Isn't your car working?）が必要とされた場合である。外円圏の変種が用いる体系の一例が、以下のようなやりとりに示されている（Bokamba, 1982, pp. 84-85）。

20. a. Q: Hasn't the President left for Nairobi yet?
　　　　　大統領はまだナイロビに向けて発っていないのですか？
　　　A: Yes, the President hasn't left for Nairobi yet.

　　　　ええ、大統領はまだ発っていません。
　　b. Q: Didn't you see anyone at the compound?
　　　　構内では誰にも会っていないのですか？
　　A: Yes, I didn't see anyone at the compound.
　　　　ええ、誰にも会っていません。

　いずれのケースにおいても、内円圏の英語であれば予想される答えは No, the President... や、No, I didn't... といったものとなる。
　Pope（1976）によると、人間言語には、2種類の質疑 – 応答の体系が存在するとされる。1つは、応答が疑問の極性（polarity of question(s)）に従うもの、つまり、もし疑問が肯定の形式をとっていれば、質疑者の想定を肯定する応答は肯定の形式をとり、質疑者の想定（questioner assumption）を否定する応答は否定の形をとるというルールに従うものである。逆に、疑問が否定形であれば、質疑者の想定を肯定する応答が否定形となり、質疑者の想定を否定する応答が肯定形となる。これは肯定 – 否定（positive-negative）体系と呼ばれる。もう1つの体系は、世界の様々な地域で話されている言語に見られるものだが、質疑者の想定を肯定する応答が、賛成の意を示すために常に肯定の形をとり、質疑者の想定を否定する応答が不賛成の意を示すために常に否定形をとるというものである。これは賛成 – 不賛成（agreement-disagreement）の体系と呼ばれる。内円圏の変種の話し手たちが賛成 – 不賛成の体系を用いる話し手たちと会話をするときに苦労するのが、相手がいつも完全な文の形を付け加えて意図を明確にしてくれるとは限らないので、yes や no を、どう解釈していいか確信を持てない、という点である。上に引用した、フィリピン人医師のケースでそのような混乱が生じる例をすでに検証した。外円圏と拡大円圏の変種の話し手たちと広い交友関係を持つ内円圏の変種の話し手であれば、ほとんど誰もが、質疑 – 応答の体系の違いから相手の意図を理解するのに困難が生じたケースを挙げることができるであろう。賛成 – 不賛成の体系を用いているのは、例えば、アフリカで話されている変種（Bokamba, 1982, pp. 84-85）や、南アジアで話されている変種（B. Kachru, 1983a）、シンガポールやマレーシアで話されている変種（Platt

and Weber, 1980, p. 80) などである。

付加疑問文（tags）：直接疑問文に加え、内円圏の英語変種が確認を要求するために用いるもう 1 つの装置が付加疑問文である。付加疑問文は、宣言文を疑問のイントネーションとともに用いる（例：You are coming to the party, aren't you?）。付加語句は、文の主語の代名詞形を複製し、時制と相を複製し、極性を逆転するというきわめて一般的なルールに従って生成される（例：John hasn't arrived yet, has he?）。付加語句の部分で、代名詞 he が John に対応しており、has（現在完了）が繰り返され、そして、前文の hasn't という否定形の代わりに肯定形の has が用いられているという点に注目されたい。

　外円圏と拡大円圏の変種では、付加疑問文の生成の規則が異なっている。一般的付加である is（n't）it あるいは no があらゆる場合に用いられる。例えば、以下の例はインド英語やシンガポール・マレーシア英語、そしてほかの複数の変種においては文法的に間違いではない。

> 21.　a. A: I want it at six o'clock.
> 　　　　　私はそれを 6 時に欲しい。
> 　　　B: At six, is it?（Tongue, 1974, p. 42）
> 　　　　　6 時ですよね？
> 　　b. A: You are not going home, is it?（Platt and Weber, 1980, p. 76）
> 　　　　　家には帰らないですよね？

シンガポール・マレーシア英語では、is it という付加語句が確認あるいは同意の要求を意味するのである。一方、isn't it という付加語は率直な疑問を表しているように思われる。

補文構造（complementation）：外円圏と拡大円圏の多くの英語変種は形容詞、名詞、動詞の補文を内円圏の変種とは異なった形で用いる。この違いは、2 つの主要な文法的特徴に原因を求めることができる。内円圏の英語変種では、補文は完全な節構造か、短縮されている場合には、動名詞か不定詞のいずれ

かの形をとる。これらの選択肢のうち、外円圏の英語変種では利用できないものがある。また、特定の動詞、前置詞、形容詞にはそれと結びついた特定の補文の構造というものがある。例えば、動詞の say は節構造を持つ補文をとり、enjoy は動名詞を補文としてとり、want は不定詞を補文としてとる。

22. Josephine said that she liked watching surfers.
    ジョセフィンはサーファーたちを見るのが好きだと言った。
23. Sally enjoyed visiting Alaska.
    サリーはアラスカへの訪問を楽しんだ。
24. Bill wanted to send some money to his friend.
    ビルは友人にお金を送りたいと思った。

多くの言語、例えば、南アジアの主要な言語などにおいては、補文が節構造と不定詞構造の2つしかタイプを持たない場合がある。それゆえ、南アジア英語では、不定詞と動名詞が異なった用いられ方をする。以下に引用したインド英語とパキスタン英語の例がこの現象を明らかにしている（Baumgardner, 1987; Nihalani *et al.*, 1979; Whitworth, 1982; インド英語の動詞補文に関するより詳細な記述については、De Ersson and Shaw, 2003 を参照；IE と PE 及び GhE はそれぞれ、インド英語、パキスタン英語、ガーナ英語のことを指す）。

25. IE / PE They were not at all interested in democracy... and were only *interested to grab* power at any cost.
    彼らは民主主義には少しも興味がない。……何が何でも権力を手にしたいだけだ。
26. PE It is believed that PIA (Pakistan International Airlines) *is prepared for filing* an insurance claim.
    パキスタン国際航空は保険金請求のかまえを見せている。

標準的な英語の文法書では形容詞 interested と prepared はそれぞれ動名詞と不定詞をとるとされているが、上の2つの例では動名詞と不定詞が逆転し

ている。さらに次の例も見てみよう。

27. PE According to him the government had not *succeeded to redress* the real problems of the people.
彼によると、政府は国民が抱える真の問題を解決することに成功していなかった。

28. PE He also *suggested to curtail* the number traveling through sea route by half.
彼はまた、海路での旅行客を半減させることを提案した。

やはり、内円圏の英語の補文構造とは異なった例である。内円圏では動詞 succeed は前置詞 in と動名詞からなる構造を補文位置に要求するし、また、単一の目的語をとる動詞としての suggest は that 節補文を要求する。さらに以下の例では、avoid、insist、hesitate といった動詞についても特徴的な補文構造が表れている。

29. IE / PE Meanwhile the police are *avoiding to enter* the campus where the culprits are stated to be hiding.
今のところ、警察は犯人が隠れていると言われているキャンパスに立ち入ることは避けている。

30. GhE They *insisted to go* in spite of my advice.
彼らは私の忠告にもかかわらず、行くと言い張った。

31. PE / IE He does not *hesitate from using* four-letter words.
彼は四文字語を用いるのをためらわなかった。

内円圏の英語では、動詞 avoid は動詞 succeed と同じように、動名詞を補文にとり、動詞 insist は前置詞 on と動名詞からなる構造を補文位置に要求する。また、動詞 hesitate は不定詞を補文に要求する。以下の 32 は、動詞 want が補文に that 節構造をとったものである。

32. PE / IE She said that her party *wanted that* we should not intervene in internal affairs of Afghanistan.
彼女は、自党がアフガニスタンの内政には干渉しないことを望んでいると言った。

また、動詞 let は内円圏の変種では原形不定詞を要求するが、南アジアの変種ではそうではない。

33. IE / PE She said democratic forces would not *let* any conspiracy against the Nation *to succeed*.
彼女は、民主主義の力が、国家に対するいかなる陰謀の成功も許さないだろう、と言った。

tell のように二重目的語をとる動詞も、南アジアの変種では、目的語を 1 つしかとらない動詞であるかのように使用される。

34. IE / PE The Minister *told that* the pay committee has recommended for a solid pay structure for employees of different categories.
大臣は、給与委員会が様々な区分の労働者に対し確固たる給与体系を確立することを推奨したと語った。

名詞の補文もまた、以下の 35 の例のように、異なった振舞いを見せる。

35. PE Pakistan has no *control to influence* affairs inside Afghanistan.
パキスタンはアフガニスタンの内政に影響を与えるような力は持たない。

目的の副詞表現が不定詞の代わりに、前置詞 for と動名詞の形式を用いて表現される。

36. IE / PE　He *went* to China *for learning* Chinese.（Baumgardner, 1987）
彼は中国語を学ぶために中国に行った。

補文のタイプが意味的な相違と明確な形で結びついているようには見えず、like のように動名詞と不定詞の両方をとる動詞もある（I like to swim と I like swimming）ことから、学習者が補文の体系を習得することは難しい。やはり、この補文構造の領域でも多様性が見られて当然なのである。

連結語

　外円圏と拡大円圏の変種では、様々なタイプの連結語（Linkers）が内円圏の変種の話し手にとってはなじみの薄い形で用いられている。以下では前置詞の使用法について論じる。

前置詞（Prepositions）：Quirk *et al.*（1972）によると、英語における場所的前置詞の意味は、点上の位置を表すのか（at a point）、線上に位置するものを表すのか（along a line）、面上に位置するものを表すのか（on a surface）、空間の内部に位置するものを表すのか（in three-dimensional space）、といった観点から区別される。また、前置詞は位置に加え移動も表す。移動を表すのか位置を表すのかという区別はあらゆる言語で重要となっているが、どの次元を表すのかというのはそれほど重要ではないかもしれない。例えば、点に位置している状態と面に位置している状態を区別することは重要視されないかもしれない。また、方向性も話し手によって発言の中で確定された点を軸とするのではなく、常に話し手自身を軸とする可能性もある。空間的前置詞を時間やほかの次元へと意味拡張する場合も、標準的な英語とまったく同じ原理に従うとは限らない。こういったことすべてが、外円圏と拡大円圏の変種の話し手が前置詞の使用に困難を覚えることにつながっており、英語の前置詞について統語的な情報がそれほど得られないということが事態をさらに助長している。前置詞の使用は「一部には」その意味によって、「一部には」意味とは無関係の形式的な文法の特徴によって決定される。外円圏の変

種における前置詞の使用例を以下に示す。

37. a シンガポール英語（Tongue, 1974）
    i. We can give some thought *on* the matter.
    その問題については、少し検討してもよい。
    ii. The matter has been studied with a view *of* further reducing the risk of fire.
    この問題は火事の危険性をさらに低くしようという目的で研究されてきた。
  b ガーナ英語（Gyasi, 1991, pp. 29-30）
    iii. The police are investigating *into* the case.
    警察はこの事件を調査している。
    iv. We will not be deprived *from* out rights.
    われわれは権利を奪われることはないだろう。
    v. She has gone *to* abroad.
    彼女は海外に行ってしまった。
    vi. He has regretted *for* his hasty action.
    彼は自分の軽率な行動を後悔した。
  c インド英語　（Nihalani *et al.*, 1979）
    vii. We were discussing *about* politics.
    われわれは政治について議論していた。
    viii. He is very well adapted *on* his job.
    彼はその仕事にとても向いている。
    ix. He was accompanied *with* his best friend.
    彼は親友と一緒だった。
    x. I admire *for* his courage.
    私は彼の勇気を賞賛する。

● 主題情報 ●

　文が伝える情報の組み立て方も外円圏と拡大円圏の英語変種では異なっている。これは、焦点と主題を表現するのに用いられる方法を見れば明らかである。

焦点（focus）**と主題**（theme）：内円圏の英語変種では、通例、無標な文の場合、最初の要素が主題（語られている対象）を表し、主動詞に続く要素が焦点（語られている対象について聞き手が知りたい情報）となる。例えば、次のやりとりでは、イタリックの要素が主題であり、太字の要素が疑問文に対する答えを提供するという意味で焦点となる。

38. Q: Where did Sue go yesterday?
　　　昨日、スーはどこに行ったの？
　　A: *She* went to **the beach**.
　　　彼女はビーチに行った。

この 38 のやりとりでは、「スーがどこかに行ったこと」について語られており、「ビーチ」というのがスーが行った場所について、聞き手の知りたい情報となる。
　外円圏と拡大円圏の変種には、このような主題と焦点を表すための方法を用いないものもある。例えば、様々な変種から引用した 39 の例文を見てみよう。

39. a. Certain medicine we don'(t) stock in our dispensary.
　　　ある種の薬は、調剤室にストックがない。
　　b. One subject they pay for seven dollars.
　　　1 人の被験者には、彼らは 7 ドル払う。
　　c. And weekend you can spend with your brother.

それから、週末は弟と一緒に過ごしてもよい。
    d. My daughter she is attending the University of Nairobi.
    私の娘だけど、彼女はナイロビ大学に通っているの。
    e. Tswana, I learnt it in Pretoria.
    ツワナ語だけど、私はプレトリアで学んだ。
    f. Me I am going to sleep.
    私はね、私は寝るよ。

39a‒bはシンガポール・マレーシア英語（Platt and Weber, 1980, p. 73）から、39cはインド英語（Gumperz, 1982b, p. 34）から、39dはアフリカ英語（Bokamba, 1982, p. 83）から、39eは南アフリカの黒人英語（Mesthrie, 1997, p. 127）から、39fはザンビア英語（Tripathi, 1990, p. 37）からそれぞれ採られたものである。39aの直接目的語と、39bの前置詞の目的語の前置（front-shifting）は焦点化のためになされたものである。39cでは前置は明確化（definitization）の目的でなされたもの（Gumperz, 1982b, p. 34）であり、これは主題化と一貫している。

　39d‒fの前置は、主題化の目的でなされたものである。主題化あるいは話題化（topicalization）は外円圏と拡大円圏の英語では広範囲にわたって用いられている。これらすべての変種において、前置が主題化と焦点化（あるいは強調）の両方に用いられる。

● おわりに ●

　変種間に見られる文法的多様性は、本章で扱ったものよりもはるかに多くの領域に及んでおり、すでに出版されている文献の中でも、ここで取り上げているものよりもはるかに多くの外円圏と拡大円圏の変種の使用例が論じられている。しかし、以上で見てきた少数の例だけでも、どの変種を話すかによって、英語の使用法が異なってくるという事実を証明するのには十分だったはずである。文法的な多様性が生まれるのは、話し手が自分の考えている内容を表現するために英語を様々な形で文化変容させ土着化するためである。

英語はいまやアメリカ、オーストラリア、あるいはイギリスの言語であるのと同時に、アジアやアフリカの言語でもあると言える。言い換えれば、英語はそれを用いる人々に属しているのだ（Bautista, 1997; B. Kachru, 1997c; Newbrook, 1999; Said and Ng, 2000）。この事実を認識しない限り、3つの圏での英語を用いた異文化交流が有意義な進展を見ることはできないだろう。

文献案内

Baumgardner, R. J.（ed.）（1996）*South Asian English: Structure, Use, and Users*. Urbana, IL: University of Illinois Press.

Bautista, Ma. L. S.（2000）*Defining Standard Philippine English: Its Status and Grammatical Features*. Manila: De La salle University Press.

Bolton, K.（2002）Chinese Englishes: From Canton jargon to global English. *World Englishes*, 21（2）, 181-199.

Gough, D.（1996）Black English in South Africa. In V. de Klerk（ed.）, *Focus on South Africa*（pp. 53-77）. Amsterdam: John Benjamins.

McArthur, T.（1998）*The English Languages*. Cambridge: Cambridge University Press.

課題

1. *The Story of English* の Part 4 を最初から 0465 まで見て、スコットランド英語がどのようにイギリス／アメリカ英語と異なっているかを論じよ。

2. *The Story of English* の Part 5 を見て、土着の黒人英語がアメリカ英語に与えている影響について、Dillard が言っていることに関して論じよ。

3. *The Story of English* の Part 7 を見て、オーストラリア英語の特徴を論じよ。

4. *The Story of English* の Part 1 を見て、その中で扱われている英語の変種のいくつか（あるいはすべて）について論じよ。

5. インド、日本、マレーシア、中国、シンガポール、タイなどの国々か

ら2カ国以上を選び、そこで発行されている英字新聞／雑誌を比較して、冠詞、複数形、動詞時制、前置詞などの使用について気づいた相違点をすべて書き留めよ。

6. 様々な国（日本、韓国、台湾など）のカメラやコンピューターなどの製品についている取扱説明書を集め、その文章の中で用いられている英語について論じよ。

第7章 7

単語とコロケーション
Words and Collocations

● **はじめに** ●

　第6章で、外円圏と拡大円圏における変種が持つ特徴の一部は、各地域での他言語との接触がもたらす影響に加え、それぞれの地域が抱える物理的、社会的、文化的文脈も反映しているということにふれた。このことはアジアの中で用いられている多様な英語の語彙についても当てはまる。アメリカ英語が新世界の多様な地域的、社会文化的事実を表現するために独自のことばを見出さなければならなかったのと同じように、中国、インド、日本、フィリピン、そしてシンガポールなどの各国の英語もそれぞれの地域で同じく独自のことばを見出す必要があった。したがって、内円圏、外円圏、そして拡大円圏の英語がそれぞれに持つ語彙は、音韻的、文法的構造と同様、多様な様相を呈するのである。

　辞書の編纂が長きにわたって伝統的に行われている英語もある。例えばインド英語の辞書編纂は19世紀初頭にまで遡り、アメリカの初期の辞書作成の試みに並ぶものである（B. Kachru, 2005b）。だが、どの外円圏や拡大円圏の変種でもいまのところ、Webster の試みに匹敵するようなものはなされていないのが事実である（ただし、Cruz and Bautista, 1995; Lewis 1991; Rao, 1954; Yule and Burnell, 1886 などを参照）。現在、この欠点を埋めることを目的としたプロジェクトが行われている。例えば、Butler（1996, 1997a, 1997b）で紹介されている『東南アジア・南アジア地域辞典』プロジェクトや、Bautista（1996, 1997）や Pakir（1992）で紹介されている各種のプロ

ジェクトなどである。しかし、南アフリカ英語やカリブ英語については、オーストラリア英語、カナダ英語、ニュージーランド英語の辞書に匹敵する規模の辞書が存在している（例．Allison, 1996; Allsopp, 1996; Allsopp and Allsopp, 1996; Branford, 1978; Cassidy and Lepage, 2003; Holm and Shilling, 1982; Silva *et al*., 1996; Winford, 1991）。

　念頭に置いておかねばならない重要な点は、辞書も文法書と同じように言語の記述、文典化、標準化にとって決定的な役割を果たすということである。辞書を編纂したり、文法書を書いたりする人々がそのような動機を持っているわけではないかもしれないが、ひとたび辞書や文法書が生まれると、人は自分のことばの用い方をその中に示されている用法と照らし合わせてチェックするようになる。したがって、辞書や文法書は、編纂する側がまったく記述的なものを目指そうとしても、ある意味では必然的に規範的な側面を持つことを避けられないのであり、また、表立って見えてはこないイデオロギーを体現しているケースもあるのだ（B. Kachru and Kahane, 1995; McArthur, 1986）。

　Butler（1997a）は、辞書は広い意味で共同体のことばの用い方を反映すべきであり、もしあることばが共同体の一部で広範囲に及んで用いられているとするなら、それらを排除することは妥当ではない、ということを示唆しているが、そこには辞書作成の文脈における記述主義と規範主義の葛藤の一例が見受けられる。そのような語の例には、人種差別的な語（chink（中国人に対する蔑称), macaca（非ヨーロッパ系アフリカ人に対する蔑称), nacho（メキシコ人に対する蔑称), nigger（黒人に対する蔑称)) など、共同体の多くの人間にとって明らかに不快だが、より広い範囲で見れば確かに用いられているような語が含まれている。

　もう1つの例は、オーストラリア英語の発音に関するものである。オーストラリアでは辞書の実際上の役割とは、助言を求めて辞書を開く人たちを助け、安心させることであるとされている。そのような共同体の「同意」は、filmという単語を"filum"と発音するようなオーストラリア式の発音を排除することになる。Butler（1997a, p. 91）は"filum"という発音は、少なくともしばらくの間はオーストラリア英語の話し手たちに正当なものとして受け

入れられるようにはならないだろう、と述べている。

● 辞書編纂における諸問題 ●

　外円圏と拡大円圏では、外的な基準が内部の実際の使用と衝突し合うため、どの単語が辞書に登録される「権利」を持っているかという問題が重要性を帯びることになる（Butler, 1997a, p. 92）。辞書が忠実に共同体の慣用法を記録するものだとするならば、辞書に正当な項目として登録される「権利」というのは、任意の単語が生起する範囲や頻度によって定められるということになる。しかしながら、真の問題は、単語の生起する範囲や頻度というものをどう定めるのかということである。特に、使用者が2つの基準、つまり、文典化され定着している外部の基準と、十分に記録されていないが事実上確認されている内部の基準との間で板ばさみになっている状況ではそうである。そのような状況では、「事実上」の用法の方は、辞書を使うことが予想されるような人々には認められないのが普通である。

　1つの興味深い例を提供してくれているのがオーストラリアである。オーストラリア英語の辞書の編纂というのは、比較的最近になって始まった動きである。Butler（1996）の報告によると、*The Macquarie Dictionary*（1981）は「とてもわかりやすい形でオーストラリア英語の統一的全体像を提示して」おり、結果として「クイーンズイングリッシュ」と「オーストラリアの俗語」という誤った二項対立が迅速に消え去った、とされている。

● アジア ●

　アジアの英語教育の専門家たちはLongmanやMerriam-WebsterあるいはOxfordなどのアメリカやイギリスの英語辞典に依拠している。教師も学習者もこれらの辞書で示されている基準に慣れており、英語を使いこなせるようになっても、以前の学習経験に依存する傾向がある。しかしながら、地域の慣用法の存在も認識しており、自分自身が属する共同体の英語に、高い教養を持っている人でも用いるような固有の単語やフレーズがあることもよく

知っている。当然ながら、こういった地域で用いられている語やフレーズは彼らがよく知っている辞書に必ずしも記載されているわけではない。よって、そういった局地的な表現を教養ある英語の正当な一部として受け入れるべきか否か、というジレンマが生じることになる。

　何を正当なものと見なすか、ということを決定する1つの方法として、広範囲に及ぶ分野で頻繁に生起し、あらゆる教育レベルの話し手たちによって用いられている地域の表現は、その地域の英語変種において正当なものである、という提案（Butler, 1997a）に従うこともできる。例えば、salvage（冷酷に殺す）とか、studentry（全学生）といった表現（Bautista, 1996）はフィリピン英語の一部となっている。follow（一緒に行く）や、weekend cars（ウィークデイの午後7時から午前7時までの間と土曜日の午後1時以降、そして日曜日と祭日に運転してもよい車）といった表現（Ho, 1992）はシンガポール英語の語彙に登録されている。Boy（ウェイター）やlathi-charge（警棒を使った警察による攻撃）、cousin sister / brother（従姉妹／従兄弟）などはインド英語の一部となっている（B. Kachru, 1983a）。

　もちろん、外円圏と拡大円圏では、最小限の英語能力を持つ人々のみが用いる表現というものもある。ある特定の変種の中で準標準あるいは非標準とされている異形においては、様々な概念化によって説明が試みられてきた。例えば、「言語領域（lectal range）」というものについて言及する研究者もいるし（例えば、Platt, 1977; Platt and Weber, 1980）、英語におけるバイリンガルの「漸次的連続体（cline）」というものを論じる研究者もいる（B. Kachru, 1983b; Pakir 1991; Bamgboṣe, 1982）。Platt and Weber（1980）はシンガポール英語の連続体における3つの参照点、「教養のある変種（acrolect）」、「口語的な変種（mesolect）」、「無教養、非標準な変種（basilect）」を挙げている。バイリンガルの漸次的連続体の領域では、連続体の一方の端が教養のある変種を表し、もう一方の端にあるのが、ナイジェリアピジン（Bamiro, 1991）や、シンガポールのbasilect（Lowenberg, 1991; Platt and Weber, 1980; Pakir, 1991）、インドのbazaar英語やbutler英語（B. Kachru, 1983a, 1994b; Hosali and Aitchison, 1986）といった変種である。もっぱら連続体あるいは領域の下方で生起する表現は辞書からは省かれる可能性が高い。

上述のものに加え、生起頻度が低い表現、例えば特定の文脈で文学的なテクストにしか現れないような表現もある。そのような表現は、辞書に記載するに値しないと考えるのが一般的である（シンガポール英語の文脈におけるこういった考え方の議論については Pakir, 1992 を参照）。

一方、制限された用法しか持たないもの、つまり、特定の使用域（register）でしか用いられない表現もある。インド英語における以下のような表現は好例である。collector（行政の文脈で、ある地域での徴税の責任者である政府の高官）、sacred thread（カーストの文脈で）、Vedanta（哲学の体系）、satyagraha（受動的抵抗）（政治の文脈で）。それぞれの使用域では広く用いられているこの種の特殊な用語は、一般的に、すべての辞書に記載される。

内円圏の英語でよく用いられている語が、他の圏の変種で変化することもある。例えば、フィリピン英語の salvage やシンガポール英語の follow などがそうである。また、ほとんどすべての外円圏の変種で、集合名詞を可算名詞として用いることが広く行われていることからも明らかなように、語が文法的な範疇を変化させることもある。furnitures、equipments、informations や evidences といった形がアフリカ英語、フィリピン英語、シンガポール英語、南アジア英語、東南アジア英語などでは用いられていることが確認されている。英語を用いている多くの地域で、いまなお、土着の慣例に対するしぶとい抵抗があるため、そのような「非文法的」な用法については懸念がつきまとう。しかしながら、Lowenberg (1992) が示しているように、内円圏の英語も集合名詞の扱いに関して一貫しているわけではない。第6章で示したように、可算性の概念というもの自体が英語では十分に文法化されているとは言い難いのである。

● 土着化の過程 ●

アフリカ、アジアあるいは世界のほかの地域の人々は、英語を媒介にして自らの言いたいことを表現する必要に駆られることが多い。アメリカ英語やイギリス英語のような内円圏の英語はそのような目的にとって十分に機能するとは限らない。意味を伝えるために語を少し修正して用いるという程度の

ことはできるかもしれないが、そもそも英語において語彙化されていない概念といったものもある。例えば、内円圏の英語社会にも階級の区別は確かにあるが、カーストに相当するような制度は存在しない。特定地域に固有の概念を表現するためには、英語の土着化（nativization）が必要となる。土着化の古い例は、インドでイギリス人たちが用いたイギリス英語や北アメリカで発展過程にあったアメリカ英語などに見出すことができる。イギリス人たちは、インドとの接触の結果、新たに知ったものや概念を表現するのに、shampoo（シャンプー）、chintz（更紗）、brahmin（バラモン）、sacred cow（聖牛）などといったことばを英語の中に取り込んだ。アメリカ英語では、北アメリカ大陸という以前とは異なる状況で英語を用いるために、ネイティブアメリカンのことばや中国語、フランス語、ドイツ語、スペイン語（Mencken, 1936）などを含め、様々な言語から多くの表現が持ち込まれた。現在、coyote（コヨーテ）、prairie（大草原）、bayou（沼沢地の入り江）、depot（駅）、canyon（峡谷）、corral（さく囲い）、tornado（竜巻）、frankfurter（フランクフルトの住人）、hamburger（ハンバーガー）、kowtow（追従する）などのことばはアメリカ英語の不可欠な一部となっており、新たな文脈において英語が文化変容したことの証拠となっている。

　上に引用した例が明らかにしているように、その土地の言語から表現を借用することが、新しい状況で言語を土着化させる1つの手段となっている。実際、インド英語にはインドの諸言語から、シンガポール英語には中国語とマレー語から、フィリピン英語にはタガログ語と他の土着言語から、ナイジェリア英語には、ヨルバ語やイボ語から借用した相当量の語彙がある。このような借用は、名詞、動詞、形容詞といったものだけに限られているわけではない。会話のやりとりの中で相互作用的な意味を表すものや、談話の中で役割を持つものなども借用されている可能性がある。1つの好例は、シンガポール・マレーシア英語に見られる不変化詞 la である（Chan, 1991; Pakir, 1992; Platt and Ho, 1989; Wilma, 1987）。Pakir（1992, p. 149）はこの不変化詞について、以下のような暫定的定義と使用上の注意点を提案している。

定義：現段階では定義不可能。語用論的機能として、コードマーキングや、感情のマーキング、対照化のマーキングなどを含む。明白さを表現したり、命令や説明の語調を弱めたり、一覧表におけるある項目の重要性を否定したり、お世辞をかわしたりする役割を果たす。

語源：シンガポールで見られる中国系の諸言語とマレー語

使用上の注意：la を使用するということは、互いの結束や親密度のレベルが高いということを意味する。シンガポール英語の話し手はみな、砕けた会話で la を使用する。

　もう1つの過程は、借用翻訳 (loan translation)、すなわち、現地で用いられている概念を英語の表現を用いて翻訳するというものである。例えば、アフリカ英語で使われている chewing stick は、歯を磨くために使われる、片方の端を噛んでやわらかくした小枝のことを指す (Bokamba, 1992, p. 137) し、インド英語で使われている sacred thread は高いカーストの人間が成人の儀式を終えたことを表すために上半身に袈裟懸けする布のことである。
　この例が示すように、借用翻訳は内円圏の英語話者にとっては馴染みの薄い新しいコロケーションを生み出すこともありうる。しかし、新しいコロケーションは借用翻訳が行われていない場合でも生じうる。内円圏の視点から見て新しいものを表現しようとすれば、自然とそういったコロケーションが必要になるからである。アフリカ英語には、small room（トイレ）(Sey, 1973) や head-tie（女性の頭飾り）(Bamgboṣe, 1992)、bush meat（獲物）(Bokamba, 1992) といった複合語 (compounds) が見られる。インド英語には dining leaf（使い捨ての皿として用いられるバナナやハスなどの葉）、communal dining（様々な宗教を信仰する人々と食事をすること）、love marriage（家族ではなく自分で選んだ相手と結婚すること）、pin drop silence（ピンが落ちる音でも聞こえそうなくらいに静かなこと）(B. Kachru, 1983b) といった表現がある。

内円圏ではかなり限定された意味で用いられている単語が、外円圏や拡大円圏の英語ではより広い意味範囲を獲得するケースもある。特に親族関係の用語についてはそうである。アフリカ英語（例えばザンビア英語）では、father は自分の生物学上の男親のみに限定されておらず、父親の兄を表す際にも用いることができる（Tripathi, 1990）。Uncle, aunt, brother, sister, mother, grandmother そして、grandfather といったことばは多くの英語変種で深い絆や敬意を表現するための呼称として広く用いられている。このため、アフリカ英語では次のような表現がわざわざ使用されたりもする。I went to see my sister, **same father same mother**（**同父母**の姉（妹）に会いに行った）（Chisanga, 1987, p. 190, Kamwangamalu, 2001, p. 53 の引用より）、My aunt Gladys, who is my father's **womb-sister**...（私の叔母のグラディスは、私の父と**同じ母を持つ姉（妹）**なのだけど……）、The next minute he was drowned in a sea of belonging to uncles, aunts ... **brothers and sisters of the womb and not of the womb**（次の瞬間、彼は叔父や叔母の集団にもみくちゃにされた。**同じ母を持つものも持たないものも含めた兄弟姉妹に**）（Dangaremgba, 1988, pp. 35-36, Kamwangamalu, 2001, p. 53 の引用より）。一方で、意味の範囲が狭まり、もともとのものよりも限定された意味で用いられるようになる単語もある。communal（共同体の）という形容詞は、インド英語ではかなり特殊な意味を持つようになっており、宗教的な共同体に関わる文脈でしか用いられない。

　1 つの変種の中で大きく意味が変化したために、ほかの変種の話し手たちが理解できなくなるような単語も多い。例えば、ナイジェリア英語では travel は「離れている」という意味になる（Bamgboṣe, 1992）し、ザンビア英語では footing は「歩くこと」と同義である（Tripathi, 1990）。カメルーン英語では convocation は「説教」を意味する（Simo-Bobda, 1994b）し、ガーナ英語では hot drinks は「アルコール飲料」を意味する。インド英語では bunglow は「大きめの平屋」のことを表す。

　文法範疇を変化させる単語も多い。例えば、以下のように形容詞が屈折をともない動詞として用いられるケースなどである。Your behavior tantamounts to insubordination（あなたのやっているのは反抗と同じことだ）、It doesn't worth the price（それは値段ほどの値打ちはない）(Gyasi, 1991)。

　加えて、たいていの英語変種には様々な現地の目的に適うように、新たに作られた表現がある。シンガポールやマレーシアの英語の話し手は、人の性格を actsy（高慢な、虚栄心のある）だと形容することがある（Butler, 1997a）。アフリカ英語では destooling（独裁者を権力の座から引きずりおろすこと）といった語が用いられたり、detach someone という表現で「高官を別の部署に配置する」ということを表したりもする。フィリピン英語では「外国人の彼女」を非難の意味を込めて blueseal と呼ぶことがある。また、インド英語で自分の fight を自慢している人がいたら、その fight は「ベストを尽くしていること」という意味である。

　生産的な派生過程が内円圏の英語には見られないような形で用いられることもある。例えば、カメルーン英語の installment や instalmentally、南アジア英語の prepone などである。斬新な複合語もよく生み出される。ジャマイカのラスタファリのことばに見られる、downpress（抑圧する）、overstand（理解する）や、南アフリカ英語に見られる grey area（あらゆる人種の人々が住んだり働いたりしている地域）や Old Year's night（大晦日）(Silva, 1997, p. 171) などがそうである。

　大半の変種が、他の変種の話し手が理解することが難しいような独自の短縮語を、少なくとも話しことばでは用いるようになってきている。シンガポール・マレーシア英語では air conditioning（エアコン）を表す air con といったような表現が用いられているし、フィリピン英語やインド英語では fundamental（基礎的な）を表す funda というような単語が用いられている。インド英語にはさらに、「お客を運ぶための三輪自動車」を意味する、scooter（スクーター）を縮めた chooch という単語もある。オーストラリア英語には、mosquito（蚊）を表す mozzie、politician（政治家）を表す pollie、football（サッカー）を表す footie といった短縮語がある。

　英語変種が話されているのは多くの場合、多言語が混じり合う状況である。このような状況下では、作家によってだけではなく、日常の会話の中でも新しいイディオムや比喩が作り出される。例えば、混雑している狭い通りなどで、人々を押しのけて進まなければならない場合などに、アメリカ英語やイ

ギリス英語ならば Excuse me と言うが、ガーナ英語では Give me chance / way と表現する。南アジア英語では「恥をかく」という意味で blackening one's face と言ったり、「しつこくせがんで人に何かをさせる」という意味で sit on someone's head と言ったりする。南アフリカ英語で、I wrote it down in my head と言うと、「私はそれを心に刻み込んだ」ということを意味するし、Snakes started playing mini soccer in my spine と言うと「私はとても興奮してきた」という意味になる。さらに、beat someone with a cooking stick という表現は「人にものを食べさせる」という意味に、to step with fur は「注意深く歩く」という意味になる（Kamwangamalu, 2001）。

　比喩的な表現は数多くのコロケーションを生み出すきわめて創造性の高いプロセスにつながることがある。例えば、南アフリカ英語では、土着の言語の中の indaba（共同体の指導者たちによる重大な会議）という語が英語の名詞と連なり、indaba bid, indaba presentation, indaba gurus, bush indaba, education indaba, diversity indaba といった複合語を生み出している。また、英単語の rainbow は、「従来、隔離されていた集団の人々が集うこと」や「こういった人々に影響を与えたり恩恵をもたらしたりする事柄」を表すものとして再解釈され、rainbow nation, rainbow complacency, rainbow swimming pool, rainbow blanket, rainbow circle, rainbow gathering, rainbow-nation school, rainbow alienation, rainbow hand, rainbow warrior といったコロケーションを生み出している。

● 現地の辞書を編纂する際の配慮 ●

　大半の英語変種が徐々に各々の地域の持つ基準に従うようになるにつれ、そのような変種の文法書や辞書を編纂することがいくつかの理由から急を要する課題となってくる。

　教育の面から生じてくる１つの問題は、学校で教師は何を教え、学習者は何を学ぶべきか、というものである。変種を扱った文法書や辞書がない状況では、教師も学習者もアメリカ英語、（英米語よりは度合いは低くなるだろうが）オーストラリア英語、イギリス英語などの解説書や辞書に頼らなけ

ればならない。それから、専門家たち（作家、記者、公務員などを含めて）が表現の統語やスペリングを入念にチェックするために文法書や辞書を参照したいと考えることもあるはずで、その要求も満たさなければならない。

　The Macquarie Dictionary は現在、言語資料を収集し、南アジアと東南アジアを対象にどの表現を含め、どの表現を省くかということを判断するための基準を作ろうとしている（Butler, 1997a）。その基準は、コーパス内での生起と、その頻度、そして、その表現の性質（つまり、それが現地の標準英語で形式的な場面と砕けた場面の両方で用いられているものなのか、あるいは砕けた口語でのみ使用されているものなのかといった内容）に関する現地の専門家たちの意見などを含んでいる。現在編纂中の ASIACORP におけるアジア英語に関する言語資料は、海外向けではなく、現地の読者を対象とした出版物に焦点を絞っており、主に新聞、フィクション、ノンフィクション、フィクションの翻訳などを扱っている。目的は南アジアと東南アジアに住む平均的な教養を備えた英語の話し手たちが使えるような、150,000 語、50,000 項目程度の辞書を作ることである。平均的な教養のある話し手には、もちろん、高い語学能力を持つ熟達した話し手から一定の力しか持たない学生までが含まれる。この辞書は現地のすべての用法を記載することを目的とはしていないし、また、例えば、シンガポール英語が話されているような小規模な地域に限っても、その変種の中の多様な側面を完全に網羅することは目指していない。

● おわりに ●

　ある意味では、語彙というのは言語構造の中で最も重要性が低い側面である。というのも、語彙は音声や文法的形式と比較すると体系性に欠けるからである。

　にもかかわらず、単語は言語の中で最も表現力に富んだ単位だと言える（辞書を編纂する際の理論的問題点については Zgusta, 1980 を参照）。例えば、see（見える）、look（見る）、glance（ちらりと見る）、gaze（見つめる）、stare（凝視する）、peep（のぞき見する）、visualize（思い浮かべる）といった単

語を思い浮かべてみれば、それぞれの語が持つ意味の違いが、文字通りそれらが指し示す事柄だけでなく、話し手の態度や意図、あるいはそれを聞いた人が抱きがちな反応といった側面にまで及んでいることが明らかである。外円圏や拡大円圏の様々な文脈の中で、世界英語が内円圏の英語変種にとっては未知の内容を表すために多様な語や比喩、イディオムを生み出しているのもまったく不思議ではない（例えば、Dubey（1991）で言及されているインドの英字新聞での語彙の特徴的使用を参照）。

　本章で説明してきた過程は、外円圏と拡大円圏で英語がいかに文化変容を遂げ、土着化されているかということを、1つの重要な側面から明らかにしている。世界の英語変種で用いられている代表的な語を記載した地域語独自の辞書は、変種を超えた意思疎通を円滑なものとするのに、きわめて大きな価値を持つはずである。

文献案内

Bautista, Ma. L. S.（1997a）The lexicon of Philippine English. In Ma. L. S. Bautista (ed.), *English Is an Asian Language: The Philippine Context* (pp. 49-72). Sydney, Australia: Macquarie Library Pty Ltd.

Butler, S.（1997）World English in the Asian context: why a dictionary is important. In L. E. Smith and M. L. Forman (eds.), *World Englishes 2000* (pp. 90-125). Honolulu: University of Hawaii Press.

Görlach, M.（1991）Lexicographical problems of new Englishes. In M. Görlach (ed.), *Englishes: Studies in Varieties of English 1984-1988* (pp. 36-68). Amsterdam and Philadelphia: John Benjamin.

Leitner, G. and Sieloff, I.（1998）Aboriginal words and concepts in Australian English. *World Englishes*, 17（2）, 153-169.

課題

1. 自分の国／地域やあるいは外円圏にあたる国（インド、ナイジェリアやシンガポールなど）の新聞を用いて、現地のニュース、求人広告、政治家や有名人へのインタビューなどをチェックせよ。その上で、自分の国／地域で用いられている「標準」英語には含まれないような語がある

か、それらは辞書に記載されているか、どのような条件があれば、自分の国／地域で用いられている英語の教材にその語を含めることを検討するか、などについて論じよ。

2. a. 以下に示すようなアンケートを自分の所属する教育機関（大学など）の英語クラスの参加者に実施し、アンケート内の表現を彼らがどう判断するかを確かめよ。
   b. アンケートで得た結果をもとに、この変種における名詞の文法（つまり、可算性の観点から名詞がどのように分類されているか）を簡潔に記述せよ。

アンケート
次ページの表をもとに、次の質問に答えて下さい：

次の表現はあなたが用いている英語では適格ですか。もし適格でないなら、どう修正すれば、文法的に正しいと考えられますか。

166 第2部 音、文、語

TABLE 7.1

Questionnaire

Sentence	Well formed	Not well formed	Corrected form
1. We bought some furnitures and are waiting for them to arrive.			
2. The chemistry lab needs more equipments than we have.			
3. When we arrived in New York from Bangkok, our luggages were missing.			
4. What evidences do they have that Bob is guilty?			
5. She gave Peter a good advice.			
6. His family are all very well educated.			
7. The Board of Trustees of University decided that they will meet every month.			
8. The Working Committee are of the opinion that the party should start a movement to organize the workers.			

第3部

会話のスタイルと書きことばのスタイル
Conversational and Writing Styles

● はじめに ●

　第3部は第1章から第7章までに述べられてきた背景的な情報に基づいている。ここまで読み続ければ、さまざまな言語や文化に英語という言語が普及していること、各変種に様々な機能が存在していること、その結果、文法構造に様々な種類が存在することが明らかになったと思うので、ここで言語使用の領域やモードについて考察することは妥当なことだろう。

　効果的なコミュニケーションには、言語能力と、伝達しようとする意味を表現するために言語能力を利用する能力が必要となる。第3部では、話しことばや書きことばにおいて英語という言語を使用する能力が、文化ごとにいかに異なるのかということに注目していく。第8章では会話、第9章では個人的な手紙とビジネス文書、ならびに説明文や議論、第10章では創造的な文学的表現に焦点を当てていく。

　世界中の多くの地域において、英語は地域の言語共同体の言語レパートリーの中で単なる1つのコードであることはすでに指摘されている。それゆえ、英語が唯一の言語である共同体に割り当てられているすべての機能で英語が使用されているわけではないのだ。しかし、世界中のほぼすべての地域において、英語は書きことばだけでなく話しことばとして使用されており、話しことばではインフォーマルな会話のやりとりからフォーマルな外交交渉や商業的交渉などの目的、書きことばでは個人的な手紙から特別なジャンルまで様々な目的で使用されている。

● 会話 ●

　英語の異なる変種における会話のやりとりには、そのやりとりが行われる社会文化的なコンテクストによって異なるスタイルが観察される。外円圏や拡大円圏の変種の多言語的、多文化的コンテクストにおいては、英語が会話の中で内円圏の英語話者が予想しないような方法で使用されている。外円圏と拡大円圏における会話のやりとりのパターンを議論するために必要な概念は第8章で論じられている。書きことばを通じたやりとりのスタイルを述べるのに必要な概念はその後の章で論じられている（第9章と第10章参照）。

● 書きことば ●

　世界中の多くの地域において、英語は話しことばだけではなく、書きことばでも使用されている。書きことばはときに会話による相互作用よりも事実情報を伝達するために使用されるのは確かであるが、書きことばが相互作用的な目的では使用されないとは断言できない。文書は事実情報を伝達するが、手紙、電子メール、ファックスなどの重要な機能として相互作用的な機能が挙げられる。すべての書きことばは、例えば説明、議論、説得など、相互作用的なものであり、これらすべては、情報が伝達されたり、納得させられたり、説得されたりする受け手を前提としている。

　これまで外円圏ならびに拡大円圏の英語変種の特徴は、話しことばが中心に論じられてきた。しかしながら、英語を第一言語として使用する話者と第二言語もしくは付加的言語として使用している話者の間の相互作用は、書きことばにより行われることが非常に多い。書きことばが重要な分野には、外交、ビジネス、商業、そして文化的交流などがある。このような理由から、外円圏や拡大円圏の変種における書きことばによるコミュニケーションの本質を考察することは有益なだけでなく、重要なことである。

● 話しことばと書きことば ●

　話しことばと書きことばには明確な違いがあり、この違いはこれまでの多くの研究の焦点であった（Chafe, 1982; Ochs, 1979 など参照）。話しことばではリズムのパターンや非言語的な合図（例えば、ジェスチャー、身体的動き、声のトーンなど）が、言語的語彙と同程度の情報を提供する。また、話しことば、特に会話と比較すると、書きことばでは伝えようとすることを考えるための時間がより長い。書きことばにおいても、非言語的な合図が使用され、例えば紙やインク、封筒の色、また異なる書体、句読点、絵（アイコン）の使用などが挙げられる。しかしながら、書きことばによるコミュニケーションのほとんどは、テクストの構成や言語の使い方それ自体によって決まる。そのため、書きことばには修正（つまり、話し手の意図を明確にするために追加の情報を提供すること（Shegloff, 1979））の機会はほとんどない。これはテクストの書き手と読み手は、普通同じ時間と場所を共有することがないためである。

　この点は言語使用にも影響を与えることになる。話しことばにおいては、話し始めるタイミングを間違えたり、ためらったり、繰り返したりすることがあるが、書きことばにおいてはこのような要素はない（文学作品の英語における繰り返しの文体論的な例に関しては Tannen, 1989 を参照）。話しことばにおいては、あまり正確ではない表現（例えば、thing、sort、stuff など）が非常によく使用される一方で、書きことばにおいてはより正確な表現が求められる。話しことばにおいては、指さしや視線、その他の方法により伝えられる意味もあるが、書きことばにおいては指示的、順次的、その他の言語的関係は、限定修飾語句や接続詞などの明確な言語表現によって示される（以下の表現を比較してみること。I like this one と I like the white car with the blue interior、His car broke down, he can't come と His car broke down, therefore, he can't come）。

　話しことば同様、書きことばによるコミュニケーションにおいても、解釈の合図という意味での読み手の予測は重要な要素である。これらの予測が間

違っていると、支離滅裂である、考えが漠然としている、言語能力が欠如しているなどと判断されてしまう。話し手は聞き手から反応を得ることができるが、書き手は読み手の反応を観察することができない。結果として、書き手がコミュニケーションを成功させるためには、読者のどのような期待が満たされるべきなのかを正確に判断しなくてはならない。しかしながら、読者の予測（期待）は、文化ごとまたジャンルによって異なる可能性があることは忘れてはならない。この点は第9章で詳細に論じる。書き手が話し手よりも有利な点は、話し手は、少なくとも部分的には、自身の感情や態度などを相手に見せてしまうことになるが、書き手はこのような状況に陥ることはない、ということである。

● テクストのタイプ ●

　英語の内円圏変種は、長年にわたり多くのジャンルを発達させてきた。このジャンルの中には、叙情詩、小説、演劇、文学批評などのなじみのある文学的ジャンルや、法律、科学そして技術文書などの種類も含まれる。外円圏・拡大円圏の英語変種では、多くのジャンルが比較的短い時間の中で、また多言語的、多文化的な状況において発達してきている。ジャンルの発達は、社会における文学の問題や文学の役割の問題に関係している。

　異なる文字文化においては、異なる領域が話しことばと書きことばのモードに分類されている。例えば、結婚式の招待状などは、西洋文化においては一般的に書面によって伝達されるが、南アジアなどのように、可能であれば招待は口頭で伝達されなくてはならない文化もある。そのような個人的な接触ができない状況では、書面による招待状にはその招待状を出す人物が口頭で伝達できないことを申し訳なく思っていることが書かれなくてはならない。このようにインド在住の親戚からアメリカ在住の人物に送付される結婚式の招待状には、最後に「直接この招待状を渡せずに申し訳ありません」といった文が書かれる。

　文字を有さない文化同様、文字を有している文化においても、異なるジャンルが言語使用の特徴的なパターンとともに発達してきている。これらの

ジャンルは普通言語使用者にはなじみのあるもので、例えば、英語では政治スピーチとは異なり、教会の説教を認識することはそれほど大変なことではない。同様に文字を有さない文化においても、例えば、宗教聖歌は民謡とは非常に異なる特徴がある。しかしながら、すべての文化のすべてのジャンルのリストとそれらの特徴が明らかになっているわけではない。このような状況であるため、話しことばと書きことばの慣習を文化間で比較する研究はまだ始まったばかりなのである。

● 相互行為的テクスト対交流的テクスト ●

　ここでの目的は、異なるテクストのタイプを詳細に分析することではない。ここでのわれわれの目的としては相互行為的テクスト、交流的テクスト、想像的テクストの3種類のテクストに分類することが有効であろう。最初の2つの用語は Brown and Yule（1983, p. 1）からのものである。相互行為的テクストでは個人的ならびにビジネスの手紙や電子メールのメッセージに焦点を当て、交流的テクストでは説明的、議論的な文章に焦点を当てる（第9章参照）。この2種類を選択したことは偶然のことではなく、これら2つは非常に重要なテクストの種類であり、英語を通じた異文化コミュニケーションにおいて非常に重要なものである。しかしながら、このことは相互行為的テクストと交流的テクストがすべての文化で同じように明確に特徴づけられていたり、同じ文化のすべてのコンテクストにおいて明確に特徴づけられているということを意味しているのではない。この点は第9章で手紙の書き方の慣習について論じるときに明確になるだろう。以前に述べたように、テクストのタイプの境界が厳格であるわけではないが、想像的テクストは異なる扱いが必要である。

● 想像的テクスト ●

　英語の外円圏変種にはクリエイティブ・ライティングの長い伝統がある。この種のライティングの問題は言語変種、言語接触、言語に対する文化的影

響などを記述する際に、すでに利用されている（B. Kachru, 1983a, 1992; Smith, 1981, 1987; Smith and Forman, 1997; Thumboo, 1992, など）。英語の教師や教育実習生を訓練させる際に、文化的な相互作用的パターンに対する意識を高めるために、この種の文献がいかに使用されているのかということを示すための試みが行われてきている（Nelson, 1985; Tawake, 1993, 1995）。第10章ではこれらのトピックを詳細に扱っている。

第 8 章 8

会話の相互行為
Conversational Interaction

● はじめに ●

　会話は人間の相互行為のすべての領域に関連している行動である。この会話を通じて、社会構造が構築され、維持されており、人間はほかのどのような行為よりも会話を通じて自分たちの社会的役割を作り上げるのである。言語研究の下位分野としての会話分析が社会学者の研究から端を発し、この社会学者たちが会話には構造があるという考えを確立させたことは、さほど驚くべきことではない。

　外円圏ならびに拡大円圏における英語変種の会話の構造を記述するために、対面でのやりとりで行われる行為に言及する用語が必要である。以下では、まず必要な概念を議論し、その後会話の構造において観察された文化間の差異を示したい。

　会話では2つの行為が行われている。1つ目はいかにやりとりが行われているかということに関連し、もう1つは参与者間で何が伝えられ、交渉されているかということに関連している。最初の点は相互行為的行為（interactive acts）と呼ばれている（Widdowson, 1979, p. 138）。2つ目の行為は言語行為、グライスの会話の原則、第2章で扱われたポライトネスの概念のもとで議論されている会話のやりとりに関する諸側面に関連している。これらはすべて新しい英語変種の会話スタイルの議論に関連しているのである。加えて、アイデンティティの問題も様々な背景を持つ参与者が含まれるやりとりにおいて重要な役割を果たしている。

● 会話の相互行為の構成 ●

　2人の人間が会話を行う際に、一般的に両者は同時に話すことはせず、まず一方が話し、そのあとにもう1人が話をする。このような話の仕方はターン・テイキングと呼ばれている（Duncan and Fiske, 1977）。Schegloff（1968, p. 1076）は、アメリカ英語における会話のやりとりの規則を「一度に1人が発言する」として記述している。また一般的に話し手がターンを終了する際には、話し手はターンのシグナルを出すことで話の終わりを相手に示すが、このシグナルはイントネーション、"you know" や "or something" などの表現、ジェスチャーの終了、最終音節の長音化、発話の最終部分の強勢アクセントなどの合図が出されることによって行われる（Duncan, 1980, p. 69）。

　会話を記述する際に有益なもう1つの概念がフロア（floor）という概念である。フロアとは話を始めたり、最初の発言をしたりする権利のことを意味する。ターン・テイキングの構造は会話のやりとりの中で、いつ次の話し手がフロアをとるのかということを決定する。フロアはやりとりの中である程度維持され、話題の内容に関連している。そのため、一般的にフロアは話題を支配する参与者により支配されるのである。会話の話題について話すことを始めたり、話を続ける参与者が第1フロアを有し、その他の参与者は会話の中でのサブトピックに貢献する可能性があるのだが、このような参与者は第2フロアを有することになる（Edelsky, 1981）。話し手はある特定の手段やストラテジーを使用し、話を始める権利を得たり（フロアを獲得したり）、話題やサブトピックについて話すためにターンを維持したり（フロアを維持したり）、会話の相手にターンをとるように合図を出したり（フロアを手放したり）するのである。

　一方の参与者が話している間、もう一方の参与者は "uh-huh"、"yeah"、"right" などのあいづちを打つことにより、話し手の発話に注意を向けていることを示している。あいづちの合図は場合によって話し手のターンと重なることもあるが、その他の合図はターンを要求するもの、つまり現在の話し手

のターンを妨害するものとして機能することにより、ムーブ（move）としての合図を出すことになる。しかしながら、場合によっては対面のやりとりにおいて互いを邪魔したり、不快感を与えることなく、1人以上の参与者が同時に話をすることがある。注目していることを示すだけでなく、あいづちの合図は、話し手がまだフロアを有していることを示すことによって話を続けるように促す場合もある。

　ターン・テイキング、あいづちの合図の頻度や重複、同時に話をすること、フロアの獲得、維持、放棄などの慣習は各文化により非常に異なっており、現在調査がされている。以下ではこれらの差異の例をいくつか考察していきたい。

● 文化ごとの差異 ●

　すべての言語と文化には、特定の慣習や特徴的なストラテジー、そして会話のやりとりを維持するための特別な手段がある（インド英語のストラテジーや手段に関しては Valentine, 1988, 1991, 1995, 2001 を参照）。これらは、言語行為、グライスの会話の原則、ポライトネスの概念と関連しているため、第2章ですでに論じたが、これらは同様にターン・テイキングやフロアの獲得、維持、放棄、そしてあいづちの合図の出し方、話し手を邪魔したり、同時に話したりなど、相互行為を維持するためのほかの側面にも関係する。言語行為、グライスの会話の原則、ポライトネスはすでに第2章で詳細に議論されたので、本章では会話の組織や管理に焦点を当てる。

ターン

　ターンという用語は話し手の役割を担う機会と、話者としてその人物に何が言われているのかということの両方を示している（Shegloff, 1968; Schegloff and Sacks, 1973）。Sacks et al.（1974）は会話のやりとりを規定するターン・テイキングのシステムを提唱した。

　すでに述べたように、アメリカ英語におけるターン・テイキングの慣習は「一度に1人の話者」である。この慣習はイギリス英語やその他の内円圏地

域の英語変種にも当てはまるものである。子どもたちは家族という場においてでも、複数の人物が参加している会話において他者の話を邪魔しないように、また話す順番を待つように教育される。インドのヒンドゥー語や日本語の言語共同体や中東や東欧の一部の共同体では「一度に1人の話者」という原則は必ずしも当てはまらない。2人以上の参加者がいる会話では、ターン・テイキングの行為は決まりきったものではない。発言を遮ったり、同時に発言することはこのような状況においては非常に一般的なことであり、これらは同時発話（Simultaneous Talk）の個所で詳細を考察する。

フロア

　Sacks（1972）はフロアをチケット、つまり会話において最初の発言を行う権利として定義している。Edelsky（1981）はターンとフロアの区別を、以下の例のようにターンがフロアを構成しないことを示すことで明確にしている。

> A: Did you hear the news?
>   ニュースを聞いた？
> B: What?
>   どうしたの？
> C: Bill is back in town!
>   ビルが戻ってきたんだ！

この会話のやりとりでは、Bはターンをとってはいるが、フロアはとっておらず、フロアはAのものである。この概念をさらに発展させた研究者はほかにもおり、例えば、フロアと話題の密接な関係を示したErickson（1982）や社会文化的にパターン化されたフロアの配分のされ方を指摘したPhilips（1983）やTannen（1981）などがいる。

　Hayashi（1988, p. 273）はこの種の研究を基礎とし、フロアの概念を（1）現在行われている会話の内容に誰が注意を向けているのか、（2）会話における中心的人物は誰か、（3）コミュニケーションの領域が誰またはどこに

あるのかという3つの点に関して定義した。さらにHayashi（1991）はフロアは静的なものではなく、会話の参与者によって相互行為の中で創造的に構築されており、したがって、コミュニケーション能力の一部であることを主張している。

　誰が会話の話題を始めることができるのか、誰が会話のやりとりに参加でき、また退くことができるのか、誰がフロアを要求することや獲得することができるのか、誰がフロアを譲らなくてはならないのかなどに関する慣習が各言語文化に存在している。アメリカ英語の男女間のコミュニケーションでは、男性が女性よりも話題を始めたり、維持したりすることに成功を収める頻度が高いことや、フロアを要求する頻度が高いことが観察されている。インドで年齢が違う参与者が会話を行う際には、年配の参与者が会話を始め、フロアを維持し、フロアを譲る権利を持っている。そのため、年少の参与者がフロアを妨害したり、要求することは無礼で、侮辱的行為として考えられている。伝統的な西ヨーロッパの国々では、子どもたちは見られるべきもので、話を聞かれるものではないとして叱られる。多くの文化において、ある文脈では年配の男性のみが話す権利を持っているため、フロアを開始し、維持し、支配することができるのである。

　ある会話（会話の部分）に単一のフロアが常に必要であるわけではない。たいていの会話のやりとりにおいて、複数の話者が1つの協調的なフロアを作り出し、それを維持する。複数の参与者が関与する会話においては同時に1つ以上のフロアが存在し、異なる参与者が貢献しながら、会話に参加したり退いたりするのである。

あいづち

　あいづちは会話の流れを維持するのに重要な手段である。あいづちの合図は聞き手が話し手の話に注意を向けていることに加えて、同意、容認、驚きなどを表す。あいづちは話し手のターンと重なることもあるが、話を邪魔するものではない。しかしながら、このようなサポートが会話の相手に示される頻度は言語共同体ごとで異なる。アメリカ英語の話者に比べて、日本語話者はより多くのあいづちを行い、聞き手が注目していることを示すより多く

の方法が存在している（Hayashi, 1987, 1988; LoCastro, 1987）。White（1989）による研究では、日本人の2人組は14語ごとにあいづちを行っているが、アメリカ人は37語ごとにあいづちが使われたという結果が示されている。日本人の2人組が最もあいづちをし、異文化間の2人組が2番目に多く、最もあいづちをしなかったのが、アメリカ人の2人組だった。また、アメリカ英語話者と異なり、日本人のあいづちは時間が長く、3秒から4秒ほど続くという（Hayashi, 1988）。

　あいづちをより頻繁に行い、より長いあいづちを行う文化で社会化された言語話者は、他の英語話者とやりとりをする際に同じストラテジーを使用してしまうことがあるかもしれないが、この方法は内円圏の英語話者にとって不快感を与えてしまう可能性がある。これはインド英語話者とアングロアメリカンの話者間の会話にも当てはまり、特に電話の会話でよく見られる。

同時発話

　あいづちの合図が話者の話に重なっても、話の妨害とは認識されないことはすでに述べた。しかしながら、現在の話者が話している間にその他の参与者が長時間同時に話をすることは、アメリカ英語やイギリス英語では話の妨害として認識されてしまう。同時に行われる話を議論する際に、まずは異なる参与者による話のリズム性と同時性について議論する必要がある。

リズムの調整（Rhythmic coordination）：リズムの調整とは、話者が、もしくは話者間で行われる発話と非言語的動作のパターン化のことを意味し、会話の参与者が相互行為において示すものである。リズム的なパターンが参与者間で調整された結果、参与者は会話のやりとりがスムーズに進んでいる、成功していると感じるのである。リズムのパターン化とそれらがどのような言語活動と関連しているのかということは文化により異なる。

　同時発話は、会話の参与者が発話と非言語的な動きを同じ動きで同時に行う際には、他者の発話の妨害とはならない（Erickson, 1982）。参与者同士が互いに同調する方法を人々に教えることはできないかもしれないが、同調的行為は観察可能なものであり、分析可能なものであるため、会話の参与者は

会話において互いに注意を向けることに敏感になることができるだろう（Hall, 1984）。

同期発話（Sync talk）：アメリカ人と日本人の会話における顕著な差異は、同期発話という現象である（Hayashi, 1988）。同期発話とは、重なる発話と同時に行われる手の動き、うなずき、体の動きなどによるものである。これらすべての同時に行われる動作はリズム的に調整され、同時に行われる。

単一のフロアしかない会話では、アメリカ人話者と日本人話者には明確な差異が観察される。アメリカ人は日本人ほど頻繁には同期発話を行うことはなく、たとえ同期発話を行う際であっても、それほど積極的なやり方で行うことはない。手の動き、うなずき、などは日本人が行うものよりも目立ったものではない。Hayashi（1988, pp. 280-281）によると、

> 日本人の会話のやりとりの典型的側面は、非常に高い頻度で同時発話が行われていることである。この同時に行われる発話は、1つの語や句によるものから2文以上のものまで様々な種類があり、3人もしくは4人の参与者が加わることもある。参与者はある特定の人物がフロアを有していることがたとえわかっているとしても、日本人の会話において誰がフロアを握っているのかを判断することは困難である場合がある。なぜなら同期発話の現象は会話を表面上フロアのないやりとりのようにしてしまうからである。しかしながら、同時発話は日本人同士の会話において必ずしも相互行為において対立を生むものではない。特に他のコミュニケーション行動の形式が適切に同期されたときには、対立を生むことはない。なぜなら同期発話は統一感や快適な瞬間を生むからである。

それとは対照的に、アメリカ人の話者は他者と発言が重複することを避けようとする傾向があり、「一度に1人の話者」という規則をより意識する。アメリカ人は同時発話を交渉や争いに結びつける一方で、日本人話者は統一感をつくるために同時発話をリズム的な同期発話へと変化させることがある（Hayashi, 1988, p. 283）。

ずけずけ情熱的スタイル（High involvement style）：重複や同時発話がアメリカ英語においても確認されていることは覚えておくべき重要な点である。Tannen（1984）は、興味やラポール（親密さ）を示すための装置として、協力的同時発話、ターン間のポーズの回避、速度の速い話し方が使用されるずけずけ情熱的スタイルを区別している。対照的におもいやりスタイル（high considerateness style）と Tannen が呼んでいるスタイルでは話の速度は遅く、参与者は自分の順番を待ち、ターンの終わりはポーズによって示される。後者のスタイルでは同時発話は発話を妨げるものとして認識されてしまうため、許容されない。一般的にそれほど親密な関係ではない状況では、ヨーロッパ中心の文化では、同時発話は話し手を妨害するものとして認識される傾向にあり、発話を妨害された話者はフラストレーションから無言になってしまう。

最近の研究では、FitzGerald（2003）がここでまとめられている文化集団に関連する相互行為の6つの異なるスタイルを仮定している。彼女はある文化集団に関してはデータが不足している点には注意を促しているが、東欧や東アジア、東南アジア圏の文化集団に関する主張に関してはおおむね納得していると述べている。

FitzGerald（2003, pp. 166-169）によると、以下が相互行為の6つのスタイルである。

1. 制度的、明確的スタイル：英語圏文化と西ヨーロッパ地域——このスタイルにおいては個人の自立性と他者に過大な要求をしないこと、明確な目的に対する表現の簡潔さ、明確さ、直線性、方向づけが重要視される。
2. 直接的、論争的スタイル：東ヨーロッパ地域——このスタイルでは率直さ、自発性、親密さなどが重要視され、そのため、率直で、直接的なスタイルが用いられる。
3. 感情的、表現的スタイル：南ヨーロッパ地域、南米——このスタイルでは友好的、感情的な表現性、そして他者の積極的面子（メンツ）に関する関心が重要視される。そのため、スタイルは感情的で、文脈依存的で、発話が重なることに寛容である。やりとりは協力的であり、発言が重なること

に対して抵抗がなく、やりとりの構成は脱線することがある。
 4. 印象的、劇的スタイル：中東地域——このスタイルでは協和的な関係や積極的面子が重要視され、内容よりも形式を強調した感情的、文脈依存的なスタイルで行われる。会話のやりとりは、コミュニケーションの中心的な目的である他者の説得ということのために、過度の一般化、大げさな表現、表現豊かな比喩、リズミカルな語の反復、並列構造によって特徴づけられる。
 5. 形式的、文脈的スタイル：南アジア地域——調和的関係と積極的面子が重要視される。やりとりは感情的で、文脈依存的なスタイルで行われ、ターン・テイキングは形式的なお決まりの表現で行われ、繰り返し、帰納的な構成が好まれる。一般的に物事の両側が考えられ、同意と反対が同じターンに含まれる。
 6. 簡潔的、抑制的スタイル：東アジア、東南アジア——このスタイルでは調和、謙虚さ、慣例に従うこと、積極的面子を重要視する。これらは否定的な感情を隠したり、言い争いを避けたりすることにより行われる。会話では地位が重要視され、敬意が表現され、間接的な表現によるものになる。話者は意味をほのめかすことが期待される。推論的な情報構造と融和的なアプローチのときは例外であるが、ターンは短く、話は簡潔なものである。話すことはあまり評価されず、沈黙が好まれる傾向にある。

レトリックのストラテジー

　前節で見た、会話のやりとりを維持するためのストラテジーに加えて、レトリックのストラテジー、言い換えれば、発言内容がどのように組織化されるかということも英語の変種により異なる。Young（1982, p. 76）は以下の例を挙げ、専門的な場面におけるアメリカ人と中国人の参与者が行うやりとりにおける、相互行為のレトリックのストラテジーに関する差異を指摘している。栄養学を専門とする北京出身の中国人客員教授の話のあと、聴衆の1人であるアメリカ人が質問をした。以下がそのやりとりである。

182　第3部　会話のスタイルと書きことばのスタイル

American: How does the Nutritional Institute decide what topics to study? How do you decide what topic to do research on?
Chinese: **Because**, now, period get change. It's different from past time. In past time, we emphasize how to solve practical problems. Nutrition must know how to solve some deficiency diseases. In our country, we have some nutritional diseases, such as x, y, z. But, now it is important that we must do some basic research. **So**, *we must take into account fundamental problems. We must concentrate our research to study some fundamental research.*

アメリカ人：栄養学学会はどのようにして研究トピックを決定するのですか。教授はどのように研究トピックを決定するのですか。
中国人教授：**なぜなら**、いまは時代が変化しているからです。過去とは異なるのです。過去においてはわれわれは実践的な問題をどのように解決するのかということを強調してきました。栄養学の分野ではある種の欠乏症疾患を解決する方法がわからなくてはなりません。われわれの国ではX、Y、Zなどの栄養疾患の問題があります。しかしいまは基本的な研究をしなくてはならないことがより重要性を持っています。**したがって、われわれは基礎的な問題を考慮に入れなくてはなりません。基礎的な研究を進めることに焦点を当てる必要があるのです。**

アメリカ人の聞き手は、そしてこのやりとりを目にした読者は、この返答を質問にきちんと答えていないものとして処理するため、もどかしく感じるだろう。もちろん中国人教授は自分が慣れ親しんでいるレトリック・ストラテジーに従っているだけである。つまり、まず背景的な情報、つまりこれまでの努力の歴史を述べ、その後伝達しようとすることの要点を徐々に明確にしていくというストラテジーである。太字で書かれているBecauseやSoという接続詞はこの推移を示している。また斜体で書かれている部分が質問に対

する回答であり、これは発言の最後に述べられている。

　Young（1982）は、ビジネスや金融におけるこの種のやりとりの例を豊富に示している。その中の多くの例で接続詞が使用されており、ほとんどの例で問題の核心への移行を示すために So が使用されている。

　Valentine（1995）では、会話の中でインド英語の話者が同意や反対のために使用するストラテジーについて議論している。Valentine によると、"no, ... but yeah" のような表現を使用することは予期できないことであるが、インド英語ではよく使用されていることを観察している（Valentine, 1995, pp. 243-244）。

1. fA: Do you think it (wife abuse) is common?
   fB: In India? In rural families this is common.
   fC: **No, it's common**. Very much common even in very literate families.

1. fA：妻虐待はよくあることだと思いますか？
   fB：インドでということですか？　田舎の家族では、よくあることだと思います。
   fC：いいえ、よくあることです。教養のある家族でも非常によくあります。

明確な反対が示されているが、その後、前の話し手によって撤回されることが男女ともに会話の中でよく起こる。

2. fA: So in your family were you treated differently from your brothers in other ways?
   fB: **No, not in other ways, but yeah yes I was**. They didn't allow me.

2. fA：それで、家族の中であなたは兄弟と違う扱いを受けたことがありますか？

　　　　fB：いいえ、違う扱いは受けていません。でもそうですね、受けま
　　　　　　した。彼らは許してくれませんでした。

このようなストラテジーはヒンドゥー語の会話においても観察されているが、ヒンドゥー語の否定詞である na が使用されると、ヒンドゥー語では反対を示しているというよりも、確認を示すためのストラテジーを示している。
　地元の言語表現が、世界中の様々な地域で英語の中に移されているが、これは単に地元のものや概念を意味するためだけではなく、集団内のメンバーシップと団結力を確認するためでもある。以下の2人のマオリの英語話者の会話の抜粋がこのような移行を示している。

　　　　Rewi：Tikitiki//well we're\across the river from there and
　　　　Ngata：/**ae**〔"yes"〕\\
　　　　Rewi：if we wanted to go to Tikitiki we had to go right around to Ruato-
　　　　　　ria and back out again
　　　　Ngata：that's right yeah oh well we actually went right around to Ruatoria
　　　　　　and down we didn't cross across ++ **te awarere haere te- too**
　　　　　　koutou taniwha i teeraa waa〔"the river flowed over the taniwha
　　　　　　(a legendary monster which resides in deep water) there"〕
　　　　Rewi：in winter **eh**

同意を示すために ae を使用すること、Ngata の2番目のターンにおけるマオリ語へのスイッチ、確認をするために Rewi が使用している eh、これらすべてが2人の参与者が同じ集団に属していることと彼らの団結力を確認する手段である。
　同様のストラテジーが以下の会話の中でマレーシアの若い女性にも使用されている（Baskaran, 1994, p. 28）。

　　　　Khadijah：*Eh* Mala, where on earth you went ah? I searching, searching
　　　　　　all over the place for you—no sign till one o'clock, so I *pun* got

hungry, I went for *makan*.
Mala：You were *makaning* where? My sister, she said she saw you near Globes—when we were searching for parking space.... Went roun(d) and roun(d) nearly six times *pun* [also], no place. That's why so late *lah!*
Khadijah：So you ate or not?
Mala：Not yet *lah*—just nibbled some "kari paps" [curry puffs] at about eleven, so not really hungry.

このやりとりの抜粋の中にもマレー語の語がいくつか使用されている。Eh と lah の不変化詞はシンガポール・マレーシア英語（SME）でいくつかの機能を果たしているので、特に注目すべき表現である（Pakir, 1992; Platt and Ho, 1989; Wong, 2004 などの議論を参照）。

● 異文化間会話への示唆 ●

　会話のやりとりにおける周期性は、自文化のコンテクストにおいて習得されるものであるため、同時に起こる調和のとれた会話のやりとりの準備をさせる教育や訓練を提唱することは非常に難しい。しかしながら、学習者に相互行為において不快感を作り出してしまうような条件を観察し、それを最小限にするように注意を向けさせることは可能である。例えば、日本人と会話をするアメリカ人は、日本人独特の同時発話を知っていれば、それが発言を妨害するものとして認識することで違和感を覚えることはないだろう。また、より多くのあいづちを行ったり、話の速度や動作を調整したりすることに抵抗を感じなくなるだろう。同様にアメリカ人と会話を行う必要のある日本人は、ターン・テイキングの規則に注意を向けるようになるかもしれないし、そうすることにより統一感を作り出すために行っているあいづちの回数を減らしたり、あまり複雑な動作をしないようになるだろう。
　同様に、レトリック・ストラテジーは会話の慣習に沿って習得されるものであるが、異文化間で頻繁にやりとりを行う専門家たちは、様々な文化の会

話のパターンに慣れ親しむようになるので、異なるストラテジーに適応する。多種多様な文化的慣習に触れ、それらに敏感になれば、交渉したり協力したりするための環境を作り出すことは可能である。

● 言語行為、協調の原理、ポライトネス ●

近年の研究によって、言語行為、会話の原則、ポライトネスに関して文化間で差異があることが指摘されてきた。例えば、すべての文化で内円圏の英語における「感謝」や「称賛」にあたる言語行為が存在するかということも明らかではない。このように言語行為のジャンルは言語や文化によって差異が存在する。すべての文化が「簡潔に話せ」という量の公理を同じように重要視するわけではない。砕けた会話であっても、コンテクストを作り上げるために、会話を始めるにあたって前置きがいくつか必要な文化もある。同様に面子の概念も文化間で同じであるかどうかも明らかになっていない。例えば、ある文化では相手の否定的な面子、つまり自由に行動したり義務から解放されたりする権利などを重要視するが、肯定的面子、つまり対話者が主張する肯定的なイメージを重要視する文化も存在する。これらすべての要素が会話のスタイルを定義するために明らかにされなくてはならない。

言語行為

すべての言語文化が共有するような言語行為や言語行為を行うためのストラテジーは存在しないことは、これまで様々な研究によって示されてきた（**Y. Kachru, 1991, 1992, 1993b, 1998a; Wierzbicka, 1985**）。しかしながら、このことは必ずしも普遍的な言語行為やストラテジーが存在していないことを意味しているのではない。それは単に普遍的な言語行為やストラテジーを仮定した場合、たいていの言語や文化はコミュニケーションの必要性と目的のために、ある一部を選択しているということを意味しているのである。

次の例がこのことを明確にしている。ヒンドゥー語には英語の"to swear"と訳すことができる *Saugandh khaanaa* もしくは *qasam khaanaa* というスピーチジャンルがあるが、これには「断言する、約束する、同意する、もし

くは誓いを守る」などの意味しか含まれないので、実際には英語の swear とは異なっている。英語が持つもう1つの、より否定的な意味がヒンドゥー語の語には含まれていないのである。もう1つの差異は、われわれは親愛なるものや自身にとって価値のあるもの、例えば自分自身、親族、そしてもちろんヒンドゥー教の聖典（*Bhagvadgiitaa*）や神などに誓うことができる。それは状況によって説得、挑戦、約束、そして懇願などの発語内効力を持っている。以下の2つの例は、インド英語において断言や説得の発語内効力をそれぞれともなって、そのジャンルが使用されているものである。

3. "He, brother, what is it all about?"
   "Nothing. I think it's about the quarrel between Ramaji and Subbaji. You know about the Cornerstone?"
   "But, *on my mother's soul*, I thought they were going to the court?"
   (Rao, 1978, p. 17)

3. 「あれはどういうことなんだ？」
   「何でもないよ。Ramaji と Subbaji の口論についてだと思うよ。礎石のこと知っているだろ？」
   「しかし、誓って言うが、彼らは裁判で争うと思っていたんだが。」

このコンテクストは Dattopant という村人が Sonopant という名のもう1人の村人から執行官のドラム（bailiff's drum）の意味を聞こうとしている状況である。Dattopant は彼が真実であると考えている情報を Sonopant が持っていることを確信させるために誓いを立てている。

2つ目の例は、口げんかをしたために姉が弟を叱っている場面である。

4. "... And Ramu," she cried desperately, "I have enough of quarrelling all the time.
   In the name of our holy mother can't you leave me alone!" (Rao,

1978b, p. 88）

4.「……Ramu」彼女は叫んだ「もう口喧嘩はたくさん！　頼むから1人にしてくれない！」

この例の holy mother（聖なる母）という表現は神聖を意味しているのではなく、姉弟の生物学的な母親を指している。姉は口げんかをやめるように弟を説得しようとしているのである。

　この2つの例から、ヒンドゥー語の *saugandh khaanaa* の文化的意味は内円圏の英語のコンテクストの to swear とは非常に異なることが明らかになる。Swearing の2つの例は南アジア社会や文化と特定の意味を共有している社会や文化のコンテクストにおいてのみ理解可能なのである（Y. Kachru, 1997d, 1998b）。アラビア語の文化社会における Swearing に関しては Abd el-Jawad（2000）を参照。

　感謝や後悔など、同一のもしくは類似した言語行為のために用いられるストラテジーも状況に応じて異なる可能性がある。多くの文化では、内円圏英語の "thank you" や "sorry" に対応する言語表現が存在しない。インド英語では子どもが尽力してくれたことに対して、年配者は "thank you" と言う代わりに子どもを祝福することもある。ある研究では、ヘブライ語（Blum-Kulka, 1989）や台湾で話されている北京語の変種では、要求をする際にアメリカ英語と比較してより直接的なストラテジーが使用されることが示されている（Lee-Wong, 1994）。同様のことがインド英語についても言うことができる（K. Sridhar, 1991; Y. Kachru, 1998a 参照）。

　多くの文化において、ある種の言語行為はまったく発言が行われない沈黙によって行われる。例えば、Nwoye（1985）によると、イグボ社会では愛する者の死後、遺族に同情を示す最も適切な方法は、遺族を少なくとも4日間そっとしておき、その後彼らの家を訪れ、前に立ち、しばらく互いに沈黙を保ったまま会葬者たちと座ることである。訪問者が十分な時間そこにいたと感じたとき、遺族の前に立ち、そうすることで自分たちがそこにいたことが認識され、その後訪れたときのように静かに立ち去る。この場合には何も

言わないことが最も重要なことであり、そうすることにより彼らは悲しみを共有し、同情することになる。イグボ社会では、亡くなった人物について話すことは遺族の悲しみを増幅させてしまうため、不適切であると考えられているのである。このようにことばで何かを表現するよりも無言の同席が哀悼の意を与えることになるのだ。

協調の原理

　一般的に内円圏の英語変種では、会話そして書きことばによるコミュニケーションならなおさらのこと、話し手もしくは聞き手は挨拶を済ませたあと、直接やりとりの要点を述べることが期待されている。多くの文化では、何らかの前置きが丁寧なやりとりをするという要求を満たすために必要となる（第3章参照）。例えば、要求をする際に、たとえやりとりの目的が単にありきたりの情報を引き出すことであったとしても、話者は「ご迷惑をおかけしてしまい申し訳ございませんが……（I am sorry to trouble you...）」や「お願いごとをさせていただいてもよろしいでしょうか（Is it permissible for me to ask a favor of you...）」などの表現で話を始めるかもしれない。このような始め方はグライスの会話の原則における量の公理に違反しているものとして、アメリカ英語の話者に思われてしまうかもしれないが、南アジア地域の英語話者には丁寧な表現として認識されるだろう。つまり、文化によって、社会的相互行為において何が協調的なものとして捉えられるのかということに差異があるのだ。

　内円圏地域では話すことが重要視され、ターンの間のポーズは短い。会話の中での長いポーズは気まずさを生み出し、沈黙はしばしば反対や敵対心の表れとして解釈されてしまう。それとは対照的に多くの文化では沈黙が非常に高く評価され、ターンの間や質問に返答する際に長いポーズが置かれることがしばしばある。例えば、Yamada (1992, pp. 81-82) はアメリカ人と日本人のビジネスコミュニケーションの分析の中で、日本人の会議における平均沈黙時間は 8.2 秒であるのに対して、アメリカ人の会議では平均 4.6 秒のみであったことを述べている。さらに具体的に言うと、日本人の会話において長いポーズはあらゆる話題の間において一貫して起こるが、アメリカ人の

場合は話題の間に一度起こるのみである。日本人のビジネス会議において話題を変えるためのポーズの平均時間は 6.5 秒で、アメリカ人の会議では 1.7 秒である。

　南アジア地域の年配者と若者の会話では、若者の沈黙は年配者が言ったことに同意したり、それを受け入れたりすることの表れとして理解される。サンスクリットでは「沈黙は承諾のサイン」ということわざがある。このように、沈黙を観察することは会話の原則を遵守する 1 つの方法である。

ポライトネス

　近年の各言語におけるポライトネスの研究から、第 2 章で扱った理論的概念の多くに関連する諸問題が明るみになった。例えば、Matsumoto（1989）は日本語の会話のやりとりにおけるポライトネスの現象を説明するために、Brown and Levinson（1987）が提唱する面子（Face）の理論的概念の妥当性に疑問を投げかけた。Matsumoto の研究では、日本文化は個人の権利よりも集団の和を重要視するために、消極的面子よりも積極的面子に配慮することがポライトネスを決定する際により重要な要因となりうる。例えば、アメリカ人の親が、大学で息子もしくは娘の指導教授に紹介されるときに「ご指導のほどよろしくお願いします（keep an eye on him / her）」とお願いすることはまずないであろう。このような表現は親側の理不尽な期待として、また教授に対する不当な責任の押しつけとして受け取られる。このような要求は教授の消極的面子を脅かすものである。対照的にこの種の要求は日本文化ならびに南アジアの文化では適切なものである。なぜなら親がこのような要求を述べることは、親が教授を尊敬し、信頼していることの表れであるからだ。教師は親のように子どもをしつける権威を持っており、子どもが道を踏み外さないように指導しなくてはならない。したがって、この要求は、教師の社会的地位を認めることになり、対話者の積極的面子を満たすことになるため、非常に丁寧なものとなる。このようなことは多くの文化においても当てはまることである。息子や娘にとってみれば、アメリカ文化においてはこのようなことは親の信頼がないということで感情を害することになるが、アジア圏の文化ではこのようなやりとりは通常親が子どもに関心を

持っているものとして解釈され、子どもの成熟に関する反省とは関係のないことである。

Liao（1997, pp. 105-108）は、アメリカ人の上司と台湾人の上司が従業員に仕事の成績が芳しくないことを伝える際に使用する言語的ストラテジーを比較している。アメリカ人の上司は I am concerned about your performance（君の仕事の成績を心配している）；I have been extremely concerned about your work performance lately（最近の君の仕事の成績を非常に心配しているよ）；I don't feel that you're working to your full potential（最近の君は能力を発揮できていないように思うよ）などの表現を使用するだろう。一方で台湾人の上司は対照的に、I don't like your performance（最近の君の成績は気に入らない）；I am not pleased with your performance（君の仕事の成績には満足していないよ）；I am not satisfied with your performance（君の仕事の成績には満足していないよ）などの表現を使用するだろう。さらに50％以上のアメリカ英語の話者は従業員の成績を向上させるために建設的な指導を行うのに対して、50％以上の台湾英語の話者はそのような指導はしないと Liao は指摘している。

Takahashi and Beebe（1993）は質問への回答が不正解であった学生に教師がどのようなフィードバックを行うか比較をしている。彼らは、アメリカ人被験者（グループ1）、英語を使用する日本人被験者（グループ2）、日本語を話す日本人被験者（グループ3）を対象にタスクを設定した。このタスクでは、3つのグループのそれぞれのメンバーに「あなたは歴史の先生です。クラスでの議論の中で、ある生徒が歴史上有名な出来事の説明をする際に、年号を間違えました」という状況においてどのように生徒の間違いを訂正するのかを答えてもらった。出された回答は以下の通りである（pp. 140ff.）。

グループ1：・That was very good but I believe that took place in 1945.
　　　　　　すばらしい答えです。でもその出来事が起きたのは1945年だと思う。
　　　　　・That was a great account of event X. Everything was in line except the date. It was 1942, not 1943.

すばらしいXの説明だと思います。説明は正しいけど、ただ年号は1943年ではなくて、1942年です。
・Excellent description, Henry! I like the way you outlined the events. Now when did all that take place?
ヘンリー、すばらしい説明だと思います。その出来事の説明は良いと思います。確認だけど、それが起きたのは何年でしたか？

グループ2：・I think that date is not correct.
年号が間違っていると思います。
・The date is wrong.
年号が間違っています。
・In 1945.
1945年です。

グループ3：・Wait a second. The date is incorrect. It's 1603.
ちょっと待ってください。年号が間違っています。1603年です。
・The date you just mentioned is incorrect. Please check it by the next class.
いま言った年号は間違っています。次の授業までに調べておいてください。

肯定的な発言をすることに関しては、3つのグループはグループ1、グループ2、グループ3の順位になる。緩和表現（softeners）の使用に関してはグループ1、グループ2、グループ3の順になる。Takahashi and Beebe の説明には、日本社会における教師と生徒の関係、言語表現に頼らない文化的特徴、答えが間違っているときに肯定的な発言をすると不誠実さが伝わってしまうという3つの要素が含まれている。

日本の教室というコンテクストでは、適切であると考えられる丁寧な表現

には面子以上の要素が関与していることは明らかである。これまでも指摘されてきたように、日本人は言語表現に頼らない傾向にあり、日本文化では If the bird had not sung, it would not have been shot（もし鳥が鳴かなかったら、撃たれていなかったかもしれない）ということが信じられている（Yamada, 1992）。日本文化のコンテクストでは、文化的な価値観が相手の面子を配慮することよりも優先されるのである。

● アイデンティティの問題 ●

これまで指摘されてきた要因に加えて、参与者たちはやりとりにおいて常に自身のアイデンティティを伝え、維持し、交渉するのである。対話者との調整を図る際に、「誠実さ、距離、そしてアイデンティティを維持するために」(Giles and Coupland, 1991, p. 66)、言語を使う際の様々な方法に関わる協調的なプロセスを話者は取り入れる。会話においてどのようにジェンダーアイデンティティや民族アイデンティティが表されているのかということを分析した研究は非常に多い（例えば Stubbe and Holmes, 1999; Valentine, 2001 など）。Y. Kachru and Nelson（2006, Ch. 19）は会話においてアイデンティティを構築したり、示したりするために使用される言語表現を詳細に分析している。

本章で議論されてきたレトリック・ストラテジーの中には同じ機能を果たしているものもある。例えば、会話に参加している参与者は、ポライトネスを示すための共有されたストラテジーを忠実に遵守することもあれば、また自分たちにとっては馴染みがあるが、対話者にはわからない可能性のある規範を選択する場合もある。前者の場合では、参与者は対話者を尊重し、後者の場合には、対話者との距離を保ったり、対話者を自身の集団にひきつけ、集団の一員にしようとするために、対話者とは異なるアイデンティティを示しているのである。異なる社会文化的背景を持つ話者の意図を解釈するためには、十分な親密さが必要となる。

● おわりに ●

　コミュニケーションがうまくいくためには会話の内容に関するもの、会話の構成に関するものなど、会話という相互行為の様々な側面が関連している。言語使用や会話の構造の様々な側面が組み合わさって、コミュニケーションの成功や失敗、もしくは完全な崩壊につながるスタイル的な効果を作り出すのである。言語間、文化間のコミュニケーションに当てはまることは、ある言語の変種やある文化の中の下位集団にとっても当てはまる。例えば、Tannen（1984）はニューヨークのユダヤ人の砕けた会話のスタイルが、アメリカ人の会話スタイルとして一般化できないことを明確に示している。

文献案内

Lee-Wong, S. M.（1994）Imperatives in requests: direct or impolite—Observations from Chinese. *Pragmatics*, 4, 491-515.

Matsumoto, Y.（1989）Politeness and conversational universals: observations from Japanese. *Multilingua*, 8, 207-221.

Sridhar, K. K.（1991）Speech acts in an indigenized variety: sociocultural values and language variation. In J. Cheshire（ed.）, *English around the World: Sociolinguistic Perspectives*（pp. 308-318）. Cambridge: Cambridge University Press.

課題

1. 急いで投函しなくてはならない手紙があるが、あなたはその手紙を投函しに行けない状態にあるので、ルームメイトに依頼したいと思っている。その際に、以下の発言形式を使用することが可能である。ポライトネスの尺度に則って、順位づけをしなさい（ある表現はその他の表現より上もしくは下に順位づけられるかもしれないが、それぞれの表現はその他より上または下に順位づけられることがあるように、厳格な順位というものはない）。その際に、場面、参与者などのコンテクスト情報など、どのような要因が順位づけに影響しているのか議論しなさい。また、

もしあなたが外円圏や拡大円圏出身である場合には、同じ状況でどのような言語表現を使用するのか言語直感について議論しなさい。

Mail the letter for me.
Would you mind mailing the letter for me?
Could you mail the letter for me?
Could you do me a favor and mail this letter?
Please mail the letter for me.
I will be very grateful if you could mail the letter for me.
I would really appreciate it if you mail the letter for me.
It would be very kind of you to mail the letter for me.
I wish you would mail the letter for me.
I need to have the letter mailed immediately, and also have to be here to receive a very important phone call.

2. 短い会話の断片を2つ記録しなさい。もしくは会話に関する文献から抜き出しなさい（例えば、Dautermann, 1995; Stubbe and Holmes, 1999; Tannen, 1981 など）。これらを、(a) 誰がどのようにターンを要求したのか、(b) 誰がどのようにフロアを要求したのか、(c) あいづちなど、どのような反応が示されたのか、(d) 同意、不同意がどのように示されたのかという観点から比較しなさい。そのやりとりが成功した例なのかどうか判断するために、あなたの分析を関連づけなさい。またその判断の背後にある要因にも関連づけなさい。

第9章

書きことばの相互行為
Interaction in Writing

● はじめに ●

　世界の英語の書きことばを構造づける慣習は様々にある。著名なアフリカ人作家 Chinua Achebe は「ほとんどのアフリカ人作家はアフリカ人の経験とアフリカ人の宿命に身を委ねたことを動機として書いている。彼（女）らにとっての宿命とは、いずれはヨーロッパ人としてのアイデンティティを得るのであり、いまはその見習い期間にすぎない、というものではない」と述べている（Jussawalla and Dasenbrock, 1992, p. 34）。

　自身の経験から書くということは書きことばの慣習が諸変種ごとに異なっていることを意味する（Y. Kachru, 1999, 2001c）。それは使用する言語に影響をもたらし、気持ちよく使えていると感じる語にさえも影響を与える。例えば、フィリピン人作家 Jose は、作家が直接体験した素材を用いることの重要性を強調し、こう主張している（1997, p. 168）。「私は四季という文脈がないかぎり「夏」という語は私の書き物から取り除いてきた。（中略）なぜならわれわれの国には夏というものはないからである。われわれには乾季がある。湿季がある。埃の舞う季節もある。しかし、断じて「夏」という季節はない」。それはまた書き手が書き物をどう構成するか、いかに情報を提示し、論点を示すかにも影響を与えている。すでに文法が諸変種ごとに異なることは見た（第6章）。この章では、書かれたテクストのジャンルと構造が世界の英語においていかに異なっているかを考えてみよう。

　書きことばの例としていくつかのジャンルに焦点を当てるのは有益かもし

れない。なぜなら、この短い章ですべての異なった目的の書きことばを扱うのは不可能だからである。現代世界においては2つのタイプの書きことばが、ほとんどすべての教育のある人々の経験のうちにある。それは個人的、もしくは仕事についての手紙とアカデミック・ライティングである。この2つをこれから少し詳細に見てみよう。

● **手紙** ●

手紙は基本的に3つの部分からなる。挨拶、もしくは手紙の受け手への語りかけ、メッセージ、書き手の署名である。ほかにも任意の要素があるが、示されたりされなかったりする。受け手や書き手の住所、手紙を出した日付や場所、手紙の用件などである。これらすべてが厳格な慣習に則っている。

ポライトネス・ストラテジーの相違

内円圏英語においては、手紙の定式表現は厳格に守られる。例えば、ビジネスレターと個人的な手紙の挨拶文句や署名（結びのことば）は、前者がDear sir、Sincerely、Yours faithfully などに対して、後者は Dear［ファーストネーム］、Mr.［名字］、Yours sincerely などと対照的である。しかし、Bamgboṣe（1982, p. 110, fn. 3）によれば、ナイジェリアの英語では「……定式表現を組み合わせる以外に選択の余地はほとんどない……なぜなら、姓で年上の人を呼ぶのは無礼で、ファーストネームを使うのは生意気ではないにしても、ずいぶんと礼を欠いていると考えられるからである」。したがって、ナイジェリア英語では、個人的な手紙でさえも Dear sir で始め、Yours sincerely で結ぶことがある。

南アジアでは、親しい友人や年下のものに対するのとは対照的に、自分の親や教師や作家や編集者などの社会の敬意を集めている人たちに呼びかけるのに用いられる名前や体系化された表現には込み入ったルールが存在し、Dear［親族名称（Father, Uncle など）］や Dear［敬称］＋［姓］では十分に敬意を表しているとは感じられない。それゆえに、Dear のあとに Respected（尊敬する）を挿入するのがふつうである。また、署名の前のことばもよく

使われるものが多様にある。例えば、yours sincerely / affectionately（愛をこめて）/ obediently（従順に）/ faithfully（忠実に）や respectfully yours（敬意を込めて）や your most obedient servant（あなたの最も従順な僕(しもべ)）などである。親しい友人や年下のものにはファーストネームで呼びかけることもあるが、内輪の仲間の年下のものの名前には、前に *chiranjiiv*（永遠の命を持つもの）、*aayushmatii*（長寿のもの（女性））、*saubhaagyavatii*（幸運のもの（女性））などの祝福のことばをつけねばならない。しばしば、そのような祝福のことばはインド英語（IE）では個人的な手紙の一部になっている。

　ビジネスレターでは、内円圏英語では受け手やその家族の健康について尋ねることは一般的に不適切だと考えられており、挨拶のあと、手紙の要点に直接ふれるよう期待されている。多くの外円圏、拡大円圏英語の変種では、受け手やその家族の安否を尋ねないのは無礼だと考えられている。ビジネスのコンテクストで、ちょっとした知り合いでもアメリカやイギリスの文化ならもっと「親密」なドメインを連想させるような反応を引き出すことができる。また、聞き手に対する気遣いや互いに世話になることを申し出ることなしに直接用件を切り出すことは品のないことだと考えられている。
　多くの外円圏、拡大円圏英語の変種における個人的な手紙は、多くの（相手が年上であれば）挨拶のことばや（相手が年下であれば）祝福のことばと相手への神の加護を祈ることばで始め、それらで終わる。内円圏英語の使い手は、このような文化に不慣れだとこれらの慣行を古風で、滑稽で、不誠実なものだと感じ、真に受けようとはしない。同様に、外円圏英語の使い手は内円圏英語の使い手が書いた手紙を、攻撃的で、挑戦的で、無頓着だと感じる。多くの外円圏、拡大円圏英語の書き手が用いる方略の一例は、招待状を出したときに受諾を強く求めることである。Al-Khatib（2001, p. 190）は、ヨルダン人が内円圏英語地域の友人に向けてヨルダンを訪れるよう求めた次の手紙を引用している。

　　1. Dear Mary,
　　　　How are you? How is your work? How is the family? I hope you are in

good health when you receive my letter. I want to invite you to Jordan. *By the way, I am still waiting for you to come and visit us here as you promised me before. Everybody around is willing to see you because I keep talking about you to my friends. I'm sure that you will have lots of fun when you visit the various ancient places in Jordan . . . and spending marvelous beautiful nights in our country. I'll be waiting for you. Please come soon, and don't make me get angry with you. . . .* ［強調は原文］

メアリー様
元気？　仕事はどう？　ご家族はお元気ですか？　この手紙が届いた頃、健康でいらっしゃることと思います。あなたをヨルダンにご招待したいと思います。**ところで、以前約束してくれたようにあなたがこちらに来て、私たちを訪問してくれるのをずっと待っています。いつもあなたのことを友達に話しているので、みんなもあなたに会いたがっています。ヨルダンのいろいろな史跡を訪ねて、私たちの国ですばらしく美しい夜を過ごせば、きっとあなたも楽しめると思います。お待ちしています。ぜひすぐに来て、私を怒らせないでね。**［強調は原文］

Al-Khatib（2001, p. 190）によると、ヨルダンのポライトネスの考え方では、この書き手のしつこさは、本気であることと真摯であることの表れではあるが、この手紙に対するアメリカ人の反応は、「プレッシャーを感じた。もっと直接的でない招待の方がよい」というものだった。

　場合によっては、語彙の選択は、次のある女性がその友人に向けて書いた文のように深刻な誤解につながることがある（Al-Khatib, 2001, p. 194）。

2. My sweetheart, I want you to be with me in these nice days. So, please come to visit me, and you will stay with me in my own room.

私の愛しい人、近々よい日にご一緒していただきたいと思います。ど

うぞ私のところにお立ち寄りいただき、私の部屋にお泊まりください。

書き手はこの友人に、近々結婚することを伝えてあり、彼女を招いて、独身女性としての最後の数日を気楽に過ごそうと思っていた。ヨルダンのアラビア語では友人に親愛の言葉（例：*my love x*（私の愛する x））を用いることはふつうであり、段落の初めごとに繰り返して書き手と相手との連帯感情を示すこともある。さらに、部屋を提供する申し出は書き手の寛大さを伝えるものである――友人のために個人的なスペースを犠牲にすることをよろこんで耐える、というわけだ。明らかにこのように親愛を強く表すことばで親密さを示す方略はすべての英語変種で有効というわけではない。例えば、あるアメリカ人女性の反応は（Al-Khatib, 2001, p. 194）、「愛しい人（sweetheart）ということばは不快。だってそれは恋愛関係で使われることばだから。そういう意味合いがあることを考えると、彼女のところに泊まるのも心配」というものだった。

　Al-Khatib（2001）は、大量のデータをもとに、内円圏英語の手紙とは異なるヨルダン英語を特徴づける社会文化的規範と談話方略を詳細に論じている。

　同じドメインの手紙のいくつかの例は、そのような違いを明確に示している。次の何人かの言語学者への依頼の手紙を考えてみよう。手紙3は男性によるもので、女性の読み手からある情報を得ようと依頼したものである。手紙4、5も、男性によるもので、男性の読み手が学会で発表した論文のコピーを依頼したものである。

3. Madam,
　. . .
　　　Now coming to the crux of the matter, . . . I request you *very humbly to enlighten me* of the following points.
　. . .
　　　So, *with folded hands* I request you to help me by supplying the needed information and names of any devotees and fans of E. I am writ-

ing to B. S. today. *If you want anything from my side just let me know.* Waiting *very anxiously* for your reply,

Yours sincerely,

　さて、本題に入りますが、……**この上なく謹んで次の点につきまして****ご教示いただきたく**お願い申し上げます。

　それゆえに、必要な情報とＥの愛好者とファンの方のお名前をお知らせいただきお助けくださいますよう、**手を合わせて**お願い申し上げます。私は今日 B. S. に手紙を書いております。**もし私の方から何かをお望みでしたらお知らせください。**お返事を**心より切望し**お待ちしております。

敬具

4.　Dear R,

I was unable to attend the LSA meeting in LA this year. *Please help me get over the irreparable loss and guilt feelings* at having missed your paper, by sending me a copy.

　And have a healthy, productive and prosperous（in linguistics）1993.

Yours sincerely,

Ｒ様

　私は今年のロサンゼルスでの LSA の学会に出席することができませんでした。貴殿の論文を拝見できなかったという**取り返しのつかない損失と罪悪感を克服する手助けとして、**どうぞ私にコピーを１部お送りください。

　健康で実りある、（言語学において）繁栄した1993年をお迎えください。

敬具

5. Dear R,

   I was unable to attend your recent paper at the LSA meeting and would greatly appreciate it if you could send me a copy. I am also working on quirky subjects, but with Spanish and Italian, and would like to see how you have approached the problem in Kashmiri.

   Thank you very much.

   Sincerely,

   R様

   私はLSAでのあなたの最近の研究発表に出席できませんでした。1部お送りいただければたいへんありがたく存じます。私も斜格主語（quirky subjects）に取り組んでいますが、スペイン語とイタリア語についてです。カシミール語についてあなたがこの問題にどのようにアプローチなさるかを拝見したく存じます。

   感謝申し上げます。

   草々

　どれがアメリカ人学者によって書かれたものかを推測するのはそれほど難しくないだろう（ちなみに、「斜格主語」とは統語論における非主格形態の主語というトピックのことである）。外円圏英語、拡大円圏英語に不慣れなものにとっては、3、4の手紙の書き手が誰なのかを推測するのは難しいだろう。最初はインド人によるもので、2番目はオーストリア人によるものである。

　これらの手紙にはいくつか注意すべき点がある。1つ目は、インド人の手紙がほかよりずっと長く、最初の挨拶ことばが"Madam"だけで、"Dear"がないことである。明らかに、英語の形式ばった手紙で用いる"Dear"はたんに定式的なものだが、インドでは親しい間柄にない女性に親愛のことばを用いて語りかけることに不快感を持つものもいる。2つ目に、書き手は2度、謙遜表現を用い、聞き手に返礼的な好意を申し出ていることである。オーストリア人の手紙は学術論文の学会発表を聞き逃したことに対する書き手の損

失についてはふれられているが、謙遜や返礼の表現はない。明らかに、このインド人もオーストリア人も恩恵を与えてくれる人が、自分に対して好意を持ってもらえるようにしなければ丁寧ではないと感じている。加えて、インド人の書き手は相手の好意を請うために謙遜を表明し、返礼としてこちらの好意を申し出るのが適切だと考えている。これらの特徴は、一方でインド文化における謙遜と返礼に付与された文化的価値と符合するもので、もう一方でヨーロッパの文化の個の積極的面目の欲求に応えるものである。内円圏英語の読み手の中には、これをグライスの「簡潔であれ（Be brief）」の格率の違反と感じるものもいるかもしれないが、このインド人もオーストリア人も自分が過度にことばが多いとは感じていないのだ。

5のアメリカ人の書き手は非常に単刀直入である。グライスの格率に従い、アメリカ人の読み手の期待に沿ったものである。単刀直入で要点に直接入ることは、アメリカ人の相互行為においては丁寧さの標識なのである。依頼というFTA（面目を脅かす行為）は、好意を請う側のものが他の言語における同じ問題について研究しており、相手の研究によって恩恵が得られるという説明によって弱められている。

形式性の違い

文体の相違はポライトネスに関係するものもあれば、文化ごとに洗練され、形式的で、上等とされていることと関係するものもある。この相違の例はアメリカ、イギリス、インドの会社のセールスレターの断片に見ることができる（Frank, 1988）。これらのセールスレターは、『紳士録（*Who's Who Directories*）』の出版に携わったイギリス、インド、アメリカの会社から、アメリカ英語の話者である受け手に向けて書かれ、送られたものである（Frank, 1988, p. 26）。6はインド、7はイギリス、8はアメリカの会社からのものの断片である。

6. We come back upon the correspondence resting with the inclusion of your biographical note in the forthcoming volume of our "Biography International" and thank you much indeed for your esteemed cooperation

in sending to us the same.

近刊『人物記国際版』におけるあなたの経歴を含めた通知にふたたび取りかかっております。同様のものをお送りいただき、あなたの尊敬すべきご協力に心より感謝申し上げます。

7. Your name has been put forward for biographical and pictorial inclusion in the Twelfth Edition of Men of Achievement, and you are respectfully invited to complete the questionnaire overleaf and return it to our editors so that they can prepare your detailed biography and send you a typescript for proofing.

あなたのお名前が『業績人名録　第12版』に、経歴と写真とともに掲載されることになりました。つきましては、裏面のアンケートにお答えいただき、編者までご返送いただけますよう敬意を持ってお誘い申し上げます。詳細なあなたの経歴を準備し、校正原稿をお送りいたします。

8. Enclosed is a copy of your sketch as it appears in the 44th edition. Please proofread it carefully. Make any necessary additions and corrections. Then, even if no changes are needed, sign the sketch where indicated and return it to me *within the next 15 days*.

第44版に掲載されますあなたの概要を同封いたしました。入念に校正をお願いします。必要な加筆修正があればなさってください。もし変更がない場合でも概要の指定のところにご署名いただき、**15日以内に**ご返送ください。

6の長い文は内円圏英語の読み手には複雑すぎるであろう。彼（女）らの期待からすれば、"Thank you for your response to our invitation"（われわれの招きに応じてくれて感謝します）で十分だ。しかし、インド人英語の文脈に

おける高スタイル（洗練、high style）の概念は、そのような「あからさまな（bald）」陳述によっては満たされない。3つの断片の比較は示唆的である。アメリカ人の文体では、慣習的なポライトネス標識である please とともに直接的な命令法を用いるのが適切である。しかし、イギリス流のスタイルでは、you are ... invited のような、もっと間接的な依頼のストラテジーが適切だと考えられ、respectfully のような追加のポライトネス標識が用いられたりする。インド人の手紙では、thank you が2つの強意語、much と indeed がうしろに続き、esteemed という修飾語が cooperation の前につき、相手に対する格段の敬意を表現している。いま1つの顕著な特徴は2つの節を and で結んでいることである。内円圏英語の読み手には、読み手の経歴に関する通知と手紙の書き手による謝意の表明という2つの無関係な話をこのように結びつけるのは奇妙に映る。インド人の視点からすると、通知への言及は読み手から経歴書を受け取ったことを暗に意味しており、それには謝意の表明が適切であるがゆえに、その2つは関連があるのである（インド人の英語の書きことばの文体的特徴については、Y. Kachru, 1983, 1985a, 1985b, 1985c, 1987, 1988, 1992 を参照のこと）。

強調の違い

　日本語で書かれた手紙の英語への翻訳は、日本人のビジネスレターの慣習を例示している（Jenkins and Hinds, 1987: 349）。

> 9. Dear sir,
> In Japan, fall has deepened, and the trees have begun turning colors. As exchange students, we believe you are busy studying every day.
> 　Well, getting right into it. We are carrying out the 1984 business evaluation with the material described below. We hope that you will please fill out the enclosed evaluation card and send it to us.
> 　We believe that this will cause you some inconvenience, but since winter in coming near, we will hope that you will take care of yourself.
> 　　　　　　　　　　　　　　　　　　　　　　　　Sincerely,

拝啓
　日本では秋も深まり、木々も色づき始めております。交換留学生として忙しく毎日勉学に励んでいることと思います。
　さて、本題に入ります。現在われわれは、以下の資料をもとに1984年の事業評価を行っているところです。ぜひ同封の評価表にご記入の上、ご返送いただければ幸いです。
　お手数をおかけすると思いますが、冬も近づいておりますので、どうぞご自愛ください。

　日本人の手紙では、Jenkins and Hinds（1987）が「間（space）」と称する、読み手と書き手の関係を非常に重要視する文化的価値を反映している。冒頭部では、ともに迎えている季節に状況と聞き手に対するその含意を設定している。移行表現が第2段落の最初の文にあり、それに依頼が続いている。第3段落はその依頼によって課される「押しつけ」を認識し、読み手の幸福についての気遣いを表現することで、望んでいる友好的な関係を確立しようと試みている。
　インド人と日本人の手紙では形式に対する配慮が示されている。つまり人としての読み手に対する配慮、または面目の欲求に対する配慮に適切に示されている。一方、アメリカ人の手紙では内容に強調がおかれている。つまり、文字上のやりとりの要点に直接的に話が向いているのである。

● アカデミック・ライティング ●

　手紙のライティングの定式と同様に、ほとんどの文字文化ではアカデミックな散文を書くのに、すでに確立した慣習がある。アカデミック・ライティングはいくつかの異なったアプローチを用いて研究しうるし、これまでもそうされてきた。ここではそのうちの2つのアプローチ、対照修辞学とジャンル分析について論じてみよう。それによって、この章での世界の英語におけるライティングとの関連を示してみたい。この2つのアプローチは世界の英語のライティングの研究にある程度適用できるが、研究の大多数、特に

対照修辞学は ESL（English as a Second Language：第二言語としての英語）と EFL（English as a Foreign Language：外国語としての英語）のコンテクストにあるものである（ESL / EFL のライティング研究へのアプローチの最近の調査については、Silva and Brice（2004）を参照のこと）。

Kaplan（1966）によって始められた対照修辞学のアプローチによれば、様々な文化や伝統は、言語と構成の特徴をもとに様々なテクストタイプに識別できる。文化ごとに異なるテクストタイプの修辞的な構成を対照させる前に、そもそもどのようなテクストタイプがあるかを見ておくことは有用であろう。

Werlich（1976）は、英語のテクストタイプのリストを次のように挙げ、主観的、および客観的テクスト形式に分類している。

  記述（descriptive）テクスト形式＝印象に基づく記述—主観；専門的記述—客観

  物語（narrative）テクスト形式＝物語—個人的；報告—客観的；ニュースは客観的だが書き手の個人的な見解に関わる

  解説（expository）テクスト形式＝解説的エッセイ—個人的；定義—客観的；説明—客観的；要約—客観的；議事録—客観的、テクストの解釈

  立論（argumentative）テクスト形式＝コメント—個人的、科学的立論

  教育（instructive）テクスト形式＝指導（instruction）—個人的な権威への言及；指示、規則、規制、法令—非個人的な権威への言及

一方、ヒンドゥー語では、テクストタイプは、記述的、物語的、討議的、個人的タイプに分類されると言われている。討議的なエッセイは、立論タイプを含み、個人的なエッセイは書き手がよって立つスタンスに言及したもの

である。トピックは、記述、物語、討議、立論、あるいはこれらの組み合わせであることもある。

学術的な目的にとって重要な2つのタイプは、説明的なライティングと立論的ライティングである。内円圏英語では、説明的散文は「直線的で、段階的な思考の展開」を表すよう期待されている（Kaplan, 1966、またConnor and Kaplan, 1987 も参照のこと）。しかしながら、多くの文化では、別のプレゼンテーションのテクニックが好まれる（Y. Kachru, 1995a）。最近の研究では、日本語は「展開の流れの中での連想と反復」という特徴の構成が好まれる（Hinds, 1980, 1982; Miner, 1972）が、ヒンドゥー語と内円圏英語はともに、直接的で螺旋的な構造を好む（Y. Kachru, 1983, 1988, 1995a, 1995b, 1997a）。

より最近の研究では、「修辞的な効果を計るものとして、西洋の伝統の論理中心主義は、標準ではなく例外的である。非ヨーロッパ文化の口承の文化の伝統においても文字文化の伝統においても、西洋の直線的な修辞法に疑問を投げかけている」（Lisle and Mano, 1997, p. 16）と指摘している。彼（女）らは、いくつかの非西洋の伝統についての観察を引用することで、この主張の証拠を記録している。この点は本書、233〜235ページで展開されているので、ここでは、焦点をテクストの構造におくことにしよう。

マクロ構造とミクロ構造

異なった言語とその変種でのライティングはミクロ構造においてもマクロ構造においても異なっている。すなわち、テクスト全体の構成（マクロ構造）においても、テクストのそれぞれの要素の構成（ミクロ構造）においても違いがある。

ミクロ構造という点では、外円圏、拡大円圏の変種では、内円圏でテクストの要素間の関係を示すのに好まれるのとは異なった文法装置がよく使われる。いくつか例を挙げればこのことは明らかだろう。まず、文の間、あるいは文の内部での関係が、外円圏、拡大円圏でどのように表されているか例を見よう。これは結束（cohesion）の領域の問題である（Halliday and Hasan, 1976）が、さらに、一貫性（coherence）の観点からテクストのマクロ構造

を論じてみよう（Brown and Yule, 1983, p. 223 ff.）。パラグラフ構造に加えて、主題化、ステージング（staging）の観点からも外円圏、拡大円圏のテクスト構造全体の特徴を示す例を挙げることにする。それに続いて、様々な文化の立論－説得のライティングの様々な概念と、世界の英語のライティングに対するそのインパクトを見てみよう。最後に、アカデミック・ライティングを分析するジャンル分析のモデルを簡単に論じてみたい（Bhatia, 1993; Swales, 1990）。

ミクロ構造

英語の古い変種と新しい変種の文法的な違いについて、非常に多くの事実がすでに第6章で論じられた。したがってこの章では、テクストの構成にとって重要な、文内、あるいは文間の接続装置を扱うことにする。

結束（cohesion）：次のインドとシンガポールの有名英語新聞の編集者への手紙からの抜粋は、この2つの変種の結束的関係を表す異なった規範の例である。

> 10. *Though* the intention of the government was good *but* in reality administration of public schools has collapsed *for* the negligence of the education department.（Letter to the Editor, *The Assam Tribune*, March 24, 2000）
> 政府の意図はよかったが、しかし、現実には公立学校の運営は教育省の怠慢により崩壊してしまった。（編集者への手紙、*The Assam Tribune*、2000年3月24日）

> 11. They *should not have heen appointed* as Cabinet Ministers in the first place until they *are exonerated* of the charge by the trial court.（*The Hindu*, March 25, 2000）
> 彼（女）らは、予審法廷からの容疑が晴れるまでは、閣僚に任命されるべきではなかった。（*The Hindu*、2000年3月25日）

12. These laws might have proved useful and efficient, *but*, *nevertheless*, they are counterproductive to our goal of becoming a civil society. (*Straits Times*, April 6, 2000)
これらの法律は有益かつ実効性があることがわかったかもしれない。が、しかし、それでも、文民社会になるというわれわれの目的には逆効果だった。(*Straits Times*、2000年4月6日)

これら3つの例の次のような特質が注目に値する。

1. 例10に見られるように、譲歩関係を表すのに相関構文（though...but）を用い、因果関係を示すのに for を用いている。
2. 例11には時制の一致がない。
3. 例12にあるように、逆接的意味を表すのに but と nevertheless の両方が用いられる。

内円圏英語には見られない結束的結びつきのさらなる例は、次のようなものである。

13. The position has belonged to *such* actresses *who* came to personify, at any given moment, the popular ideal of physical beauty... (*India Today*, September 30, 1983, p. 39)
その地位は身体美の一般的な理想を、いついかなるときも体現するようになった女優のものとなった。(*India Today*、1983年9月30日、p. 39)

14. They are brought up in *such* an atmosphere *where* they are not encouraged to express themselves upon such subjects in front of others. (Singh and Altbach, 1974, pp. 194-195)
彼（女）らは他人の前でそのような話題について自己表現することは、奨励されていない雰囲気で育っている。(Singh and Altbach, 1974, pp.

194-195)

上の 13、14 の文では such が who、where の相関語句として用いられている。これは英文法のこの接続表現を用いる慣習を拡張したものである。such はアメリカ英語、イギリス英語ではこのように用いられることはなく、例えば、such ... that という相関語句として（例：They made such a racket that everyone woke up）用いられる。これらの変種では関係詞節構文に相関語句がない。13、14 の文は内円圏英語の慣習には合致せず、such を削除した構文が慣習的である。先の such の使用に関わる慣習は、関係詞構文では、関係詞と相関語句の両方が必要なインドの諸言語に由来するものである。

　日本人の英語のライティングも、外円圏、拡大円圏の英語の話し手が独特の接続表現を用いる例である。

15. A dramatist may entertain various points of view which, reinforcing or qualifying one another, incorporate themselves into a coherent moral vision. Informed as it is by such a vision, his play is a far more complex thing than it appears to a casual reader. It is a self-contained organism, each component part of which is carefully integrated into the total pattern. The raison d'etre of a character or an incident, therefore, must be determined on the basis of the meaning of the play as a whole. To try to explain the character of Cleopatra, for instance, from her action and speeches alone would be to lose sight of her magnificent stature and reduce her to a mere royal whore. Every scene in which she does not appear, every character with whom she has no connection on the story level, is also instrumental in building up in our minds a dramatic image of her. Similarly, it would be quite beside the point to comment to Cordelia's "pride and sullenness" on the sole basis of certain speeches assigned to her in the play. A play is not "decadent". *therefore*, simply, because it deals with an immoral theme, or because certain characters in it might be regarded as morally reprehensible in real life. The problem

of "decadence" should be discussed only in relation to the full moral texture of the play.［イタリックは原著者］（T. S., *ECJ*, p. 102）

劇作家は、様々な視点を心にいだき、それらを相互に補強させ合ったり留保させ合ったりしながら、全体として一貫した道徳的な見解に至る。そのような視点によって知らされることだが、その作家の作品は、何気なく読む人が一見する以上に、実際は非常に複雑である。それは自律的な構成体で、それぞれの部分が注意深く全体的なパターンに統合されている。したがって、登場人物や出来事の存在意義は劇全体の意味をもとに判断しなければならない。例えば、クレオパトラの性格を彼女の行動と台詞だけから説明しようとすれば、彼女の荘厳さを見失い、たんなる王の娼婦のような人物におとしめてしまうだろう。彼女が現れないあらゆる場面、話の筋のレベルではまったく関わりのないあらゆる登場人物もわれわれの頭の中に彼女の劇的なイメージを作り上げる手段になっている。同様に、クレオパトラの「高慢と不機嫌」について、劇中に割り振られた彼女のある台詞だけをもとに、論評するのも的外れである。劇は、**だから**たんに不道徳的なテーマを扱っているから、あるいはたんにある登場人物が現実の生活で不埒だと見なされるかもしれないという理由で「頽廃的」なのではない。「頽廃」の問題は、劇の全体的な道徳的構成との関わりでのみ議論されるべきである。（T. S., *ECJ*, p. 102）

15の引用の下から5行目の therefore の使い方に焦点を当ててみよう。最初の3文は、登場人物を含めた様々な構成要素を通して劇で表現される劇作家の道徳的見解についての一般的な陳述である。このことは次の3文でも展開され、例証される。次の文は、劇が「頽廃的」であることの判断基準についての一般的な陳述であるが、これに therefore が用いられる理由は明らかではない。実際、この前のパラグラフでは「頽廃」について何も言及されていない。テクスト全体を注意深く見ると、therefore という語彙項目は、その前の2つのパラグラフと焦点が置かれているパラグラフの結論部との

つなぎに使われていることがわかる。典型的な内円圏英語では、therefore のような語彙項目はすぐ前にはなく、他のところにあった要素をつなぎ直すの用いられることはない。

　接続表現の新奇な使用法のさらなる例は以下のような、フィジー、シンガポール、タイの教養のある人たちのものだ。

16. a. I am impressed with the cleanliness of the city, something which contrasts markedly with much of Suva our capital, *let alone* the various towns of Fiji.

　　b. ... some of the vendors at the swap meet know where to get it. I'm told that some of *these* go from place to place.

16. a. 街の美しさに感銘を受けました。われわれの首都スヴァとはまったく対照的で、フィジーのほかの街はなおさらです。

　　b. 不要品交換市場での売り手の中にはそれをどこで手に入れるか知っているものもいる。**これら**の中には、あちこちに行くものもいるそうだ。

これら 2 つの抜粋は両方とも教養あるフィジー人のものである。16a の let alone、16b の these に注目してみよう。内円圏英語では、16a はホノルルで見られる清潔さの基準には、フィジーのほかの町は言うまでもなく首都さえも及ばない、という意図した意味を表すよう言い換えねばならないだろう。16b の these は通常 them に置き換えられるだろう。次のシンガポール英語の観察では、ある接続表現は内円圏英語のほとんどの話し手には耳慣れない英語を用いていることを指摘している。

17. a. A letter recommending the abolition of fireworks during Chinese

New Year gave reasons for the recommendation, adding "*on the other hand*, people may need peace and quiet". (Tongue, 1979, p. 59)
中国の新年の花火を禁ずることを奨める手紙では、「他方で、人々は平穏と静粛を求めているかもしれない」と付け加えて推薦の理由が述べられている。(Tongue, 1979, p. 59)

b. Minister X called on Muslim parents to give their children a balanced education covering religious studies *as well as* science and technology subjects. (Tongue, 1979, p. 59)
X大臣はイスラム教徒の親に対して子どもに科学技術だけではなく宗教的な科目も含めたバランスのとれた教育を授けるよう求めた。(Tongue, 1979, p. 59)

c. He is somewhat unusual barrister as he is qualified in law *as well as* in economics. (Tongue, 1979, p. 60)
経済のみならず法律においても資格のあるという点で、彼はいささか異色の弁護士である。(Tongue, 1979, p. 60)

Tongueによれば、シンガポール英語では on the other hand（他方では）はイギリス英語で言う furthermore（さらに）の意味で用いられ、A as well as B（Bと同様Aも）は逆の意味で用いられる（Aと同様Bも）。17a、17bの例で明らかなように、イギリス英語では予期していない情報が予期した情報よりも先行し、シンガポール英語では新情報対旧情報の順序が逆である。17bにおいて予期された情報は、X大臣がイスラム教徒の親に子どもが宗教的な科目だけでなく科学技術の科目も教えられることを望んでいるということであり、17cにおいては弁護士が、法律に加えて経済においても資格を持っているということである。

このような用法が「化石化」(Selinker, 1972)、あるいは英語能力の欠如の証拠であると結論づける説得力のある証拠はない。上に挙げた例では、接

続表現の用法は第一言語、すなわちインドの諸言語、日本語の慣習にパターン化されている。同じような現象の例はほかにもあるが、そのような使用はそれぞれの変種の使用者には「道理にかなっている」。インド人、日本人の英語の話し手／書き手にはそのような用法が、アメリカ英語、イギリス英語の話し手にとって「支離滅裂」だと思われる理由がわかりにくい。

　このような接続表現の新奇な用法はフィジー人、日本人、シンガポール人、タイ人だけの特徴ではない。スペイン語、中国語話者の英語の習得に関わる研究によれば、このような現象はまったく珍しくないという。例えば、スペイン語話者は、冠詞 the の使用については誤りが少ないが、冠詞 a(n) の使用については「間違い」が多いという。スペイン人の学習者の発したテクスト全体を精査すると、彼（女）らがスペイン語を話し、書くときに用いるスペイン語の冠詞と同じような文脈で英語の冠詞も用いていることが明らかとなる。2つの言語は定冠詞を用いる文脈は一致し、したがって the の使用については「誤り」が少ない。しかしながら、不定冠詞の使用については、言語間で一致せず、a(n) の使用については「誤り」がより多いことになる（Schachter and Celce-Murcia, 1983 で参照されている Roger Anderson の研究による）。

　中国と日本の英語学習者は There are so many Taiwan people live around the lake のような英文を作り出す。一見すると、関係詞構文の「誤り」のように思われる。しかし、Schachter and Rutherford（1983）が説得力を持って論じているように、そのような文は、中国語、日本語の慣習に従って、話題－コメントの構造を構築しようとする試みの反映なのだ。

マクロ構造

　結束（cohesion）はテクストの構成に必要だが、それだけでは目的に達するのに十分ではない。文法的な結束に加えて、あるテクストが首尾一貫していると認識するのに重要な特性がほかにもある。以下に論じてみよう。

一貫性（coherence）：冠詞や接続詞のような接続表現を適切に用いることは一貫性をもたらすのに役立つが、一貫性そのものには本質的ではない。次の

ような例を見れば明らかである。

18. A: Why are you so upset?
    B: Because my travel agent goofed again, I can't leave for my vacation tomorrow.
    A: なぜそんなに怒ってるの？
    B: 旅行代理店がまたヘマをやったから、あした休暇に出かけられないんだ。

19. A: Why are you so upset?
    B: I was planning to leave in the morning, but the garage says my car won't be ready till the evening.
    A: なぜそんなに怒ってるの？
    B: 午前中出発しようと思ってたんだけど、自動車工場が夕方まで僕の車が準備できないっていうんだ。

英語話者であれば誰にとっても、19においてはBはAの質問に直接答えていないが、18のBと同様にAの質問に答えていることは明らかである。18ではWhyという問いが直接Becauseによって答えられている。19では、そのようなはっきりとした接続表現がない。注意すべきは、18におけるBの答えが一貫したものになっているのは接続表現そのもののためではないということである。BがBecause the earth is a planet（地球は惑星だから）のようなことを言っても、英語を用いる普通のコンテクストでは一貫した答えとは考えられないだろう。それでもやはり、接続表現は次に続く発話の解釈に必要な手がかりを与えてくれることは確かである。対照的に、19を一貫したものにしているのはAがBの答えから何らかの推論をすることができるという事実である。つまり、Bが腹を立てている理由は休暇を延期しなければならないということへの失望であり、目的地での予約を変更せねばならない面倒さである。

　そのような推論は、多くの言語外的な要因に基づいている。その要因のい

くつかはわれわれの一般的な意味での「世界についての知識」と関わっているものもあれば、あるスピーチコミュニティに特定の社会文化的なコンテクストに関わっている場合もある。「世界についての知識」という概念とテクストを理解し解釈することとの関係は明らかなので、ここではテクストの社会文化的なコンテクストに議論を集中させる方が有益である。アメリカ英語の次の例を見てみよう。

> 20. In reaction to the spreading fear, Americans are arming themselves with guns as though they still lived in *frontier days*. "It is the *Matt Dillon syndrome*," says Jack Wright, Jr., a criminologist at Loyola University in New Orleans. "People believe the police can't protect them." They are buying guard dogs and supplies of *Mace*.［イタリックは原著者］(E. M., *Time*, March 23, 1981, p. 16)

> 拡大する恐怖心に対して、アメリカ人は、あたかも**開拓時代**にいるかのように、自ら銃で武装している。ニューオリンズ・ロヨラ大学の犯罪学者 Jack Wright, Jr. に言わせれば「それは**マット・ディロン症候群**」だ。「人々はみな警察は守ってくれないと信じている」。彼(女)らは番犬と**メース**の備品を買っているのだ。(E. M., *Time*、1981 年 3 月 23 日、p. 16)

上の引用は *Time* 誌の記事からのもので、アメリカの犯罪状況について書かれている。世界の他の地域の英語の話し手／読み手は、このテクストが書かれたときのアメリカの歴史とその時代の生活を知らなければ、20 のテクストを解釈することはできないだろう。20 のイタリック体の語句はそのような読み手には、明確な指示対象がないからである。
　インド英語のもう 1 つの例について考えてみよう。

> 21. Large wedding expenses, at all social levels, are intended to assure the *social welfare* of the family's children and to enhance the family's

reputation. Family elders, especially the women, commonly believe that their economic resources can be expended in no better way than for these purposes. They argue that *economic capital* is not worth much unless it can be translated into *social capital*. Economists and planners have deplored these expenditures, vast in their totality, that do not help to increase economic productivity. Members of a family, however, typically feel that no investment deserves higher priority than investment in the *social security* of their children.（Mamdelbaum, 1970, p. 652）

あらゆる社会階層で、結婚式にかかる莫大な費用は家族の子どもの**社会的安寧**を確かなものとし、家族の評判を高めることを意図したものだ。家族の年長者、特に女性はふつう経済的な資源はこの目的に費やすのが最良だと信じている。彼（女）らは「**経済資本**」は「**社会資本**」と置き換えられなければ、あまり価値はないと論じている。経済学者や経済プランナーは、莫大な総額となるが、経済的な生産性を高めることのないこの支出を残念に思ってきた。しかしながら、家族のメンバーは、概して子どもの**社会的安全**への投資ほど優先的な投資に値するものはないと感じている。（Mamdelbaum, 1970, p. 652）

「社会的安寧（social welfare）」と「社会的安全（social security）」という語の組み合わせはイギリス英語、アメリカ英語では特別な意味を持っている。これらの変種、およびいくつかの変種の話し手には、これらの概念が結婚の莫大な費用とどう関係があるのかよくわからない。これらの語と「経済資本」と「社会資本」という語の組み合わせが意味をなすのは「インドの結婚」という社会文化的なコンテクストにおいてである。熟達した英語の話し手／読み手はあるレベルで、上のテクストを「理解」するだろうが、南アジア全体のより広範な社会的、文化的制度、状況に熟知していなければ、本当の「解釈」はできないだろう。

　上の例はジャーナリスティック、およびアカデミックな文章からのものである。同様な例は多くあり、聞き手／読み手が見聞きすることに対して持ち

出す背景知識がテクストの解釈に重要な働きをすることを示している。重要な意味でテクストそのものは意味を持たず、聞き手／読み手がテクストに意味を付与するのである。それは話し手／書き手がテクストの解釈に何ら関与しないという意味ではない。その言語の慣習**かつ**そのスピーチコミュニティの慣習を利用し、背景知識を共有する人たちが意図された解釈を想起できるようにテクストを構成するのである。談話分析の多くの最近の研究が相互行為の規則性とテクストの構造について調査し、テクストの構成と解釈のプロセスを明らかにすべく、いくつかの抽象概念を提案している。そのいくつかはのちに論じる。

先の議論において、社会文化的な知識がテクストの解釈に重要な役割を演じていることを示してきた。それはまたテクストの構造にも重要な役割を果たすことも明らかである。話し手／書き手は聞き手／読み手との「共通の土台」(Stalnaker, 1978, p. 321)、あるいは「非論争的 (non-controversial)」情報として当然視しうることについていくらかの想定をする。これらの「前提 (presuppositions)」(Grice, 1981; Stalnaker, 1978)、あるいは「語用論的前提 (pragmatic presuppositions)」(Givón, 1979, p. 50; 1989, Ch. 4) は言語と談話の構造の中で示される。談話構造装置を少し詳細に論じてみよう。

主題化(Thematization)：英語では、文の最初の要素は通常主題である(Halliday, 1967-1968)。この構造的な位置に加えて、通常は文頭の位置で起こらない要素を主題化するいくつかの文法的なプロセスがある。そのいくつかは単純な語順調整であるが、もっと複雑なものもある。例えば、話し手は、前のテクストにおいて焦点が置かれたある語句を取り出し、次のテクストの出発点として扱うことができる。あたかも話し手がある視点から言いたいことを提示しているかのようにするのである。話し手に当てはまることは書き手にも言える。話し手／書き手の視点は文、パラグラフ、その他の談話のユニットの構造に重要な影響を与える。例を挙げれば明らかだろう。次のテクストを考えてみよう。

22. *The first half-decade of the 1970's* represents the pioneer years in the

serious study of vernacular literature. *During these years*, the accelerating process of decolonization encouraged *nationalist inquiry* into the dynamics of cultural relations between the Philippines and its past colonial masters. *In the process*, the impulse was towards re-examination of our *cultural heritage* from the past. *The resulting rediscovery of the hitherto neglected native tradition* has led to a fresh and enlightened appreciation of the attempts of our vernacular writer to assert through their works a vision of their society and its future. ［イタリックは原著者］（Lumbera, 1978, p. 65）

1970年代の最初の5年は現地語文学のまっとうな研究のパイオニア的時期である。この期間、非植民地化のプロセスが加速し、フィリピンとその過去の宗主国との文化的な関係の変遷に対する**民族主義的な探求**が奨励された。**そのプロセスにおいて**、その推進力は過去からのわれわれの**文化的な遺産**の再吟味に向かっていた。**結果としてこれまで顧みられなかった現地の文化を再発見**し、それによって、現地語で書く作家が、作品を通して社会とその未来への視野を肯定しようという試みを新たに啓発され認識することになった。（Lumbera, 1978, p. 65）

「フィリピンの現地語文学」というエッセイのタイトルはテクスト全体の出発点となっている。冒頭の文は時間表現 The first half-decade of the 1970's を主題化しており、それに続く文は、時間副詞 During these years を主題化することで主題の統一性を維持させている。それに続く2文においては、視点に変異があり、これら2文において主題化されていることは前の文で焦点が当てられていることである。例えば、3番目の文の最初の副詞句の the process は前の文の nationalist inquiry を指し、最後の文の the resulting rediscovery of ... tradition はその前の文の cultural heritage を指している。このように作者は、読み手が時間的な場面を通して、その結果、つまりフィリピンの現地語文学の認識へと向かうステージング方略を用いている。

会話における話し手のトピックと談話のトピックという区別 (Brown and Yule, 1983, pp. 87-94) と似ているが、グローバルなトピックとローカルなトピックという区別は役に立つかもしれない。エッセイ全体のトピックはタイトルからわかるが、時期、過去の文化遺産、植民地経験、土着の文化の再発見など、いくつか関連するトピックがある。それらはグローバルなトピックの議論に関わるものである。それに続くいくつかのパラグラフの主題化では、このような下位トピックが選ばれ、パラグラフ内の部分、パラグラフ全体、あるいはいくつかのパラグラフのローカルなトピックが確立される。上に引用したパラグラフでは、2つ以上のローカルトピックが選ばれ、それらの関係が明確にされている。このように、ローカルトピックが複数あるにもかかわらず、パラグラフが読み手にとって一貫したものと映るのである。

様々な言語と文化が、テクストを構造化する様々なステージング方略を用いている。言語の数だけステージングの慣習があるというわけではおそらくないだろうが、テクストに関する最近の研究の示すところでは、ステージングの慣習は複数あり、言語によって、可能な選択肢の中から異なった慣習が好まれるという。話しことばにしろ書きことばにしろテクストが一貫しているかどうかの感覚は、話し手／書き手によって用いられるステージング方略にどれくらい慣れ親しんでいるかによっている。

次の例を考えてみよう。

23. Among the literary genres, it is *the novel* which has been used most effectively as a vivid reflector of certain given conditions in a particular society. *Its form* lends itself quite well to an all-encompassing view of society as projected by the novelist bent on capturing that texture of lived life. As pointed out by Ian Watt in his *Rise of the Novel*, *the novel* could arise only when philosophy started to debunk the myth of the universals and in its place affirm the view that reality was composed of concrete and ever-changing patterns of experience. Hence, preoccupation with *recognizable characters* and situations set against such particularized time and place, became a distinguishing trait of the novel.

Occupying a pivotal role is *the novel's hero* no longer endowed with supernatural qualities; he is seen as a man among men, a product of his society and in some contemporary western novels (the works of Kafka, Hemingway, or Faulkner) reduced to a pitiful victim of society.［イタリックは原著者］(Reyes, 1978, p. 72)

文学ジャンルの中では、ある特定の社会の状況を生き生きと映し出すものとして最も効果的に用いられてきたのが**小説**である。**その形式**は、人生の質感を捉えることに心を傾ける小説家によって投写された社会のあらゆる面を見るのに役立っている。Ian Watt がその著書 *Rise of the Novel* で指摘しているように、小説は、哲学が普遍の神話の正体を暴き、代わりに現実が具体的で常に変化し続ける経験のパターンから構成されるという見方をし始めてこそ立ち上がる。それゆえに、はっきりとわかる**人物像**と詳細な時間と場所に対する場面設定に専心することは小説の際だった特徴となった。中心の役割を担うのは、**小説の主人公**であり、超自然的な資質を授けられた存在ではない。男の中の男として、社会の産物であり、現代の西洋の小説（カフカ、ヘミングウェイ、フォークナーの作品など）では社会の哀れな犠牲者と見られている。(Reyes, 1978, p. 72)

このパラグラフには論ずるに値するいくつかの特徴がある。特に注目すべきは、1つに、最初の文で用いられている集中装置で、the novel を読者の意識の中で確立し、its form を第 2 文、the novel を第 3 文の主語にすることでその小説に言及し主題の統一感を維持し、第 4 文で主題を変えていることである。第 4 文までのステージング方略は功を奏しており、テクストについていくのに困難はほとんどない。しかし、第 4 文と第 5 文の突然の変調はほとんどの読み手には処理するのが難しい。the novel's hero が第 5 文で、節の構造で示されるように主題化されているのは明白であるが、その前のテクストでこの語句が関連する唯一の語句は recognizable characters である。残念なことに、この名詞句は前置詞の目的語として結合された句の中に埋め込

まれて、節の中では焦点が置かれていない。一見すると読み飛ばしてしまうほどである。明らかに、ここのステージング方略は、少なくともいくつかの英語の変種の使い手から見ると、うまくいっていない。イタリック体の語句はみな、テクストのグローバルトピックの観点から見るとローカルトピックの潜在的な具現形である。しかし、十分な備えなく the novel's hero を主題化すると突然のトピック転換に慣れていない読者には困難がともなう。そのような読み手の視点からすると、23のパラグラフは22と比べて、一貫性に欠けるようだ。

　上の例23は、フィリピンで出版された論文の冒頭のパラグラフで、「フォーマル」な文章とされてきたものである。明らかに、教養のあるフィリピン英語の文章で、そのステージング方略はこの変種においては容認可能なものである。

　フィリピン英語は、唐突な変化が許容される唯一の変種ではない。Y. Kachru（1983）は、IEからのいくつかの例を引いて、同様の現象を例示している。その1つの例を、IEの演出方略の例として以下に再録してみよう。

24.　Several such *"Indian" themes* have emerged to form recurrent patterns in Indo-Anglian fiction, and the patterns are more easily discernible today than they were even ten years ago. The novels laid in the nineteen-thirties and 'forties invariably touch upon *the national movement for political independence*. ... This is not a situation unique to Indo-Anglian fiction, because novels in other Indian languages also testify to their intense concern with *the national movement*. But *the phenomenon* assumes greater significance in English because this is one of the few pan-Indian experiences of our time and English remains the only pan-Indian language of modern India. *Northrop Frye has noted the "alliance of time and the western man" as the defining characteristics of the novel as distinct from other genres of literature.* ... *The concern of the Indo-Anglian novel today is the "ultra-historical" modern man whose individuality and personal life are shaped by factors of history*.（Mukherjee, 1971, p. 26）

第9章　書きことばの相互行為　225

いくつかのそのような「インド」的主題が現れては繰り返しインド-アングリア文学のフィクションのパターンを形成しているが、そのパターンは10年前と比べてもはっきりわかる。1930年代および40年代の小説は、決まって「政治的独立のための国民運動」にふれている。……これは何もインド-アングリアのフィクション独特の状況というわけではない。なぜなら、他のインドの言語で書かれた小説も「国民運動」に対する強い関心の証しとなっているからである。しかし、「現象」は英語のより大きな意義を想定している。なぜなら、これは現代の数少ない汎インド的経験の1つであり、英語は現代インド唯一の汎インド言語だからである。**Northrop Frye は他の文学ジャンルとは異なったその小説の定義として「時間と西洋人との同盟」としている。**……インド-アングリア小説の今日の関心は個人性と個々の生活が歴史の諸要因によって形づくられている「超歴史的」現代人である。（Mukherjee, 1971, p. 26）

　このパラグラフの冒頭の一節は、IE で書かれた小説の主題について筆者が語っていることを明らかにしている。焦点は、第2文の the national movement for political independence にあり、続く文で主題化され、また焦点が置かれている。しかし、Northrop Frye で始まる文とそれに続く文では、同じ主題と焦点が維持されていない。焦点はある種の人間に移っているが、どのようにこの種の man が the national movement for political independence に関連づけられているかは明らかにされていない。パラグラフそのものは、このような移行を焦点に入れた結果として、内円圏英語の読者には一貫性を欠いたものとわれわれは思うかもしれない。しかし、このパラグラフのあるセクション全体を考えると、このテクストはまったくもって一貫している。

　テクスト全体を見て、異なった期待を持った異なった読み手集団がいかにそれに反応するかを見ることは有益である。Vavrus（1991）では、第二言語としての英語教授法修士号（Masters in Arts in Teaching English as a Second Language: MATESL）候補者による、外円圏英語の書き手のテクストの評価が、テクストが書かれたコンテクストに左右されるかを見る研究を行った。

ナイジェリアの生徒によって書かれた以下に再掲した一節は、アメリカのアフリカ人学生によって刊行されている *The Africa Reporter* という雑誌に掲載されたものである。興味深いのは、アフリカの読者からはよい評価を受けたが、アメリカ人からはそうではなかったということである。テクストが6パラグラフで構成されていることに注目しておこう。

25.   Academics in Chains

 Paul Baran in his famous article on "The Commitment of the Intellectual" outlined on the expected role an intellectual must play particularly in the present-day society where there is the tendency towards misrule, abuse of power, corruption, tyranny, misery and mass poverty, and affluence of the few to the detriment of the rest of us. Paul Baran must have had in mind the role of the intellectual as the conscience of the nation, as the last bastion of hope, the voice of courage and reason that will speak against oppression and exploitation, against all vices that abound in the contemporary society.

 However, a critical look at the expectations of our academics today and the realities in our contemporary political situation indicates that our intellectuals are in chains. Chains, though not visibly seen but are easily apprehended by the existing conditions in our citadels of learning, in the increasing atomization of not only academicians but also of democratic forces in the country, in the emergence of a culture of intolerance now quickly eating deep into the embers of our national life, in the precarious state of affairs that now characterizes learning, now defined in terms of certificate acquisition instead of knowledge comprehension, and in the increasing destitution and frustration of products of our educational institutions which are the mirror of future societal progress.

 Nigerians do not need the services of any fortune teller for them to understand that the glamour of learning is no longer there, that those days when people dreamt of making it through their degrees acquired from the universities are over; when it was a pride to be a graduate, when learning was characterized by excellence, flexibility and dedication.

Today, the story is different. It is no longer fun to be a graduate; no longer news to make a first class, it is no longer a joy to read, write, study and research into knowledge. Gone are the days when lecturers were respected. Their rewards are in "heaven" even though they have responsibilities on earth.

Our universities had always been hot-beds of radicalism. Hence they must be cowed, and harassed. Their basic freedom to associate is trampled upon as the nation increasingly moves towards intolerance. Something informs me that our educational system which is a product of the economic condition in our society would witness increasing retardation, regression, malfunctioning and depression in the near future. The realities of the moment have shown that there is no way Africans can sustain a high degree of excellence when our educational institutions are underfunded and under-staffed. Worse, the few available manpower are treated shabbily.

The culture of learning is slowly being killed by those who run our educational systems as Emirate-systems, dividing our countries into council and district headquarters serving local champions and prejudiced warlords. What we need is greater tolerance, flexibility, consensus, fairness and justice in the running of African educational systems. (Vavrus, 1991, pp. 194-195)

鎖に縛られた学者たち

Paul Baran は「知識人の責任」についての有名な論文の中で、無法状態、権力の乱用、腐敗、専制政治、苦難、大量貧困、一握りの人間が社会全体に害を及ぼすなどの傾向のある、特に今日の社会において、知識人が期待されている役割の概略を述べている。Paul Baran の心に

あったのは、現代社会にはびこるあらゆる悪に対する、国家の良心、希望の最後の砦、抑圧と搾取に対して上げる勇気と理性の声としての知識人の役割だったに違いない。

しかしながら、今日の学者たちの期待と今日の政治的状況の現実を批判的に見ると、知識人たちが鎖に縛られていることがわかる。鎖は目には見えないが、学問の砦、わが国の学者のみならず民主主義勢力の高まる細分化、われわれの国民生活の残り火を急速に使い果たそうとする不寛容の文化の出現、いまや知識の理解よりも修了証の取得によって定義づけられ、学問を特徴づける不安定な状況、将来の社会的な進歩の鏡となる教育機関の産物の高まる貧困とフラストレーションに見られる現状によって容易に感知できる。

ナイジェリア人は、学問の魅力がすでになく、努力して大学から学位を得ることを夢見、卒業生であることが誇りであり、学問が優秀さと柔軟さとひたむきさによって特徴づけられた時代が終わったことを理解するのに占い師の助けを借りる必要はない。

今日では話が違う。卒業生であることは楽しいことではもはやない。第一級になることももはやニュースにはならないし、読み、書き、調査し、知識を得ることは楽しいことでもない。講義が尊敬を受けていた日も過ぎ去った。責任は地にあっても報いは「天」にある。

われわれの大学は常に改革主義の温床となっていた。そのため大学は脅され嫌がらせを受けねばならない。連携の基本的自由は国がますます不寛容に向かうにつれて踏みにじられていく。私の得た情報では、社会の経済状況の産物であるわれわれの教育制度は、将来の高まる遅滞、退行、機能不全、減退を目の当たりにするだろう。われわれの教育機関が資金不足、人員不足という状況では、アフリカ人が高度な優越性を維持するすべはないことはいまの現実が示している。さらに悪いことに、数少ない人的資源もひどい扱いを受けている。

学問の文化は、われわれの教育制度を首長制度として運営し、地域の擁護者と偏見に満ちた軍閥長に仕える評議会と地区本部とに国を分断する人々によってじわじわと死に至らされている。われわれに必要

なのは、アフリカの教育制度の運営の、より大きな寛容、柔軟性、同意、公正さ、そして正義である。(Vavrus, 1991, pp. 194-195)

アメリカの英語教授法修士号の候補者は2つの観点からテクストを評価することが求められた。一方のグループは、アメリカ人の受け手に向けられたものとして評価し、もう一方のグループはアフリカ人の受け手に向けられたものとして評価した。どちらのグループも次のようなマイナスのコメントをした (Vavrus, 1991, pp. 190-191)。

26. Though the topic is eloquently discussed, there are omissions in terms of logic—who? how? why? Also the style is rather grandiose and editorial for a magazine article

    I really didn't understand what the person was trying to say. What was the point of the essay? The vocabulary was flowery. The sentences were too long—almost continuous.

    The lack of development was difficult for me. I'm not sure what the point was... the writer seemed to feel no need to explicitly demonstrate the validity of an opinion through reasoning.

    These are the kinds of essays I don't like grading—at first they seem well-written and sophisticated. But on closer inspection there are bizarre expressions, logical connections that aren't, and dramatic vocabulary (see paragraph 2). In short, the writer's ideas outrun his ability to effectively express them in English.

    This sounds like a bad translation.

26. トピックについては雄弁に語られているが、論理に欠けていると

ころがある——誰が、いかに、なぜ？　など——さらに文体もかなり仰々しく雑誌の論説のようである。

　何を言おうとしているのかよくわからなかった。要点は何？　語彙は大げさで、文は長すぎて、途切れがないほどだ。

　展開がないとは私には難しい。要点が何だったかよくわからない……作者は理論立てて意見の正当性をはっきりと主張する必要を感じていないようだ。

　これらは私が成績をつけたくない種類のエッセイだ。一見よく書けていて、洗練されているように見える。しかし、よく吟味すると、変な表現があるし、論理的つながりはなく、劇的な語彙も用いられている。つまり、作者の考えに英語で効果的に表現する能力が追いついていないのだ。

　これはひどい翻訳みたいだ。

外円圏地域での英語の書き物はしばしばこのような特徴があるとされる（B. Kachru 1986a; Y. Kachru, 1988などを参照のこと）。フォーマルな手紙というコンテクストでは、この章で論じられてきた「洗練された文体」や「形式」はほかのタイプの散文にも関連している。具体的に「洗練」された文体がどのようなものかは英語を用いるコミュニティごとに異なっているが、これは特にアフリカ、インド、日本などのコンテクストで当てはまる。

パラグラフ（Paragraph）：全体的な構成に加えて、パラグラフのようなより小さな単位の構成も英語の変種によって異なった構造化の慣習がある。少なくともアメリカの変種の説明文では、「直接的、直線的な思考の展開」（Kaplan, 1966）に強調を置く。つまり、上のフィリピン英語、インド英語の例にあるような視点の変化はアメリカ英語の説明文としては容認不可能と判断され

るのである。強調されるのはテーマを設定し、展開し、そこからそれることなく結論に到達することである。

しかしながら、ほかの言語ではパラグラフの構造に同じような志向があるわけではない。Clyne（1983）によれば、ドイツ人はかなり横道にそれることにも、突然終わりになることにもかなり許容度が高い。同様に、Y. Kachru（1983）と Pandharipande（1983）はヒンドゥー語の散文とマラッタ語の論争的散文とのパラグラフ構造をそれぞれ「螺旋形」、「循環系」と論じている。Hinds（1983, p. 80）は、日本語の説明文のパラグラフ構造を、「まず議論を起こし、次にそれを発展させ、この議論を終えた時点で関連のある下位テーマにアイディアを展開し（ただし、メインのテーマには直接関連しないように）、最後にこれらをすべて統合し結論に至る」という「起承転結（ki-shoo-ten-ketsu）」の構造と説明している。結論は必ずしも決定的である必要はなく、最低でも疑念を示したり、問題を問いかければよい。

予備的研究を土台として、ペルシャ語の説明文のパラグラフには次のような特徴があることが示唆されてきた（Katchen, 1982, pp. 178-179）。すなわち、エッセイの一般的な構造に関しては、序論や結論はある場合もない場合もあり、トピックセンテンスはないこともある。パラグラフのレベルでは明確なトピックセンテンスはないことが多く、対となった平行表現や二元的な構造が圧倒的に多い。これらの平行構造は、一般的な陳述とそれに続く特定的な陳述や対照による陳述に限ったことではない。前の文の終わりにある新情報が、次の文のはじめでは旧情報になっているというタイプのものもある。

上に述べてきたことは説明的、あるいは論争的パラグラフに当てはまることだが、同じことは、語りやほかのジャンルのパラグラフには当てはまらないかもしれない。ディスコースの単位としてのパラグラフの議論の有益な要約は Brown and Yule（1983, pp. 95-100）にある。

アメリカ英語における説明的散文に対して、直接的で階層的な構造にどれほどの価値を与えるにせよ、それがほかの文字文化の多くに共有されているわけではないことは明らかだ。この事実はこの経路を介した異文化コミュニケーションの成功に対して評価されねばならない（Y. Kachru, 1997b）。

● 論争的テクスト ●

　アカデミック・ライティングの分野では、高く評価されるのは論争的なテクストである。論争的であることは、テクストにある文の言語的な構造か発話の言語行為かによって特徴づけられてきた。文法構造のアプローチによれば（Werlich, 1976）、論争に最もよく用いられる文のタイプは、属性記述的（quality-attributing）であり（例：The problem is complex）、拡張節のタイプは、理由を表す節、譲歩を表す節、名詞節であり、配列のタイプは対照を表し、テクスト構造は演繹的、帰納的、弁証法的で、時制は現在である。Biber（1986）によれば、論争的なテクストには不定詞、説得動詞（例：command、demand）、条件節、分離助動詞句、さらに予想、必要性、可能性を表すモダリティが含まれているという。

　言語行為のタイプで言うと、Aston（1977）は論争テクストに、発語内意味価と相互行為的意味価という2つのタイプの意味価を与えている。彼はさらに論争テクストは発語内行為で言う行為表象型（representatives）によって特徴づけられ、行為間の相互行為的関係には、説明（explanation）、評価（evaluation）、事例（instances）、メタ陳述（meta-statements）の4つのタイプがあると主張している。Tirkkonen-Condit（1985）は van Dijk（1980）、Kummer（1972）、Aston（1977）を引きつつ、論争テクストについて次のような見解を提示している。論争テクストは超構造（superstructure）、すなわちテクストの全体的な意味を組織化するスキーマ的な形式を持っており、それは問題解決のプロセスであり、その目的は読み手／聞き手にテクストの要点を納得させることであるということだ（このモデルの詳細な議論については Teo, 1995, pp. 17-39 を参照のこと）。

　同じアカデミック・ライティング研究の伝統の中にあって、Meyer（1997, p. 19）はこう示唆している。

　　おそらく関連する語彙の中で最も興味深いグループは言語行為動詞および名詞である（argue, assumption, explanation, describe, recommendation

など)。それらは、テクストの中で遂行、言及、報告される言語的行為の語用論的地位を明示している。それらは科学技術的なテクストの構造においては中心的な役割を果たしているのは明らかだが、さらに、テクスト構造のある一側面のシグナルとなっている。それはあらゆる技術系のディスコースに典型的で、かつ共通しており、多種多様な表現の中に現れている。筆者がテクストの中で何をし、何をほかの筆者の仕事に帰するものとしているかに関する情報をわれわれが求めるのは、まさにこれらの語彙である。専門家から見ると、ときにこれは主題そのものを見るよりよくわかる。

　しかしながら、論争と説得がライティングの文脈の中でどのように見られるかについては、多様性の度合いも様々である。さらに明記すべきことは、物語型（narrative）、論争-説得型（argumentative-persuasive）、態度表明型（expressive）などのテクストタイプは絶対的なカテゴリーではないということだ。例えば、Parret（1987, p. 165）は論争と物語には重なり合うところがあると次のように述べている。「論争と物語は、日常言語のみならず多くの談話において重なり合うことはだれも否定できない」。Hatim（1991, p. 190）は、「テクストは多機能的で通常2つ以上の特徴を示し、1つのタイプから別のタイプへと常に移行している」と論じている。Beaugrande and Dressler（1981, p. 183）によれば、テクスト類型論の大きな困難は「多くの実際の事例は決して理想的なタイプの完全で正確な特徴を表していない」ということである。Biber（1986, p. 390）は、この結論を支持して、「英語に顕著なテクストタイプを識別することは解決不可能な問題である」と述べている。テクストタイプの識別の困難に鑑みて、テクストタイプなる概念そのものを抽象物と見るべきであるとされてきた。
　内円圏地域のアカデミックな社会では、論争-説得テクストの目的は、読み手／聞き手に自らの立場を認めさせることである。したがって、主張をはっきりと述べ、直接的にそれを支持するよう議論をまとめなければならない。
　しかしながら、これは他の文化も同様に従うモデルというわけではない。

中国人学生は、エッセイの最初のパラグラフでは普遍的な真理の陳述に割くよう教えられる。その後に、そのエッセイのトピックを切り出すのが適切とされているのだ（Lisle and Mano, 1997, p. 16）。日本と韓国の伝統では、エッセイには、少なくとも 1 つは横道にそれるかのような下位トピックがあり、それも「特にはっきりとした移行標識（接続表現）なしに持ち出される」という（Hinds, 1987, p. 150）。

　アラブの修辞法では、ことばの芸術性と情緒的なインパクトが説得力の第 1 の目安である。リズム、音、繰り返し、強調された断言は、証拠となる事実よりも重みを持つ。文の構成は、直線的な論理よりもメタファーや連想によっている（Lisle and Mano, 1997, p. 17）。このことは、Sa'adeddin（1989, pp. 38-39）によっても支持されており、聴覚、視覚の 2 つの異なったテクスト展開のモードを区別している。聴覚モードは、繰り返される単純な語彙、強調、同じ統語構造の繰り返し、情報のゆるやかなまとまり、表面的な結束の欠如などが特徴である。それはすなわち、非形式性と連帯を表すスタイルで、アラブの伝統では高く評価されるものである。視覚モードは、直線性、主張の漸進的な展開、論理的一貫性、統語的結束が特徴であり、これらはすべて西洋の伝統で尊重されるものである。

　間接性や遠回しな修辞法はアフリカの談話方略の一部でもある。問題のあたりを「行ったり来たりしながら」、話し手は技量を示し、聞き手の興味を喚起する。問題に直接向かうものは想像力が足りない、修辞スタイルのセンスがないとさえ言われる（Asante, 1987, p. 51）。

　インド国立教育研究訓練評議会（the National Council of Educational Research and Training, India）刊行の文法と作文の標準的な教科書は、エッセイのカテゴリーとして、記述型（descriptive）、物語型（narrative）、討議型（deliberative）、説明型（explanatory）、想像型（imaginative）を挙げ、さらにそれらを 3 つのグループ、記述型（物語型を含む）、討議型（説明型を含む）、想像型にまとめている。論争（argumentation）は、討議、あるいは説明の下位タイプで、明瞭なカテゴリーではないとされる。Vyas *et al.*（1972, p. 209; 強調は原著者）で学生に与えられている助言は、次のようなものだ。

詳細な議論（エッセイの本論）では、ポイントを順序立てて提示するために材料を注意深く分類すべきである。言うことはすべて、議論、事実、出来事、引用（すなわち権威づけ）によって証明されなければならない。**そして、読み手が筆者が望む結論に到達しやすいような**形式で整理しなければならない。

目的は**解決策を提示**し、読者にその正当性を**納得させる**ことではなく、読者自身が正しい解決策に到達するよう**導く**ことである。つまり、討議型のエッセイは意図としては間接的である。

　世界の英語は、文字文化の異なった伝統間の論争と説得の文化的な相違の研究の豊かなデータ源である。

● ジャンル分析 ●

　ジャンルは高度に構造化され、慣習化されたコミュニケーション事象であり、ほとんどの人たちはあるテクストがどのジャンルに属するものか出会ってすぐにわかる。口承の伝統では、小さな子どもでさえも童謡とおとぎ話の区別をつけることができる。新聞の読み手のほとんどは、報道と自社説の部分との区別に気づいている。アカデミックコミュニティでは様々なジャンルの必要性を感じていたし、そのメンバーは、特定のジャンルの慣習的な目的、構造、使用について、一般人より多くの知識を持っている。より多くの知識があれば、専門家は個人的な意図で慣習を利用することができる。作家たちは好きなように言語的資源を活用する自由を有するが、特定のジャンルの範囲内での実践の基準に従わなければならない。

　Bhatia（1993, pp. 23-24）は統括的な分析をするのに踏む7つのステップを次のように説明している。それは「分析の目的、焦点を当てたいジャンルの側面、問題となるジャンルの性質についてすでに持っている背景知識に左右される」。

1. 「状況のコンテクストに所与のテクストを置く」

    まず、ジャンル-テクスト（そのジャンルの典型例）を、それまでの経験、テクスト内の内的な手がかり、百科事典的知識を活用して、状況のコンテクストの中で直観的に同定する。非専門家は入手可能な文献を調査して、必要な知識を獲得しなくてはならないかもしれない。

2. 「現存する文献を調査する」

    これには言語、社会文化、ジャンルなどに関わる領域の分析の関連文献を調査し、関係するスピーチコミュニティの知識を得ることも含む。

3. 「状況的／コンテクスト的分析を洗練させる」

    テクストの状況のコンテクストにおける直観的な判断はさらに次のような方法で洗練させる必要がある。(a) 参与者の役割とその関係を定義する、(b) そのコミュニティを歴史的、社会的、文化的、哲学的、職業的に位置づける、(c) 周辺のテクストとテクストの背景をなす言語的伝統を同定する、(d)「テクストが代表し、変化させ、用いるトピック、主題、テクスト外的現実とテクストとその現実との関係を同定する」(p. 23)。

4. 「コーパスを選択する」

    適切な種類の適切な規模のコーパスを選択するには次のことが必要である。(a) コミュニケーション上の目的、状況のコンテクスト、弁別的なテクストの特徴に従ってジャンル／下位ジャンルを定義する、(b) テクストがそのジャンル／下位ジャンルに分類される際に基礎となる基準を明示する。

5. 「制度的コンテクストを選択する」

    ジャンルを用いる制度的なコンテクストは重要である。なぜなら、「そのような制度的場面での言語使用を制御する（言語的、社会的、文化的、学術的、職業的）規則と慣習はほとんどの場合、コミュニケーション状況にある参与者によって暗黙裡に理解され、無意識的に守られるからで

ある (p. 24)。

6.「言語分析のレベル」
分析者は、最も特徴的で意義のある言語的特徴が表れる分析のレベルを決定しなければならない。そのレベルには、テクストジャンルの語彙・文法的特徴、テクストパターンあるいはテクスト化（言語的装置、例えば、科学論文に限定される過去分詞の用いられ方）、テクストジャンルの構造的な解釈（Swales の調査論文の序における4つのムーブ（moves）の認知構造――調査分野を確立する、先行研究を要約する、その研究の準備をする、その研究を導入する（p. 30））。

7.「ジャンル分析の専門家情報」
最後に、複数の専門家からの反応に対応して分析の知見を確立する必要がある。専門家からの反応はその知見を確かなものにし、得られた洞察に妥当性を与え、分析に心理的リアリティを加えることになる。

Bhatia はこれらのステップは厳密に順序を守る必要がないと注意を促している。分析はパターンを示すかもしれないが、規範的基準と考えるべきではない。ジャンル分析はパターンを課す（pattern-imposing）というよりパターンを求める（pattern-seeking）ものである。
　ひとまとまりの例を示すことで、分析のプロセスを明らかにすることができるかもしれない。調査論文の要旨（abstract）は、確立されたジャンルで、どの分野に所属するものであれ学術関係者一般に親しみのあるものである。要旨は論文の読者に対して4つの質問に答えてくれる。研究の目的は何か、何がなされたか、何が見出されたか、その知見から結論づけられることは何か、の4つである。Bhatia は、先に挙げた目的を導入する、方法論を記述する、結果を要約する、結論を提示する、の4つの要素に対応する4つのムーブを提案している（1993, pp. 78-79）。

　学術論文の要旨の例を2つ以下に挙げて、上で提案された要旨の構造を

見てみよう。

27. This paper provides a description of the pragmatics of language use in Egyptian English newspaper editorials. Editorials are defined as "acts of passing judgment", and Searle's (1979) taxonomy of illocutionary acts is used to compare editorials from Egyptian, American, and Egyptian Arabic newspapers. The results show that Egyptian English conforms neither to the American English nor to Egyptian Arabic patterns with regard to the use of representatives and declaratives. It uses more declaratives and fewer representatives than American English, but fewer declaratives and more representatives than Egyptian Arabic. Qualitative as well as quantitative differences in the usage of the illocutionary acts are discussed, and it is hypothesized that American English places more emphasis on Grice's (1975) maxim of quantity, while Egyptian English places more emphasis on the maxim of quality.（Reynolds, 1993, p. 35）

この論文はエジプト英語による新聞の社説における言語使用の語用論を記述したものである。社説は「意見表明の行為」と定義し、Searle（1979）の発語内行為の分類を用いてエジプト、アメリカ、エジプト系アラブの新聞を比較する。結果が示すところでは、エジプト英語は、行為表象型（representatives）と行為宣言型（declaratives）に関して、アメリカ英語のパターンにもエジプト系アラビア語のパターンにも一致しなかった。アメリカ英語よりも多く行為宣言型を用い、行為表象型の使用はより少なかったが、エジプト系アラビア語と比べると、行為宣言型の使用の方が少なく、行為表象型をより多く用いていた。発語内行為の使用について質的、量的両方の違いが議論され、アメリカ英語はより Grice（1975）の量の格率に強調が置かれ、一方でエジプト英語は質の格率に重きが置かれると仮定される。（Reynolds, 1993, p. 35）

最初の文（This paper provides a description of the pragmatics of language use in Egyptian English newspaper editorials）は研究の目的を述べている。第2文の前半（Editorials are defined as "acts of passing judgment"）は社説（editorial）を定義しており、それもさらなる背景知識となる。後半は問いに答える形で、この論文でなされたこと——Searle's (1979) taxonomy of illocutionary acts is used to compare editorials from Egyptian, American, and Egyptian Arabic newspapers——が述べられる。次の2つの文はこの研究で見出されたことを述べており（The results show that Egyptian English conforms neither to the American English nor to Egyptian Arabic patterns with regard to the use of representatives and declaratives. It uses more declaratives and fewer representatives than American English, but fewer declaratives and more representatives than Egyptian Arabic）、最後の文は、この研究および得られた知見から結論づけられうることを提案している（Qualitative as well as quantitative differences in the usage of the illocutionary acts are discussed, and it is hypothesized that American English places more emphasis on Grice's (1975) maxim of quantity, while Egyptian English places more emphasis on the maxim of quality）。このように、上の要旨はBhatia（1993）で提示された、独自の面——社説の定義以外は、一般的な構造にぴったりと合致している。

もう1つ研究論文の例を見てみよう。

28. This article attempts to provide a precise definition for topic and to derive most of the properties of topic from this definition. The main assumption is that the topic-comment construction is a syntactic device employed to fulfill certain discourse functions. Topic is always related to a position inside the comment. Since topic has no independent thematic role but always depends on an element inside the comment for its thematic role, it has no syntactic function of its own. This dependence relationship is subject to locality constraints. (Shi, 2000, p. 383)

この論文では、トピックの厳密な定義を提供して、この定義からト

ピックの特性の大部分を引き出すことを試みる。主な想定は、トピックーコメントの構造が、ある談話機能を実現させるのに使われた統語的な装置であるということである。トピックはコメントの中の位置にいつも関連する。トピックは、どんな独立した主題的役割も持たず、その主題的役割はコメント内部の要素に常に依存しているので、それ自体統語的な役割を果たさない。この依存関係は局所制約を受ける。(Shi, 2000, p. 383)

要旨の最初の文はこの調査研究の目的を述べている（This article attempts to provide a precise definition for topic and to derive most of the properties of topic from this definition）第2文、第3文では、仮説を提案している（The main assumption is that the topic-comment construction is a syntactic device employed to fulfill certain discourse functions. Topic is always related to a position inside the comment）。方法論については、明示的な言明はないが、提案された仮説を検証するということが暗示されている。次の文ではここでも暗示的だが、仮説を確認し、そこから結論を引き出している（Since topic has no independent thematic role but always depends on an element inside the comment for its thematic role, it has no syntactic function of its own）。そして、最後の文はもう1つの関連する調査結果を報告している（This dependence relationship is subject to locality constraints）。

　本のカバーの広告文の異文化間比較の研究の一例はKathpalia（1997）である。この研究は、顧客が本を買うよう誘導される方法に文化固有の違いがあるかを明らかにしようと試みたものである。彼女は、「国際出版社」とシンガポールで出版されている地域の出版社の本とでこのジャンルを調査した。
　Kathpalia（1997, p. 417）によれば、カバーの広告文には6つの基本的なムーブがあるという。まず見出し（headlines）があり、その後、本の意義（justifying）、査定（appraising）、信用証明（credentials）、推奨（endorsements）、市場ターゲット（targeting the market）という順である。それぞれのムーブが、特定の機能を持っている。最初のムーブの見出し、意義では読者を引きつけ、その本が当該分野の慣習に合致しつつも、同時に新機軸を打ち出して

いることを読者に納得させようとする。査定では短い梗概と評価が述べられ、信用証明と推奨では筆者がその本を書くに当たっての権威と著名な批評家の支持があることを示して、その本の正当性を主張する。最後に、市場ターゲットを示すことで、どのような読者層に適しているかを特定する。

　Kathpaliaの研究は国際的な出版社と地元シンガポールの出版社の本とで2つの大きな違いがあることを明らかにしている。1つは、カバー広告の作者は双方とも、その一般的な慣習に則っているが、学術的な本と一般的な本ではムーブとその配置に志向性の違いがあるということである。例えば、本の意義、査定、市場ターゲットは学術書でもノンフィクションでも地方出版物においては重視されるが、信用証明と推薦は学術書でさえもまれである。

　地域に流通する本のカバー広告は忠実にムーブの順序を踏んでおり、しばしば1～3からなるムーブの構造をなし、査定が中心、もしくは標準のムーブになっている。標準とは異なった構造としては、少数だが市場ターゲットが最初のムーブにくるというものがある。

　Kathpaliaは国際出版社と地域の出版社のカバー広告で好まれると思われる言語的なパターンの違いも述べている。顕著な違いの1つは、特定の目的を果たすために用いる言語装置である。国際本のカバー広告では本の評価がいたるところにあり、査定のムーブに限られていない。適切な語彙項目や表現を選択することでこれがなされている（例：以下の29にあるような invaluable, direct, uncluttered など）。地域の本のカバー広告では評価のムーブに焦点が置かれ、その種のあらゆる表現を、本の程度を記述する下位ムーブに集中させている（30のイタリック体（太字）の部分を参照のこと）。

29.　　　　　　　International book blurb
　　The *invaluable* reference for the SPSSTM user provides information in a *direct*, *uncluttered* manner. Meyer's *user-friendly* approach makes information *quickly* accessible to students in statistics and social-science methodology courses. . . .

242　第3部　会話のスタイルと書きことばのスタイル

国際本カバー広告

SPSSTM ユーザーのための**貴重な**レファレンスで、**直接的に整然と**情報が提供されている。メイヤーの**ユーザーフレンドリーな**アプローチによって、統計学と社会科学の方法論のコースの学生にとって**迅速に**情報が手に入る。

30.　　　　　　　　Local book blurb

Adopting an integrated, multidisciplinary approach to the political geography of the Indian Ocean, this study analyses the Law of the Sea, evaluates the national legislation of those Indian Ocean littoral states which have proclaimed their maritime limits over offshore waters, ... Apart from the well written text, perhaps the most important aspects of the work is the exceptional series of beautifully drawn maps and diagrams accompanied by detailed captions and commentaries, a unique collection worthy of publication on its own.

地域本のカバー広告

この研究はインド洋の政治地理学に対する**総合的、学際的アプローチを採用**し、海洋法を分析し、沖合に海洋境界を主張するインド洋沿岸国家の国家的法令を評価するものである。**本文自体もすばらしいが、本研究のおそらく最も重要な側面は、ことのほか美しく描かれた一連の地図と図表である。**それには詳細な説明文とコメントが付されており、それだけでも出版の**価値のある**ユニークなコレクションになっている。

これらの例が示しているのは、学術論文の要旨と同様に一般的な構造の中にもかなりの程度に意図の表現の自由があり、どのムーブを言語化するかにも、本のカバー広告と同様自由があるということである。あるジャンルにとって、すべてのムーブが必須というわけではない。分野や文化によって、どの目的を達成するためにどれが重要と考えるかについての慣習も異なるだろう。

ジャンル分析のさらなる多様な例については、Bhatia（1996, 1997）を参照するとよい。

● おわりに ●

　この章の議論によって、話しことばも書きことばも言語的行為であり、かつ創造的な活動であることを明らかにしてきた。それらはともにコンテクストに置かれた個人的な経験に基づいたものである。コンテクストは、話しことばによるパフォーマンスと同様、書かれたテクストにも必ず反映される（Y. Kachru, 2001a, 2001b）。これまで述べたプロセスは、外円圏英語地域における英語の文化変容と土着化の重要な一側面を表している。すべての作家に内円圏英語で好まれるレトリックのパターンを意識させることは、まったく妥当なことだが、世界の大多数の英語の学習者と使用者が慣習とする異なったレトリックを英語教育者に意識させることも同時に妥当であり、望ましいことである（Y. Kachru, 1997b）。服、食べ物、工芸品、美術品の多様性をわれわれは歓迎するが、同様に実に様々なメッセージを表現する媒体に反映されている多様性を受け入れる覚悟をすべきだ。ある言語がある言語より論理的だなどということはないのは自明の理だが、レトリックのパターンにおいても、どの言語が論理的で理想的だということはないのである。

文献案内

Bhatia, V. K.（1996）Nativization of job applications in South Asia. In R. Baumgardner (ed.), *South Asian English: Structure, Use, and Users* (pp. 158-173). Urbana, IL: University of Illinois Press.

Frenck, S. and Min, S. J.（2001）Culture, reader and textual intelligibility. In E. Thumboo (ed.), *The Three Circles of English* (pp. 19-34). Singapore: UniPress.

Hinds, J.（1987）Reader versus writer responsibility: a new typology. In U. Connor and R. B. Kaplan (eds.), *Writing across Languages: Analysis of L2 Text* (pp. 141-152). Reading, MA: Addison-Wesley.

Nwoye, G. O.（1992）Obituary announcements as communicative events in Nigerian English. *World Englishes*, 11 (1), 15-27.

課題

1. ケニア・ナイロビで発行された、次の *Daily Nation* の新聞記事を読んで、あなたの読み慣れている新聞との違いを挙げなさい。あなたにとって読み慣れない特徴も取り上げなさい。

TWO ANGRY HUSBANDS SLIT THEIR THROATS
by Odhiambo-Orlale

Two men tried to take their lives by slitting their throats in separate incidents at the weekend.

The attempted suicides occurred in Kisumu and Nyeri.

In the first case, a 32-year-old father stormed into the Kisumu market on Friday afternoon, bought a Bible and a kitchen knife and tried to kill himself after a quarrel.

The drama occurred outside the market shortly after the man had attempted to see his wife at the Kisumu Medical Training centre where she is a student.

The man, who lives in the town, went to the centre to discuss a problem with his wife.

He sent somebody to call her from the hostels while he remained outside at the main gate. When she came, they had a short talk and the woman walked back to the halls of residence.

The man's attempts to convince her to return and see him at the gate were unsuccessful.

All the students sent by him to ask her to return told him she would not do so until he took to her their only child.

The 32-year-old husband, furious at the snub, walked to the municipal market where he bought a Bible and a knife.

He tried to commit suicide by slitting his throat but was rescued by wananchi. They took him to the New Nyanza General Hospital, which is next to the centre, and admitted in serious condition.

2人の怒れる夫が喉を切る

Odhiambo-Orlale

　2人の男性が週末、別々の事件で、命を絶とうとした。

　KisumuとNyeriで自殺未遂事件があった。

　1つ目の事件では、金曜日の午後、32歳の父親がKisumu市場に押し入り、聖書とキッチンナイフを購入し、喧嘩をしたあと自殺を試みた。

　悲劇は男が妻が学生として通うKisumu医療トレーニングセンターで彼女と会おうとした直後に市場の外で起こった。

　市内に住む男は妻とある問題について話すためセンターに来ていた。

　彼は誰かを使わして寄宿舎から彼女を呼び出し、彼は外の正門のところで待っていた。彼女が来て少し話をし、彼女はまた寄宿舎のホールの方へと戻っていった。

　男は彼女に、戻ってまた門の彼のところにくるよう説得したが、うまくいかなかった。

　彼が妻に戻るように頼んでくれと言って送った学生は皆、彼女は子どもを連れてくるまで戻らないと言っていると彼に伝えた。

　冷たくあしらわれたことに激怒した32歳のこの夫は、市の市場に行き、聖書とナイフを購入した。

　彼は喉を切って自殺を試みたが、一般市民によって助けられた。彼は重体で、センターの隣のNew Nyanza一般病院に運び込まれた。

2.「ESP（English for Specific Purposes：特定目的のための英語）は学習者の要請に特化した形で言語使用を限定するのが望ましいことでもあり、現実的でもあるという基本的前提のもとに実践されるのが一般的である。しかし、そのような限定は本当に望ましいことだろうか。……ESPは人に身のほどを思い知らせるための手段と解釈されかねない」(Widdowson, 1984, p. 190)。

あなたはアカデミックな英語を教えた経験があるとします。上の意見に同意しますか？　Y. Kachru（1995b）はこの問題にどのような意味があると考えていますか？

　簡潔に言えば、Y. Kachru（1995b）が論じているのは、外円圏の英語の学習者と使用者は、一方では対人関係を制御するディスコース上のルールを獲得し、もう一方では人がいかに自らの要求を表現し、他者がしていることを理解するかを獲得する。それは非常に幼い頃から自身の文化的コンテクストの中で行っており、つまり、一言語を習得する前からひょっとすると生涯しつづけることなのである。英語の様々な変種はそのようなディスコース上のルールの詳細が異なっており、英語教育の唯一とるべき道は、アカデミック・ライティングの一般に容認された慣習を教える一方で、個々の創造性を奨励することである。アカデミック・ライティングにしろ、創作にしろ、よいライティングを生み出すのは慣習と書き手の革新的精神との緊張である。

第10章 ⑩

世界の英語文学をコンテクスト化する
Contextualizing World Englishes Literatures

English
is my mother tongue.
A mother tongue is not
not a foreign lan lan lang
language
l / anguish
anguish
-a foreign anguish. . . .

I have no mother
tongue
no mother to tongue
no tongue to mother
to mother
tongue
me.

Marlene Nourbese Philip
(1989; born in Tobago, now living in Canada)

（詩の趣旨）
英語は私の母のことば
母のことばは外国語ではない
英語は外国語、苦悩のことば

私には母なることばがない

舌なめる母もなく
母となる舌もない
母へ
私を舌なめて

Marlene Nourbese Philip
（1989 年トバゴ生まれ、現在カナダ在住）

I search for my tongue. . . .
You ask me what I mean
by saying I have lost my tongue
I ask you, what would you do
if you had two tongues in your mouth,
and lost the first one, the mother tongue,
and could not really know the other.
the foreign tongue.
You could not use them both together
even if you thought that way;
And if you lived in a place where you had to
speak a foreign tongue—
your mother tongue would rot,
rot and die in your mouth
until you had to spit it out.

Sujata Bhatt
（1988; Gujarati speaker from India, now living in the USA）

私は自分の舌（語）を捜し求める
あなたは私にその意味をたずねる
舌を失ったのかと
私はあなたに問う、こうなったらどうかと
もし口の中に舌が 2 つあって
最初の母なる舌を失い
2 つ目の舌がよくわからなくなったら
それはつまり外国の舌（語）
両方ともいっしょには使えない

そう考えるとしても
そして外国の舌を
使わねばならない場所に住んでいれば
母なる舌は朽ちる
あなたの口の中で朽ち果てる
そしてついには吐き出さねばならないのだ

Sujata Bhatt
（1988年インド生まれ、グジャラト語話者、現在アメリカ在住）

● はじめに ●

　これまでの章では、言語使用の慣習が英語使用圏の様々な地域で異なっていることを示してきた。第8章と第9章では、そのような慣習を知るのに、会話の含意や修辞的な実践に関する研究の知見を用いる方法をいくつか提案してきた。この章では、世界の英語をさらによく知るために、もう1つの研究資源を活用する可能性を探りたい。その研究資源とは、外円圏英語と拡大円圏英語の作家たちが円圏内外で生み出してきた創作文学である。それは「接触文学（contanct literatures）」と呼ばれており（B. Kachru, 1986c）、この章でも、重々しい「外円圏および拡大円圏英語文学（Outer and Expanding Circle English literatures）」ではなく、この語を用いたい。

　グローバリゼーションは新しい、混成の文化、言語、政治組織を生み出していると言われてきた（Graddol, 1997）。実際、商業貿易や大国による征服は何世紀にもわたって、混成の文化、言語、政治組織を生み出してきた。インドの文化と伝統はイスラム前の時代には東南アジア中に影響を及ぼしてきたが、そのためにカンボジア、インドネシア、タイなどの地域の言語と芸術の形態にはサンスクリット語とパーリ語の痕跡が永く残されている。仏教の影響も中国を含めたアジア全域で見ることができる。南アジアにおけるペルシャの言語と美学のインパクトは豊かな遺産として残っている。ギリシャ語とラテン語とギリシャ・ローマの思想のインパクトはヨーロッパに共通の文化遺産と政治制度をもたらした。英語はロマンス系諸言語のインパクトに負うところが大きいが、ほとんどの東アジアの言語と文化は中国の思想、言語、

書記法によって豊かになった。

　20世紀後半における英語の広がりがほかと異なっているのは、一言語が世界的な影響力を持つという、その結果の大きさである。作家の中には、自らとは源の異なる表現手段を用いる苦悩を感じるものもいる。本章の冒頭で引用した詩人たちと同じである（Ngũgĩ, 1981, 1986, 1991 も参照のこと）。一方、創造的なエネルギーを持って文化変容し、英語を土着化する過程をへて変容を遂げたために、英語という媒体を歓迎する、Chinua Achebe、Raja Rao、Salman Rushdie のような作家たちもいる（Achebe, 1965; Rao, 1978a; Rushdie, 1991 参照のこと）。英語とヨーロッパの文化と伝統が全世界の文化的遺産の一部になっただけでなく、世界の諸文化と多様な言語の方も英語という言語に痕跡を残し、3つの英語円圏における多様なキャノンを生み出した。

　カリブ海、インド、フィリピン、西アフリカ、東南アジアなどの出身の接触文学（contact literatures）の作家たちは、Thumboo が述べているように「文学的生態系と便宜的に呼びうるような、独特な言語的、文学的、美的執着によって特徴づけられ強力な伝統」を背景としており、「旧帝国が反応すると、このエコロジーは様々な程度に暗黙のものとなる」（1985, p. 215）。

● なぜ文学テクストか ●

　接触文学はすでに世界の文学の中で際だった地位を勝ち得ている。それは、そのような作品が受賞してきた数多くの名高い賞を見ても明らかだ。例えば、(1) ノーベル文学賞を受賞した Wole Soyinka（1986年、ナイジェリア）、Derek Alton Walcott（1992年、トリニダード）、V. S. Naipaul（2001年、インド生まれ、トリニダード育ち、英国在住）、(2) ブッカー賞を受賞した Keri Hulme（1985年、ニュージーランドのマオリ人）、Chinua Achebe（1987年、ナイジェリア）、Ben Okri（1991年、ナイジェリア）、Micaheal Ondaatje（1992年、スリランカ生まれ、カナダ在住）、Salman Rushdie（1995年、インド生まれ、英国在住）、Arundhati Roy（1997年、インド）、Kiran Desai（2006年、インド生まれ、米国在住）、(3) ベティートラスク賞を受賞した Hari Kunzru（2002年、出自はインド、英国在住）、(4) ノイ

シュタッド賞を受賞したRaja Rao（1988年、インド生まれ、アメリカ在住）、ピューリッツァー賞を受賞したJhumpa Lahiri（2001年、出自はインド、ロンドン生まれ、アメリカ在住）などである。

　上に挙げたような作家たちの成功にともなって、彼（女）らをアングロアメリカ文学の文学的伝統の中に取り込もうという試みもなされている。Ashcroftらはこう述べている（1989, p. 7）。

　　依然としてあまりにしばしば嗜好と価値の試金石として扱われるイギリスのテクストの総体としての文学的キャノンと、イングランド南東部の英語を普遍的規範と主張する容認標準英語（Received Standard English）を通して、古代の重みがポストコロニアル世界の多くの文化的産物を支配し続けている。この「文化的覇権主義」は、文学的活動についてのキャノンの想定と、それらを英文学の支流と見なし、それゆえ周辺的で従属的な地位に追いやっているポストコロニアル文学に対する態度とを通して維持されてきた。**より最近では、これらの文学の範囲と強さが否定しがたくなるにつれて、ヨーロッパ中心主義的な判断の基準を用いて、これらの作品や作家たちを英国的と主張しようと取り込むプロセスが始まっている。**（太字は原著者）

　しかしながら、接触文学をアングロアメリカン文学のキャノンの中に収めることは容易ではない。独特の生態系にあるジャンル、文学的、言語的装置を、アングロアメリカンのキャノンの中では先例もなく、解釈もされない文学作品群に浸透させることになるからだ（Thumboo, 1985）。Thumboo（1985, p. 219）によれば、言語（すなわち英語）が、「自らの生態系の言語によって認識可能な程度に思考の深遠さ、意味の陰影を反映する」よう再整備されることになる。Ashcroftらも同様のことを述べている（1989, p. 10）。

　　場所についての経験とそれを描写するのに利用可能な言語との間に起こるギャップは、古典的で、広く行き渡ったポストコロニアルのテクストの特徴である。……だから、例えば、Raja Raoのようなインド人作家

やChinua Achebeのようなナイジェリアの作家は、新しいコンテクストで異なった用い方をすべく言語を変容させる必要があった。

　これらの文学がキャノンであるかについては論争があるが（この点についてはB. Kachru, 2005aを参照のこと）、いまや、内円圏の地域の英語のカリキュラムに取り入れることはまったくもって妥当だと考えられているし、ほかの状況でも英語文学と世界の英語を教えるのに活用されている。実際、いまでは世界中の大学で、アフリカ、カリブ海、フィリピン、南アジア、東南アジアの著名作家のセレクションを紹介し始めている。

　B. Kachru（1986e）において論じられてきたように、英語教育で文学作品を用いることには利点がいくつかある。文学作品は、文法、辞書、教科書では容易に復元することのできない、貴重な社会文化的知識の源となっている。まず第1に、教材として入手しやすい。第2に、作品はいくつかの英語円圏の高度に熟達した英語の使い手によって書かれており、それ自体芸術的な価値が高い。さらに、出自の土地の「文化に根ざしている」と認識されるように、それらの文学作品は相互行為のスタイルも含めて「真正な」生活様式を表していなければならない。したがって、作品に込められた文化的なテーマやことばの相互行為のパターンは、世界の英語の学者、研究者、学生にとってきわめて価値が高いのである（B. Kachru, 1986e; Tawake, 1990, 1993）。次節では、以下のような例で論じられる次のようなカテゴリーの観点から、われわれの企てとの関連を論じてみよう。

● 文化的なテーマ ●

　英語で書かれた文学、あるいはAshcroft *et al.*（1989, p. 217, n 3）が「英語文学」（english literatures）と名づける文学に繰り返し登場する文化的なテーマがある。[†1] テーマの領域は、個人間のもの（例：親子、夫婦、友人、同僚、グループ、ネットワーク）、制度に関わるもの（例：学校、仕事、職

---

†1　"english"の下付き小文字は次のように説明される。「小文字の使用は英語が固執してきた地位と特権の転覆の表れとしてわれわれは好んで用いている」。

業、政治)、価値観に関わるもの(例:忠誠心、忠節、家族への献身)、信念に関わるもの(例:霊、神、天国、生まれ変わり、救い)などである。

　この中から1つ例を取り上げて言えば、家族関係の力学は文化ごとに異なるが、それは Achebe(ナイジェリア)、Lim(東南アジア)、Desai(インド)、Hulme(ニュージーランドのマオリ)などの作家の小説を比較してみると明らかだ。例えば、Tawake(1993, p. 325)は、小説 *The Bone People* (Hulme, 1985)の1つの可能な読みとして、仕事がまず第1に家族からの断絶と解釈されうると主張している。彼女はさらに、「マオリの文脈における家族は、典型的な西洋の文脈の場合よりも広い関係のネットワークを意味している」と述べている。西洋から見れば別次元のことだが、家族を結んでいるのは「土地と共有された遺産への愛着」(p. 330)なのである。この観点からすると、3人の主要登場人物が断絶を経験するが、ともに新しいネットワークを築くということになる。つまり「マオリと白人の血統の融合に、彼(女)らは未来の家族を確立する」(p. 330)のだ。Courtright(2001)は、Desai の短編 *A Devoted Son* (1978)は文化の異なる読者にとって、父と息子の関係の性質が謎であることを見出した。彼(女)らには、物語にある、西洋で教育を受けた医師の息子の、その老いて病む父親の扱いを理解することは困難であろう。

　小説の登場人物の言語行動を精読すると、解釈のためにきわめて重要な文化的テーマへの貴重な洞察を得ることができる。その一例は、Y. Kachru (1993b)で、次の抜粋(Singh, 1959, p. 17)は文化的な背景を反映し、読者にテクストの中の慣れ親しんだものと「見慣れないもの」との類似点と相違点とを発見できるようになっている。[†2]

> 1. "This heat has given me a headache," he complained and stood up. "I am going to bed."
> "Yes, you must be tired," agreed his mother. "Champak, press his head, he will sleep better."

[†2] Y. Kachru(1993b)はここの抜粋を "She bent her head..." で始めて論じている。

"I will," replied Champak, standing up. She bent her head to receive her mother-in-law's blessing. "*Sat Sri Akal.*"
"*Sat Sri Akal*," replied Sabhrai lightly touching Champak's shoulder.
"*Sat Sri Akal*," said Sher Singh.
"Live in plenty. Live a long age," replied Sabhrai taking her son's hand and kissing it. "Sleep well."

1. 「この暑さで頭痛がしてきた。」彼は不平を言い、立ち上がった。「もう寝るよ。」
「そうね、疲れたでしょう。」母親がうなずいた。「チャムパク、頭を押さえてあげて。よく眠れるように。」
「わかったわ。」チャムパクは答えて、立ち上がった。彼女は頭を傾けて義母の祝福を受けた。「サト・スリ・アカル（*Sat Sri Akal*）」
「サト・スリ・アカル」サブフライは軽くチャムパクの肩をたたいた。
「サト・スリ・アカル」シャー・シンが言った。
「たくさん生きて、長く生きますように。」サブフライは息子の手を取り、キスをして言った。「よく眠れるように。」

この伝達事象（communicative event）におけるすべての言葉は、「サト・スリ・アカル」という挨拶をのぞいて、みな英語だ。コンテクストも家庭のドメインにある見慣れたもので、もう寝ると言って挨拶のことばを口にする息子と、その場の社会文化的伝統に合わせた反応をする母親、という状況である。しかし、テクストのほかの要素は容易に**解釈可能**というわけではない。「見慣れない」コンテクスト要因の明らかなものとしては、義理の母がその場にいること、息子の頭を「押す」ように義理の娘に命じること、夜寝る前に義理の娘と実の息子が年長者の「祝福」を受けることなどがある。さらに自明ではない文化的特徴は、義理の娘の発話に続くジェスチャーと比べたところの、息子のことばに対する母親の反応である。文学的感覚を持ったインド人の読者なら、2組のやりとりを読んで、義理の母娘の関係を疑問に思うだろう。そしてのちに合点がいくだろう。小説の中で義理の母は義理の娘が

あまり好きではないことが明らかになっていく。「サブフライは、チャムパクが特に好きではないが、彼女の頭をなでた」(p. 189)。

言語のレベルでは、「サト・スリ・アカル」という挨拶は、家族がシークコミュニティに属していることを表しており、母親の「たくさん生きて (Live in plenty)、長く生きますように (Live a long age)」という母親の祝福のことばに続く息子の表現は、南アジアの伝統的なやりとりのパターンを表している (Y. Kachru, 1995b)。ほかの特徴については、解釈のための適切な背景知識を要する。義理の娘に対する「頭を押さえて」という命令は、結婚した息子がその両親と暮らすこのような合同家族では、義理の娘も実の娘と変わらない扱いを受け、実の娘と同様に義理の親に従うことが期待されている。このように、インドで機能する家族という制度とこの文脈で明らかにされている相互行為のパターンはすべての読者が慣れ親しんだものとはかぎらないのである。

この例は、ある文化での親密な間柄のドメインにおける会話のスタイルを示したものである。英語使用者の言語行為、書記スタイル、ことばのレパートリーは地域ごとに異なっており、それは次の2つの例が示しているように文学作品に表れている。1つ目はアフリカの小説がもとにあり、もう1つは東南アジアの詩の一篇である。

   2. From Saro-Wiwa (1989, p. 76):
     Chief Minster: I want to see the Chairman of the Corporation.
     Security Guard: Why for?
     Chief Minister: It's private.
     Security Guard: Private, ehn?
     Chief Minister: Yes.
     Security Guard: Wetting be dis place? Not office? Dis na office. If you wan see Sherman for private you just go to his house. Dis na office time.

   2. Saro-Wiwa (1989, p. 76) より

州首相：会社の会長に会いたい。
警備員：御用向きは？
州首相：私的な用だ。
警備員：私的、ですかい？
州首相：そうだ。
警備員：ここでやんすか。仕事んことじゃなくて？　ここは仕事場ですぜ。個人的にシャーマンに会いたきゃ、うちにお行きなせえよ。いま勤務時間ですぜ。

警備員がピジンを使っているのは、ある特徴づけを目的としている。すなわち、彼があまり高い教育を受けておらず、上層方言（acrolect）を使えないということだ。この文章を十分に解釈するには、ナイジェリア人のことばのすべてのレパートリーと教育と制度的な構成の状況を理解しなければならない。

3. From Mohd Haji Salleh's *Time and Its People*, quoted in Thumboo（1985, p. 216）:
   no I shall never wade this river
   of music to the upper bank of dryness
   the flute and heart-stringed ukulele
   soak a slow rhythm into me.
   how can I ever dry myself
   from a keroncong.
   a sad song.

3. Mohd Haji Salleh の『時間とその人々（*Time and Its People*）』（Thumboo, 1985, p. 216 の引用）より
   いや歩いて渡ることはないだろう
   音楽のこの川を、乾いた上手の土手まで
   フルートと心の琴線のウクレレは

第 10 章　世界の英語文学をコンテクスト化する　257

　　ゆっくりとしたリズムに私を浸す
　　どうして私自身を枯らすことができようか
　　クロンチョンからの
　　悲しい歌

　Thumboo（1985）によると、「クロンチョン」というのはマレー伝統のジャンルで、悲しくも甘い感情に訴えるものだが、「憂鬱への頌歌」のようにはかないものではなく、人生のはかなさという感覚によってインスピレーションを与えられ、注解されるような適切な状態なのである。
　同様に、Lim の *Lost Name Woman* は分裂した移民（「失われた名前の女」）のアイデンティティを表現している。彼女は、自分の土地、拡大家族、母国の祖先から離れて以来、家族を失っていたのである。他界した先祖たちに対する務め（先祖たちが死後の世界において満ち足りるようにする儀式）を何世代にもわたって果たしてきたが、それは新しいアイデンティティを得た新しい土地ではよりどころとならなかった。詩の一節一節はアメリカのいくつかの州で、ジーンズをはき、ソーダを飲み、髪を縮れ毛にし、英語を話していることを描いているが、次のような 2 行で終わっている（Lim, 1998, p. 42）。

　　Woman with the lost name,
　　Who will feed you when you die?
　　失った名前の女よ
　　おまえが死んだら誰がおまえを養うのだ？

衣服、飲み物、ことばといった表面的なイメージによって、豊かな文化的伝統、家族の忠誠、務めと義務とがある事実から離れることにはならない。それらが 18 行の詩の背後にあるのだ。
　もう 1 つ別のレベルの解釈として、Lim 自身が述べているが（1994, p. 27）、「この詩に表現された経験は、英語を話すアジア人女性作家の不安定な状況のアナロジーなのだ。英語と「結婚」する際に、自己が危険にさらさ

れるが、それは母文化から疎遠になっているということだ」。この詩を余すところなく解釈すれば、アジア、特に中国の豊かな文化的遺産に気づかされる一方で、接触文学の作家の状況を知らしめられる。

　ジェスチャー、姿勢、視線などの非言語行動のパターンは、人間が相互行為の中で意味を伝達するのに用いる記号体系の一部である。3つの英語円圏における英語文学には、異なった文化の読み手は誤解しそうな興味深く参考になる、この記号に関する情報がある。例えば、アジア、アフリカ、アメリカ先住民を含めた多くの文化では、子どもや若年者は年長者、教師が話しかけている際には頭と視線を低くし、沈黙を保つことが期待されている。アングロアメリカの文化では、やりとりをしている相手を見ないことは、話し手を見られない人のよこしまな根性の表れと考えられる。文化ごとのジェスチャーとその意味の詳細な研究は、Adams（1987）, Hall（1959）, McNeil（2000）, Molcho（1985）, Morris（1978）, Payatos（1988）, Woflgang（1984）などで知ることができる。

　識字社会において書くということは、言語行動の一部であり、それはまた種々の慣習によって制御されている（Ferdman *et al*., 1994; Freebody and Welch, 1993; Heath, 1983; Y. Kachru, 1997a, 1997b, 1997c; Scribner and Cole, 1981）。まず1つに、識字に関する調査によると、識字実践の目的、ドメイン、ジャンル、修辞方略は、様々な社会ごとに異なっている（Y. Kachru, 2001a, 2001b, 2001c）。第2に、ある特定のドメイン、ジャンルにおいて書きことばを制御している慣習は、修辞方略と同様、かなりの程度に文化固有のものである（第9章参照）。

　言語と文化の接触は、多くの世界の文学において、雑種受精とジャンルのハイブリッド化という結果をもたらしたが、これまで述べてきたように、文学ジャンルは文化によって異なっている。英語で書かれた日本の俳句、西洋風の小説や歌詞、南アジアの文学におけるペルシャのガザルとマスナヴィスなどがその例である（これらの文学形式の説明についてはRusell, 1999を参照のこと）。本書の目的から言えば、魅力的なのは世界の文学における英語という言語の実験と文化変容である。

● 創造性の指数 ●

　創造的な作家が英語を用いてとる修辞方略は、同じ内容の2つの版でAchebeが例示している（B. Kachru, 1986a（1990年版), p. 162における引用）。Achebeは次の例が「英語の使用に私がどうアプローチするかを示している」と述べている。

> 4. a. I want one of my sons to join these people and be my eyes there. If there is nothing in it you will come back. But if there is something then you will bring back my share. The world is like a mask, dancing. If you want to see it well, you do not stand in one place. My spirit tells me that those who do not befriend the white man today will be saying, "had we known," tomorrow.

> 4. a. 私は息子のうちの誰かがこの人たちに加わって、そこで私の目となってくれることを望む。そこに何もなければ、もどってくればよい。だが、何かがあれば、私の分も持ち帰ってほしいのだ。世界は踊る仮面のようなものだ。それをよく見たければ、同じ場所にとどまっていてはいけない。私の精神が私に告げている、今日白人の友とならないものは「あのとき知っていれば」と明日言っているだろう、と。

Achebeはさらにこう言っている。「もし別の言い方をするならば、こうなるだろう。例えば、」

> 4. b. I am sending you as my representative among these people—just to be on the safe side in case the new religion develops. One has to move with the times or else one is left behind. I have a hunch that those who fail to come to terms with the white man may well re-

gret their lack of foresight.

4. b. 私はおまえをあの人々の中に私の代表として送ろう。新しい信仰が芽生えないよう安全なところにいるように。時が来れば去らねばならない。さもなくば取り残される。白人と折り合いがつかないものは先見の明がないことを悔いるであろうという虫の知らせがする。

4b のバージョンは修辞方略の点で、内円圏標準英語のバージョンに近いが、Achebe は「内容は同じだが、一方の形式は柄にあったもので、もう一方はそうではない」と主張している。すなわち、4a のバージョンはナイジェリア人の修辞方略により近いのである。

Rao（1963, pp. vii-viii）は早くから同様のことを述べて、彼の小説『カンサプーラ（*Kanthapura*）』で本能的に用いている修辞方略を説明している。

5. There is no village in India, however mean, that has not a rich sthala-purana or legendary history of its own... The Puranas are endless and innumerable. We have neither punctuation nor the treacherous "ats" and "ons" to bother us—we tell one interminable tale. Episode follows episode, and when our thoughts stop our breath stops, and we move on to another thought. This was and still is the ordinary style of our story telling. I have tried to follow it myself in this story.

5. たとえどんなに卑しくとも豊かなサラプラーナ（sthalapurana）、つまり固有の伝説的な歴史のない村はインドにはない。プラーナ（Puranas）は終わりがなく、無数だ。われわれには煩わしい句読点もなければ、頼りにならない "ats" も "ons" もない。いつ果てるともない話なのだ。エピソードにエピソードが続き、思考が止まれば息も止まり、さらに次の思考へと移る。これはわれわれの物語の語りの日常的なス

タイルであったし、いまもそうである。私自身もこの物語の中でもそれに従おうとした。

西アフリカのツツイラも同じスタイルを持っており、あらゆる内円圏英語の散文の句読法とリズムの規範を曲げたものだ（Taiwo, 1976, p. 76）。

> 6. When he tried all his power for several times and failed and again at that moment the smell of the gun powder of the enemies' gun which were shooting repeatedly was rushing to our noses by the breeze and this made us fear more, so my brother lifted me again a very short distance, but when I saw that he was falling several times, then I told him to leave me on the road and run away for his life perhaps he might be safe so that he would be taking care of our mother as she had no other sons more than both of us...

> 6. 彼がすべて力を出し切って、それでもだめで、そのときまた何度も繰り返し発した敵の火薬の臭いがして、それが風に乗ってわれわれの鼻をつき、これでまたわれわれは恐れおののき、兄が私をまた少し離れたところまでかかえていくんだが、兄が何度も倒れているのを見た私は、自分を道ばたに置いて、自分は助かるように逃げてくれと言ったけど、たぶん彼は助かれば母の世話ができるし、なぜならわれわれ以外に息子はいないし、……

この言語の「再整備」のいくつかは、無意識のものだが、あるものは意識的で努力を要するものだ。それはアフリカの作家 Okara（1964, p. 137）のことばからも明白である。

> In order to capture the vivid images of African speech, I had to eschew the habit of expressing my thoughts first in English. It was difficult at first, but I had to learn. I had to study each probable Ijaw expression. I used to

discover a situation in which it was used in order to bring out the nearest meaning in English.

> アフリカ人のことばを生き生きとしたイメージでとらえるには、まず英語で自分の考えを表現するという習慣をやめなければならなかった。最初は難しかったが、習得せねばならなかった。私はイジョのあらゆるありそうな表現を学ばなければならなかった。英語で最も近い意味をもたらすのに、そういう表現を用いる状況をよく発見したものだった。

これは、次の文章で明らかなように文体的な成功を収めることになる（Okara, 1964, p. 26）。

> 7. It was the day's ending and Okolo by a window stood. Okolo stood looking at the sun behind the tree tops falling. The river was flowing, reflecting the fininishing sun, like a dying away memory. It was like an idol's face, no one knowing what is behind. Okolo at the palm trees looked. They were like women with hair hanging down, dancing, possessed. Egrets, like white flower petals strung slackly across the river, swaying up and down, were returning home. And, on the river, canoes were crawling home with bent backs and tired hands, paddling.

> 7. それはその日の終わりのことだった。オコロがまどのそばに立っていた。オコロは木のてっぺんの向こうの太陽が沈むのに目を向けて立っていた。川は、終わりを迎えた太陽を反射して流れていた。まるで死に絶える記憶のようだった。それは、偶像の顔のようで、誰もその背後にあるものがわからなかった。オコロは見た、ヤシの木々を。それは、何かに取り憑かれて、髪をたらし、踊っている女たちのようだった。シラサギは、白い花弁のように連なってゆっくりと川を渡り、上下に揺れて、家路についていた。そして、川の上では、丸まった背中と疲れた手でこいでいるカヌーがゆっくりと帰って行った。

上の抜粋は修辞方略のよい例だが、加えて、話し手書き手は、語彙、イディオム、メタファーのレベルで多くの装置を用いて、創造的な潜在性を表現している（第7章を参照のこと）。

● 様々な文脈で英語文学を教える ●

これまで言語と文化の学習に文学作品が適切であることを論じてきた。当然、言語教育の授業で文学を教える最良のアプローチはいかなるものかという問いが生じる。

とりうる方法は種々ある。例えば、様々な地域の多くの作家の短編を読み、その言語使用、筋の組み立て、人物設定などを比較するというのもその1つであろう。これは多少伝統的な文学研究の流れにあるものと言える。

また、受講者に作品を読みながら「声に出して考える」ことをさせ、それを記録するというのも一案であろう（Black, 1995）。この「声に出して考える」のプロトコル（Think-aloud protocols）を読み手と教師がともに分析することによって、読み手が理解、解釈に関してどこに困難を覚えるかを知ることができるかもしれない。これはまた様々な研究の目的にも用いられてきた（例えば翻訳、第二言語における読書および文学教育。第二言語の読書についてはDavis and Bistodeau（1993）、翻訳についての文献についてはJääskeläinen（2002）、プロトコルの分析の方法論についてはEricsson and Simon（1993）など）。また、この方法論を用いて世界の英語の分野でも研究がなされている。

Courtright（2001）はこの方法論を利用して、文化的に異なった読み手たちが英語の文学作品を読み、解釈するプロセスを調査した。この方法は基本的に「何かをしているときに考えていることや感じていることを言語化させる」というものである（Patton, 2002）。彼女が選んだ作品は、ナイジェリアのChinua Achebe、インドのAnita Desaiというともに外円圏英語地域の著名な作家である。用いたのは短編 The Madman（Achebe）、と A Devoted Son（Desai）で、6人の読み手から「声に出して考える」プロトコルを引き出すテクストとした。2人のナイジェリア人と2人のインド人がCourtrightを補助して、テクストを精査し、「（社会文化的な）代表性、批評的容認可能性、

多言語的な創造性」（p. 46）を吟味した。調査中、読んだものに対する反応はすべて記録された。ストーリーはある単位ごと、通常はパラグラフごとに分けられ、読み手は読みながら単位ごとに声に出してコメントをするよう求められた。

　被調査者たちは、まず最初に「そのセクションについて理解したこと」、次にそこまでのテクスト全体の流れの中でその「意義」と感じることを述べ、最後に「テクストのあらゆる面について疑問に思ったことについて質問をした」（p. 51）。Courtright は、「最初の 2 つのタスクは Smith の理解と解釈というレベルにほぼ相当し、3 つ目は理解のあらゆるレベルの諸側面に関わっている」と述べている（p. 51）（これらの概念については第 4 章を参照のこと）。

　読み手の反応は様々で、例えば、Achebe の *The Madman* の中の「小さな村の市場」などのようなシーンをインドの同じようなシーンに結びつけて解釈したインド人や「気づけば自分の能力以上にストーリーを理解したいと思うようになっていた」というアメリカ人の読み手がいた。このアメリカ人は次のようにコメントしている。

> 市場の秘密の部分に無防備に触れる文化的なタブーに関しては、あまりにも暗黙裏にされていることが多かった。それが何か晴れ晴れとしたことではないことはわかるが、断片的に理解できる以上の意味が非常に多いように感じた。

しかしながら、読み手たちは異なった文化を理解しようという挑戦を心から楽しんでいた。

　読み手が自ら何を読んでいるか、それをいかに理解しようとしているか、あるいは理解できないかを意識させるこの方法は、焦点を当てた特定のテクスト、あるいは文学テクスト一般に対する批判的鑑賞力を高めるのに大いに役に立つ。それはまた自らの文化の伝統にある文学に対する意識を高め、慣れ親しんだ文学作品も新しい視点で眺めることを促すかもしれない。

● おわりに ●

　もちろんすべての授業で英語文学を教えることができるわけではない。文学作品が理解可能で、わかりやすく、解釈できるように背景にあるあらゆる社会文化的なコンテクスト情報を教える時間は十分にないからだ。しかし、様々な英語からテクストを思慮深く選び、言語的文体的新鮮さや文化的なテーマに気づかせ意識化することが不可能であるということではない。実際、わずかながらも新しいコンテクストに触れさせることで、新しい地平を拓き、受講者が文学的創造に関するほかの伝統やテクストに対して感受性を高めるということもできるかもしれない。

文献案内

Kachru, B. B. (1995b) Transcultural creativity in world Englishes and literary canons. In G. Cook and B. Seidelhofer (eds.), *Principles and Practice in Applied Linguistics: Studies in Honor of H. G. Widdowson* (pp. 271-287). Oxford: Oxford University Press.

Thumboo, E. (1992) The literary dimensions of the spread of English. In B. B. Kachru (ed.), *The Other Tongue: English across Cultures* (2nd edn.) (pp. 255-282). Urbana, IL: University of Illinois Press.

課題

1. Ashcroft *et al.* (1989, pp. 8-10) は「ポストコロニアル文学の主な特徴は配置と退去への関心である」と主張している。彼（女）らは、「正当で能動的な自己感覚」は強制移住、奴隷化、契約労働などの「自発的」移動によってもたらされた「転位」によって影響を受けたかもしれない。それはまた、自ら優位だと主張する土着の人種と文化によって文化的に蔑まれ、抑圧されてきたかもしれない。結果として生まれる「視野の阻害と自己イメージの危機」は「『場所』の構築」に表現を見出す。さらに彼（女）らは「場所の経験とそれを記述する言語とにあるギャップが、

ポストコロニアルのテクストの古典的で、普遍的な特徴である」と示唆している。それが「Raja Rao のようなインド人の作家や Chinua Achebe のようなナイジェリアの作家が新しいコンテクストで異なったふうに使えるように、言語を変容させる必要があった理由である。外円圏もしくは拡大円圏の作家、もしくは内円圏の「マイノリティ」作家による文学テクストを読んで、上の主張がどれくらい妥当か見てみよう。

2. Philip（1989）や Bhatt（1988）、あるいは好きな作家の詩の全篇をよく読んで、彼（女）らが自らのバイリンガリズム、あるいはマルチリンガリズムに不快なものを感じていないかどうかを見てみよう。

終章　世界の英語：遺産と関連性
Conclusion: World Englishes: Legacy and Relevance

● はじめに ●

　これまでの章で、ポストコロニアルの、急速にグローバル化する世界という現在の状況における英語の広がりと機能について簡潔に説明してきた。人間の一自然言語が地球上の様々な国と地域にわたって広がったことで、広く言語学の文献で論じられてきたように様々なコミュニティにおける英語の土着化と文化変容をもたらし、多様性を生み出す結果となった。このプロセスは、地域のニーズと慣習に応じて文法構造と言語使用とに影響を与えてきた。文法的な多様性は、音声、リズム、語彙、語形成のプロセス、句、文パターン、イディオムとメタファー、談話構造と方略に表れている。言語学の文献には言語接触、言語収斂と、アラビア語、ラテン語、ペルシャ語、サンスクリット語など長年広範囲のコミュニケーションに用いられた言語に対する影響の例が満載である。本書ではこれまでの章で英語に関わる新奇で創造的な例を挙げてきた。様々なコンテクストにおける英語の使用は、種々のジャンルや、丁寧表現の慣習、コード混合、コード切り替え、文学作品の新しいキャノンなどに表れている。これら多言語、多文化的コンテクストのあらゆる資源はいまは世界の英語の遺産の一部である。

● 態度とイデオロギー ●

　しかしながら、この豊かさは、態度とイデオロギーという観点から言えば

コストをともなっていた。これまでの章ではこの問題を扱ってこなかったが、それは重要ではないからではなく、この本の焦点が多様性の具体的な表れについての意識を高めることにあったからである。そうすることで、英語という同じ媒体を用いる世界中の様々な地域の人々が、共通の目的を達成するために、お互いの英語変種を用いる方法に適応することができるかもしれないからである。この結論の章では、態度とイデオロギーによって持ち上がる顕著な問題について手短に論じる。コミュニケーションに関わるものは決して態度とイデオロギーと無縁であることはできないという事実から、これは理にかなったものだろう。態度とイデオロギーのために起こる懸念は大きく2つに分けることができる。1つは、3つの英語円圏での言語政策および言語計画の中での英語の位置づけ、特にその教育的、言語学的、社会的含意、標準化、法令化[†1]についてであり、いま1つは、教育や職場などのドメインで以前は地域の言語によって担われていた地位を英語がとって代わるようになって起こった、言語的な多様性と言語的な人権を保持しようというイデオロギー上の問題である。

　世界中にいる英語の学習者は、人類史上最大の言語学習者集団である。概算は様々だが、世界中で10億人以上の学習者が英語のクラスを受講していると言われている。[†2] これは学習者をかかえるすべての国がいつ、どのようにどの種の英語を教えるべきかの決断をせねばならないということを意味している。加えて、英語を教えることと他の地域の言語を教えることとにどのような関連づけをするかについても決断せねばならない。これはわれわれが最も関心を持つ言語政策と言語計画、すなわち事業の教育的状況という領域の問題である。まちがいなく教育の状況は、行政、ビジネス、商業、法制度、メディアなどほかの状況においてなされる決断に強く影響を受ける。これらは言語教育の状況においても必ず議論になることがらである。

　グローバル化し知識が瞬時に行き渡るこの時代にあって、すべての国家は

[†1] これらのトピックについての慣習的な内円圏の見方については、Canagarajah（2005）, B. Kachru（1985a, 1988a）, Lowenberg（1986b）, Pakir（1991）, Parakrama（1995）を参照のこと。Quirk（1985, 1988, 1989）も見よ。

[†2] ウェブサイト http://esl.about.com/od/englishlearningresources/f/f_eslmarket.htm を参照のこと（2006年1月3日アクセス）。

世界の中での繁栄と高い地位を確かにするよう市民に備えさせる必要性に気づいている。競争力を高めるために、多国籍企業による事業、国際貿易、外交、科学技術における専門領域などにおいてうまくやっていかなければならない。また、革新的でなければならず、世界の知識データベースにも貢献しなければならない。これらの目的を達成するために、世界中で最も広く用いられている媒体、英語を利用することができる必要がある。国連、APEC (Asia-Pacific Economic Cooperation)、ASEAN (Association of South East Asian Nations)、EU、IMF (International Monetary Fund)、南アジア地域協力連合 (South Asian Association for Regional Cooperation)、WTO (World Trade Organization) などの国際組織においては圧倒的大多数は英語で業務を行う。情報工学の主たる媒体も英語である。世界中のどの言語よりも英語による出版物によって知識が創造され、分配されている。世界のほとんどの政府と教育機関が徐々に、子どもたちが小中学校のレベルで英語による読み書きができることを求める政策を実行しているのも無理はないのである（例えば、参考文献にある、インドの動向についてのNCERTの文書（2000）、日本のアクションプランについてはMEXTの文書（2003）などを参照のこと）。

教育問題

しかしながら、そのような決断は3つの英語円圏において広く論議されている多くの教育上の問題を生み出している。[†3] 内円圏では英語イマージョン対バイリンガル教育に関するという議論があるが、それはアメリカ、イギリス、オーストラリア、カナダ、ニュージーランドにおける、移民集団の第一言語の維持、移民の子どもたちをESL（第二言語としての英語）のクラスに入れるか普通クラスに入れるかという問題に連なっている。[†4] 外円圏、

---

†3　世界での英語の教育、テストに関する問題の議論には、Agnihotri and Khanna (1994), Bamgboṣe et al. (1995), Baumgardner (1993), Baxter (1980), Davidson (1993a, 1993b), Gill et al. (1995), Gupta and Kapoor (1991), Hinkel (1999), B. Kachru (1976, 1977, 1981b, 1986f, 1988b, 1990a, 1996a), Y. Kachru (1993a, 1994), Lowenberg (1986a, 1988, 1992), Quirk and Widdowson (1985), K. Sridhar (1989), S. Sridhar (1994), K. Sridhar and S. Sridhar (1992), Strevens (1980, 1988), Swales (1985), Tickoo (1991), Tollefson (1995), Widdowson (1979, 1984), Williams (1989), Yap (1978) などを参照のこと。

拡大円圏においては、母語（mother tongue）教育対他言語（"other" tongue）教育について、その方法論、適切な教科書、教育現場で教えられる英語のモデルなどについて激しい議論がなされている。[†5] 拡大円圏では、外部モデル、とりわけアメリカ英語、イギリス英語が依然として好まれ続けているが、[†6] オーストラリアも ELT の分け前にあずかろうと懸命になっている。中国、日本、ヨーロッパなどの外円圏、拡大円圏では、ELT（ESL、EFL（外国語としての英語）ともに）の訓練を受けた自国の教師が調達可能である場合にアメリカ、イギリスから教師を「輸入」することに関する論争もある。[†7]

　これらの問題は ELT との関わりで認識され、研究されている。教材や教授法に加えて、百科事典、ハンドブック、第二言語以降の言語習得研究の理論的基盤など、補助的素材を生み出すプロセスや実践も公刊された文献で扱われている（B. Kachru, 2005a の特に第 6 章を参照のこと）。いわゆる「ネイティブスピーカー」志向の偏見と先入観にも焦点を当て、疑問が投げかけられてきた（Ferguson, 1982）。すべての英語円圏において、「先天的」ネイティブが「機能的」ネイティブからいかに挑戦を受けているかに関しても議論されている（B. Kachru, 1997b, p. 217）。ELT の中で（TESL の修士号コースのカリキュラムにおいても英語の授業においても）世界の英語が導入されるべきかについても Brown（1995）や Brown and Peterson（1997）などの研究で論じられている。ある言語や変種の使用者であることの意味についての様々な構想が、コード混合やコード切り替え、多言語話者の創造性などの現象が研究されるにつれて、形成され、さらには再形成されている。[†8] 英語の「所有者」という狭い見方が直面する議論は、言語の性質と合わせて識字の正典（キャノン）および正典性の領域にまで及んでいる。[†9] 英語教育の拡大

[†4] 例えば、Crawford（2000）、Cummins（2001）、Glenn（1996）、Gomez et al.（2005）、Nero（2006）、Ovando and McLaren（2000）、Tosi（1984, 1988）などを参照のこと。
[†5] 規範についての一般的な議論には Clyne（1992）、インドについては、Agnihotri（2001）、韓国については Baik（1994）と Baik and Shim（1995）、フィリピンについては、Bautista（1997）、テクストを含めた言語教育に関する種々のトピックのギリシャについては、Dendrinos（1992）、教育の一般的問題については Devaki et al.（1990）、B. Kachru（1986f, 1988a, 1991, 1992, 1995a, 1996c, 1997b）、Nicholls（1995）、Pakir（1994, 1997, 1999）、Ricento（2000）、Smith（1983）、Tickoo（1988, 1991, 1995）などを参照のこと。
[†6] タイについては Newbrook（1999）、マレーシアについては Said and Ng（2000）参照のこと。
[†7] 例えば、Braine（1999）、Honna and Takeshita（1998）、Seidlhofer（1999）を参照のこと。

のインパクトは言語と識字の理論、単一言語主義対二言語／多言語主義、単一文化主義対多文化主義、言語習得の認知的基盤の理論にまで広がりを見せている。[†10]

これまで言及してきた ELT の分野において取り上げられてきた問題は、世界の英語の研究にきわめて重要な関連性を持っており、この分野の出版物がそのことをはっきりと示している。

イデオロギー問題

世界の言語の現在の外観という文脈で言うと、英語は、少なくともある人たちにはときにヒドラ（ギリシャ神話の多頭獣）のイメージを想起させる（Bailey, 1992）。言語帝国主義、言語覇権主義、言語的人権といったトピックは英語の状況に関する言語問題に関心を持つ言語学者、社会学者、政治学者からすでに注目を集めてきた。英語が広まったという事実は、イギリスの帝国主義的権力、のちにはアメリカの覇権主義的権力という視点から見られている。これら2つの内円圏英語の国々の政治的経済的優位は英語の広がりに大きな役割を担ってきた。[†11] ELT の実践に関する批判的評価（Norton and Toohey, 2004 のように）と、言語使用のドメイン（領域）が世界中の多くの言語から英語に移らんとするのを抑制し、むしろそれを逆にするために、言語の多様性の保護を擁護し、言語的人権を保護しようという声はますます高まっている。[†12] 外円圏、拡大円圏の英語教師はその声を上げ、「ネイティブスピーカー」の優位性に疑問を投げかけている。[†13]

---

†8 例えば、コード混合、コード切り替えについては、Bautista (1990, 1991), T. Bhatia (1992), T. Bhatia and Ritchie (1989), Bhatt (1996), Kamwangamalu (1989), Myers-Scotton (1993a, 1993b), Zhang (2000)、マルチリンガルの創造性については、Courtright (2001), Dissanayake (1985), B. Kachru (1986c, 1990b, 1994c, l995b, 1998b, 200la, 2002, 2005a), Lim (1993, 1994), Tawake (1990), Thumboo (1985, 1992, 1994, 2001) を参照のこと。

†9 言語の所有者については Hayhoe and Parker (1994), Strevens (1982), Widdowson (1994) の中の議論を、文学的キャノンについては Ashcroft et al. (1989), Gates (1992), B. Kachru (1994c, 1995b, 2005a) を参照のこと。

†10 例えば、識字については Hasan and Williams (1996), Hinkel (2002)、第一言語主義対二言語／多言語主義、単一文化主義対多文化主義については Grosjean (1982), Hakuta (1986), S. Sridhar (1992), S. Sridhar and K. Sridhar (1980)、第二言語習得における社会化と認知の相互作用については Watson-Gegeo (2004) を参照のこと。

†11 Mazaferro (2002), Pennycook (1994), Phillipson (1992), Tsuda (1994, 2002) を参照のこと。

● 人間の知識と相互行為における英語 ●

　これらの問題と疑問は当然のものであり、さらなる議論は世界の英語の現状の複雑さへの理解を促進する。しかしながら、これらの論争で失われていることは人間の知識を構成する一部としての言語の本質に関する重要な点である。ボンベイ（現ムンバイ）最高司法裁判所裁判官として、V. M. Tarkunde がおよそ 40 年前に、「少し考えればわかるだろうが、国家は言語を持つが、言語は国籍を持たない」と述べている（Shah, 1968, p. vi）。知識の場としての英語は、いまやそれを知り、それを用いる人たちのものである。したがって、これまでの章での主なトピックは依然として英語使用者の実践的な関心事の多くにとって中心であり続けている。Sledd（1993, p. 275）が述べているように、もし英語が世界語として使用され続けるなら、「多様でなければならない」。なぜならそれは多様な使用者の頭の中に存在するからである。

　ますますグローバル化するコミュニティにとって、文化、コミュニティにまたがって様々な英語を用いたコミュニケーションが効果的に目的を達成するよう努めることはきわめて重要なことだ。世界の言語的な多様性が英語の隆盛によって好ましくない方向に作用するという懸念に関しては、次の McArthur（1993, p. 235）のコメントを心にとどめておく価値がある。

　　ある一言語が世界の多様性を中和するという想定はあてにならない。それにさらに考えれば、今日まで英語が広まってきても、Kachru の言う内円圏の人々の多様性——とそれにともなう緊張——を中和することはできなかったのは明らかである。英語はそれを使ったことのあるすべての集団の背景と態度を現時点で反映している。イングランドの中の階級

---

†12　Phillipson（1998, 2003）, Skutnabb-Kangas（2001）, Skutnabb-Kangas and Phillipson（1997, 1998）を参照のこと。また、Tove Skutnaab-Kangas 編纂の言語の人権についてのサイトのライティングの文献表も参照のこと。http://www.terralingua.org/Bibliographies/ToveBibA_C.html/.
†13　Braine（1999）, Canagarajah（2000）, Seidlhofer（1999）を参照のこと。

間の緊張やイングランド人、スコットランド人、ウェールズ人、アイルランド人の間の民族的緊張（まったくもっていまだ解決されていない）、いまも残るカトリック教徒、プロテスタント、ユダヤ教徒、非ユダヤ教徒の間の衝突、イギリスとアメリカの間のよく知られた対抗意識、英語と他の言語、例えばカナダにおけるフランス語、アメリカにおけるスペイン語との間の緊張関係、アフリカ、カリブ海、アメリカ、イギリスにおける白人と黒人の人種間の緊張、そして最後だが決して軽んじられるべきではない、主として白人の ENL（English as a National Language）を国語とする国の社会における生来のヨーロッパ中心的偏見（そのためにイスラム、ヒンドゥー、日本などの他の文化的な集団と分け隔てられている）など多方面にわたる。

たしかに機能的なドメインが家族とコミュニティだけに縮小した言語は生き残りのバトルに負けているわけだが、それは必ずしも外円圏、拡大円圏の英語によって引き起こされたわけではない。圧倒的大多数のケースで、言語使用の公的なドメインを引き継いでいるのは地域、州、国家の言語である。なぜなら、普遍教育が広まり、ほとんどの目的に対して地域の言語に依存した出版が空間的には横の可動性を得、経済的な地位においては縦の可動性を得たからである（地域的に普及し、経済的な地位は高まった）（南アジアの少数言語、および少数民族の言語の状況については B. Kachru *et al*., 2008 参照のこと）。世界の経済的、社会政治的制度全体が変わらない限り、いかにこのプロセスを止めたり、逆向きにすることが可能かを見ることは難しい。

同じことが内円圏においても当てはまる。親は上向きの可動性（経済的上昇）が得られるという意味で子どもに遺産となると考える言語を身につけさせようとする。それは先祖伝来の言語の価値を下げるものではない。依然として、それは民族的アイデンティティと誇りのために奨励されるかもしれない。[†14]

● おわりに ●

　近い将来、教育における英語と国際的な場面におけるその使用に対する要請は高まる運命にある。この傾向がどれくらい長く続くかは定かではないが、世界が多言語化の方向に急速に向かっていることを示す兆候はなさそうだ。しかしながら、はっきりしていることは、すべての英語の使い手は、どの英語円圏の出であろうとも、2つ以上の英語の変種に対して感受性を高めなければならないということだ。ELT の職務も含めたすべての英語教育に関わる機関は、多様性に適応できることが、共通の目的を達成するために言語を用いる様々なコンテクストにおいて、異文化コミュニケーションの成功の鍵だということを認識しなければならない（Savignon and Berns, 1984）。リンガフランカとしての英語といった概念を促進しようとする試みは、いかに善良な意図を持っていたとしても、結局のところ、先に触れた Sledd の言う「多種性（variousness）」を無視した新たな単一の規範を規定することに帰着してしまう。本書で選んだトピックとその扱い方は、英語の変わりつつある状況に対する適応を容易にするかもしれない要因に目を向けさせる小さな試みである。[†15]

　われわれは本書の主題に入る多くの異なった領域を暗に示してきた。ここで取り上げたトピック——一方では言語の多様性に関する言語的人権を調整する、言語の社会的使用に関連の深い政策と計画、他方では、現代の社会政治的、経済的世界秩序の中での標準化と法令化の必要性、さらには言語習得の識字的、認知的基盤の研究から言語教育に洞察を与えることなど——すべてが、世界の英語研究の関心事である。

[†14] 学習リソースとしての継承言語の扱いについては Cummins（2005）、アメリカ、オーストラリアの継承言語に対する見方については、Hornberger（2005）、カナダでの傾向については、Tavares（2000）、第二言語習得のコンテクストにおける継承言語については、Valdés（2005）を参照のこと。
[†15] リンガフランカとしての英語（English as Lingua Franca, ELF）のアプローチについては Jenkins（2006）と Seidlhofer（2004）、このアプローチへの批判については、Prodromou（2007）を参照のこと。

世界の英語の研究は理想化された「国家を持った」英語を中心とした「エリート主義的」アプローチを好み、ピジン、クレオールやいわゆる「準標準的」方言は無視しているという主張は、誤解に基づいており、この分野の広がりに精通していないためになされている（Bolton and B. Kachru, 2006, 2007 の諸論文を参照のこと）。人間社会は、常にある言語より別の言語を好む。それは、宗教、社会、経済、機能など様々な種類のステイタスの印としてである。そして、標準化は常に教育において鍵となる働きをしてきた。必要なことはいかなる変種の価値も損なわない、世界の英語へのアプローチである。そのアプローチではそのコンテクストにおける変種の持つ機能と、それぞれの変種によってその使用者たちがいかに目的を実現するのに力を得るかを研究している。それは、Romain の観察（1997 [2006], p. 151）に反映されている。彼女は「英語の統一性、相互理解の保持、母語話者の規範へのアクセス、えせ科学の議論のためという配慮をよそおって、1つの標準を他のものの標準に押しつけようとする」のは「規範破り」の外円圏と「規範作り」の内円圏（B. Kachru, 1985a）との間にある人工的な障壁を強化し、すべての人たちが入れる1つの円圏を持つべき時が来たと言っている。

　本書の目的は、これまで論じてきたような問題に対する意識を高め、さらなる調査研究の課題と可能性を論じることである。また、世界の英語の研究の理論的、方法論的、応用的側面が、アフリカ、アジア、ヨーロッパ、中東その他の世界中の地域での、より広範囲でのほかの言語でのコミュニケーションについての思考と研究を刺激することをわれわれは望んでいる。

文献案内

Ammon, U. (2000) Towards more fairness in international English: linguistic rights of non-native speakers? In R. Phillipson (ed.), *Rights to Language: Equity, Power and Education. Celebrating the 60th Birthday of Tove Skutnabb-Kangas* (pp. 111-116). Mahwah, NJ: Lawrence Erlbaum Associates.

Cummins, J. (2005) A proposal for action: strategies for recognizing heritage language competence as a learning resource within the mainstream classroom. *Modern Language Journal*, 89 (4), 585-592.

Kachru, B. B. (2002) On nativizing *Mantra:* identity construction in Anglophone Englishes. In R. Ahrens, D. Parker, K. Stierstorfer, and K.-K. Tam (eds.), *Anglophone Cultures in Southeast Asia: Appropriations, Continuities, Contexts* (pp. 55-72). Heidelberg: Universitätsverlag.

Phillipson, R. (1998) Globalizing English: are linguistic human rights an alternative to linguistic imperialism? In P. Benson, P. Grundy, and T. Skutnabb-Kangas (eds.), *Language Rights*. Special volume of *Language Sciences*, 20 (1), 101-112.

Tsuda, Y. (2002) The hegemony of English: problems, opposing views and communication rights. In G. Mazzaferro (ed.), *The English Language and Power* (pp. 19-31). Torino: Edizioni dell'Orso.

課題

1. 上のリストの Tsuda（2002）と B. Kachru（2002）を読み比べ、自分のいま置かれているコンテクストとの関連について議論してみよう。

2. 上のリストの Ammon（2000）を読んで批判的に議論してみよう。

訳者あとがき

　本書は Yamuna Kachru and Larry E. Smith（2008）*Cultures, Contexts, and World Englishes*. Routledge. の邦訳である。

　Y. Kachru 氏は、本書出版時の Braji Kachru 氏とともにつくられているウェブサイト www.kachru.com によると、アメリカ University of Illinois at Urbana-Champaign の名誉教授であり、1960年代後半に始まった彼女のアカデミックキャリアの前半はヒンドゥー語の統語論に研究の中心が置かれている。刊行物を見る限り、その後、1980年代ごろから、徐々に語用論、談話分析、レトリックに関心が移り、2000年前後からは第二言語学習・習得、世界の英語、異文化コミュニケーションの問題にエネルギーを傾注しているようである。2008年出版の本書はその結実の1つである。

　共著者 Larry E. Smith 氏は、原著の裏表紙の紹介によれば、21世紀のリーダー育成のための組織 Christopher, Smith & Associates LLC の会長であり、ハワイの East-West Center での研究員、役員、International Association for World Englishes の理事長などを歴任し、本書の共著者の夫であり同じく著名な世界の英語の研究者である、Braj B. Kachru とともに専門誌 *World Englishes: Journal of English as an International and Intranational Language* を立ち上げ、この分野の著書も豊富な人物である。

　本書は「世界の英語」をそれが置かれた状況と、特にそのコミュニケーションのコンテクストにおける相互理解に焦点を当てて論じている。したがって、「世界の英語」をコミュニケーションの言語学、社会言語学という視点から考える研究書であると同時に、「世界の英語」を材料としたこれらの分野の手引きという性格も兼ね備えており、「世界の英語」の多様性と言語政策上の問題が論じられることの多い同テーマの類書と差別化できる内容となっている。分量的にも、「世界の英語」と「社会言語学」いずれのトピックの授業のテクストとしても適当なものになっていると思う。

　「世界の英語」、もしくは「世界英語」（本書は後者の物々しさを避けて前

者の用語を採用）のインパクトは、お気づきの通り、日本語では表現しにくい。言うまでもなく、それは World Englishes という English の複数形だ。「新英語」という言葉も同様に流通しているが、それも New Englishes である。英語の複数形という意味で言うならば、以前から「イギリス英語」、「アメリカ英語」、「オーストラリア英語」という英語の複数の「種類」は認識されていたわけだが、Englishes という言い方がなされるのは、一般に言う英語圏、本書で言う英語の内円圏以外の、アジア、アフリカなどを含めた、もとは英語を話していなかった地域の英語についてであることが多いだろう。異種多様な英語が置かれた現実世界の状況は、Englishes という表現の、尋常ならざる語感に反映されているように思う。

　この先、英語はどのように変わっていくだろう。英語の多様性は多くの人々が認識しているが、一方で英語内円圏のイギリスやオーストラリアでは、特に若い世代の英語の「アメリカ化」が指摘されている。収斂か、さらなる多様化か。言語には人々をまとめる力と、他の人々との差異を生み出そうとする力の両方が働く。その背後にある主たる要因はコミュニケーションおよび相互理解であり、それらが置かれているコンテクストである。「世界の英語」の諸問題を考えることは、まさにわれわれの日常の言語とコミュニケーションを考えることと、明日のわれわれの言語とコミュニケーションを考えることにほかならない。言うまでもなく、母語ではない英語を話し、また話さざるをえない、特にこれからの時代のわれわれ日本人にとっての道案内でもある。

　本書が、このような趣旨が正しく理解され、この分野を学ぶ大学生、大学院生、研究者らの手引きとなり、「世界の英語」のまっただ中を航行する実業人たちの羅針盤となれば、訳者一同それ以上の喜びはない。もちろん原著者らにとってもそうであろう。

　末筆ながら、本書の訳出を辛抱強くお待ちくださり、本書の細部にわたって適切なご助言とご助力を賜った慶應義塾大学出版会の石塚礼美氏に記して篤く御礼を申し上げる。

2013 年 5 月

訳者一同

参考文献

Abd el-Jawad, H. R. S. (2000) A linguistic and sociopragmatic and cultural study of swearing in Arabic. *Language, Culture, and Curriculum*, 13(2), 217-240.

Abdulaziz, M. M. H. (1991) East Africa (Tanzania and Kenya). In J. Cheshire (ed.), *English around the World: Sociolinguistic Perspectives* (pp. 391-401). Cambridge: Cambridge University Press.

Abercrombie, D. (1951) R. P. and local accent. *The Listener*, 6, 385-386. [Reprinted in D. Abercrombie (ed.) (1965) *Studies in Phonetics and Linguistics* (pp. 10-15). London: Oxford University Press.]

―――― (1967) *Elements of General Phonetics*. Chicago: Aldine Publishing Co.

Achebe, C. (1965) English and the African writer. *Transition*, 18, 27-30.

Adams, T. W. (1987). *Body English: A Study of Gestures*. Glenview, IL: Scott, Foresman.

Agnihotri, R. K. (2001) English in Indian education. In *Language Education in Multilingual India* (pp. 186-209). Edited by C. J. Daswani. New Delhi: UNESCO.

Agnihotri, R. K. and Khanna, A. L. (eds.) (1994) *Second Language Acquisition: Sociocultural and Linguistic Aspects of English in India*. New Delhi: Sage.

Albert, E. M. (1972) Culture patterning of speech behavior in Burundi. In J. J. Gumperz and D. Hymes (eds.), *Directions in Sociolinguistics: The Ethnography of Communication* (pp. 72-105). New York: Holt, Rinehard and Winston.

Al-Khatib, M. A. (2001) The pragmatics of letter writing. *World Englishes*, 20(2), 179-200.

Allan, K. (1980) Nouns and countability. *Language*, 56(3), 541-567.

Allison, R. (ed.) (1996) *Dictionary of Caribbean English Usage*. Oxford: Oxford University Press.

―――― (ed.) (1996) *Dictionary of Caribbean English Usage*. New York: Oxford University Press.

Allsopp, R. and Allsopp, J. (eds.) (1996) *Dictionary of Caribbean English Usage, with a French and Spanish Supplement*. Oxford: Oxford University Press.

Ammon, U. (2000) Towards more fairness in international English: Linguistic rights of non-native speakers? In R. Phillipson (ed.), *Rights to Language: Equity, Power and Education. Celebrating the 60th Birthday of Tove Skutnabb-Kangas* (pp. 111-116).

Mahwah, NJ: Lawrence Erlbaum Associates.

Anderson, S. and Lightfoot, D. (2002) *The Language Organ: Linguistics as Congnitive Psychology*. Cambridge: Cambridge University Press.

Argyle, M. and Cook, M. (1976) *Gaze and Mutual Gaze*, Cambridge: Cambridge University Press.

Asante, M. K. (1987) *The Afrocentric Idea*. Philadelphia: Temple University Press.

Ashcroft, G. G., Griffith, G., and Helen, T. (1989) *The Empire Writes Back: Theory and Practice in Post-colonial Literatures*. London and New York: Routledge.

Aston, G. (1977) Comprehending value: Aspects of the structure of argumentative discourse. *Studi Italiani di Linguistica Teorica ed Applicata*, 6, 465-509.

Austin, J. L. (1962) *How to Do Things with Words*. Oxford: Clarendon Press.

Baik, M. J. (1994) *Language, Ideology, and Power: English Textbooks of Two Koreas*. Seoul: Thaehaksa.

Baik, M. J. and Shim, R. J. (1995) Language, culture, and ideology in the English textbooks of two Koreas. In M. L. Tickoo (ed.), *Language and Culture in Multilingual Societies: Viewpoints and Visions* (pp. 122-138). Singapore: Seameo Regional Language Centre.

Bailey, R. W. (1992) *Images of English*. Cambridge: Cambridge University Press.

Bailey, R. W. and Görlach, M. (eds.) (1982) *English as a World Language*. Ann Arbor; University of Michigan Press.

Bamgboṣe, A. (1992) Standard Nigerian English: Issues of identification. In B. B. Kachru (ed.), *The Other Tongue: English across Cultures* (2nd edn) (pp. 148-161). Urbana, IL: University of Illinois Press. [First edn. (1982), pp. 99-111.]

―――― (1998) Torn between the norms: Innovations in world Englishes. *World Englishes*, 17(1), 1-14.

Bamgboṣe, A., Banjo, A., and Thomas, A. (eds.) (1995) *New Englishes: A West African Perspective*. Ibadan: Mosuro.

Bamio, E. O. (1991) Nigerian Englishes in Nigerian English Literature. *World Englishes*, 10(1), 7-17.

Banjo, A. (1997) Aspects of the syntax of Nigerian English. In E. W. Schneider (ed.), *English around the World 2: Caribbean, Africa, Asia, Australasia: Studies in Honor of Manfred Görlach* (pp. 85-118). Amsterdam and Philadelphia: John Benjamins.

Bao, Z. (2001) Two issues in the study of Singapore English phonology. In V. Ooi (ed.), *Evolving Identities: The English Language in Singapore and Malaysia* (pp. 69-78).

Singapore: Times Academic Press.

Bartlett, F. C. (1932) *Remembering*. Cambridge: Cambridge University Press.

Baskaran, L. (1994) The Malaysian English mosaic. *English Today*, 37(10), 27-32.

Basso, K. (1970) "To give up on words": Silence in Western apache culture. *Southwestern Journal of Anthropology*, 26, 213-230.

Bateson, G. (1972) *Steps to an Ecology of Mind: Collected Essays in Anthropology, Psychiatry, Evolution, and Epistemology*. Aylesbury: Intertext.

Baumgardner, R. J. (1987) Using Pakistani Newspaper English to teach grammar. *World Englishes*, 6(3), 241-252.

―――― (1993) *The English Language in Pakistan*. Karachi: Oxford University Press.

Bautista, Ma. L. S. (1990) Tagalog-English code-switching revisited. *Philippine Journal of Linguistics*, 21(2), 15-29.

―――― (1991) Code-switching studies in the Philippines. *International Journal of the Sociology of Language*, 88, 19-32.

―――― (ed.) (1996) *Readings in Philippine Sociolinguistics* (2nd edn). Manila: De La Salle University Press.

―――― (ed.) (1997) *English is an Asian Language: The Philippine Context*. Sydney: Macquarie Library Pty Ltd.

Bautista, Ma. L. S. and Bolton, K. (eds.) (2004) Philippine English: Tensions and transitions. Special issue of *World Englishes*, 23(1), 1-210.

Baxter, J. (1980) How should I speak English? American-ly, Japanese-ly, or internationally? *JALT Journal*, 2, 31-61.

Beaugrande, R. de and Dressler, W. (1981) *Introduction to Text Linguistics*. London: Longman.

Bell, A. and Holmes, J. (1991) New Zealand. In J. Cheshire (ed.), *English around the World: Sociolinguistic Perspectives* (pp. 153-168). Cambridge: Cambridge University Press.

Bell, A. and Kuiper, K. (eds.) (1999) *New Zealand English (Varieties of English around the World*, vol. 25). Amsterdam: John Benjamins.

Bhatia, T. K. (1992) Discourse functions and pragmatics of mixing: Advertising across cultures. *World Englishes*, 11(2/3), 195-215.

Bhatia, T. K. and Ritchie, W. (eds.) (1989) Code-mixing: English across languages. Special issue of *World Englishes*, 8(3), 261-439.

Bhatia, V. K. (1993) *Analyzing Genre: Language Use in Professional Settings*. London and New York: Longman.

—— (1996) Nativization of job applications in South Asia. In R. Baumgardner (ed.), *South Asian English: Structure, Use, and Users* (pp.158-173). Urbana, IL: University of Illinois Press.

—— (ed.) (1997) Genre analysis and world Englishes. Special issue of *World Englishes*, 16(3).

Bhatt, R. (ed.) (1996) Symposium on constraints on code-switching. *World Englishes*, 15(3), 359-404.

Bhatt, S. (1988) Search for my tongue. In *Brunizem*. Manchester: Carcanet.

Biber, D. (1986) Spoken and written textual dimensions in English: Resolving the contradictory findings. *Language*, 62, 384-414.

Black, J. H. (1995) The "think-aloud" procedure as a diagnostic and learning tool for second-language learners. In M. Haggstrom, L. Z. Morgan, and J. A. Wieczorek (eds.), *The Foreign Language Classroom: Bridging Theory and Practice* (pp. 21-38). New York: Garland.

Bloch, M. (1991) Language, anthropology and cognitive science. *Man*, 26, 183-197.

Bloom, D. (1986) The English language and Singapore. In B. K. Kapur (ed.), *Singapore Studies: Critical Surveys of the Humanities and Social Sciences* (pp. 337-458). Singapore: Singapore University Press.

Blum-Kulka, S. (1989) Playing it safe: The role of conventionality in indirectness. In S. Blum-Kulka and J. House (eds.), *Cross-cultural Pragmatics: Requests and Apologies* (pp. 37-70). Norwood, Nj: Albex.

Bokamba, E. G. (1991) West Africa. In J. Cheshire (ed.), *English around the World: Sociolinguistic Perspectives* (pp. 493-508). Cambridge: Cambridge University Press.

—— (1992) The Africanization of English. In B. B. Kachru (ed.), *The Other Tongue: English across Cultures* (2nd edn) (pp. 125-147). Urbana, IL: University of Illinois Press. [1st edn., pp. 77-98.]

Bolton, K. (ed.) (2002) *Hong Kong English: Autonomy and Creativity*. Hong Kong: Hong Kong University Press.

—— (2003) *Chinese Englishes: A Sociolinguistic History*. Cambridge: Cambridge University Press.

—— (2004) World Englishes. In A. Davies and C. Elder (eds.), *The Handbook of Applied Linguistics* (pp. 367-396). Oxford: Blackwell Publishing.

Bolton, K. and Kachru, B. B. (eds.) (2006) *World Englishes: Critical Concepts in Lin-

guistics (Vols 1-6). London: Routledge.
—— (eds.) (2007) *Asian Englishes: History and Development of World Englishes* (Vols 1-5). London: Routledge.

Braine, George (ed.) (1999) *Non-native Speaker Educators in English Language Teaching*. Mahwa, NJ: Lawrence Erlbaum.

Branford, J. (1978) *A Dictionary of South African English*. Cape Town: Oxford University Press.

Brown, A. (1986) The pedagogical importance of consonantal features of the English of Malaysia and Singapore. *RELC Journal*, December, 1-25.

—— (1992) *Making Sense of Singapore English*. Singapore: Federal Publications.

Brown, G. and Yule, G. (1983) *Discourse Analysis*. Cambridge: Cambridge University Press.

Brown, K. (1995) World Englishes: To teach or not to teach? *World Englishes*, 14(2), 233-245.

Brown, K. and Peterson, J. (1997) Exploring conceptual frameworks: Framing a world Englishes paradigm. In L. E. Smith and M. L. Forman (eds.), *World Englishes 2000* (pp. 32-47). Honolulu: University of Hawaii Press.

Brown, P. and Levinson, S. C. (1987) *Politeness: Some Universals in Language Usage*. Cambridge: Cambridge University Press.

Brown, R. and Gilman, A. (1960) The pronouns of power and solidarity. In T. A. Sebeok (ed.), *Style in Language* (pp. 253-276). Cambridge, MA: MIT Press.

Burkhardt, A. (ed.) (1990) *Speech Acts, Meaning and Intentions: Critical Approaches to the Philosophy of John R. Searle*. Berlin: W. de Gruyter.

Butler, S. (1996) World English in an Asian context: The Macquarie Dictionary Project. *World Englishes*, 15(3), 347-357.

—— (1997a) World Englishes in an Asian context: Why a dictionary is important. In L. E. Smith and M. L. Forman (eds.), *World Englishes 2000* (pp. 90-125). Honolulu: University of Hawaii Press.

—— (1997b) Selecting South-East Asian words for an Australian dictionary: How to choose in an English not your own. In E. W. Schneider (ed.), *Englishes around the World 2: Caribbean, Africa, Asia, Australasia: Studies in Honor of Manfred Görlach* (pp. 273-286). Amsterdam and Philadelphia: John Benjamins.

Canagarajah, A. S. (2000) Negotiating ideologies throuth English: Strategies from the Periphery. In T. Ricento (ed.), *Ideologies, Politics and Language Policies: Focus on*

English (pp. 121-132). Amsterdam: John Benjamins.

——— (ed.) (2005) *Reclaiming the Local in Language Policy and Practice*. Mahwa, NJ: Lawrence Erlbaum.

Candlin, C., Bruton, C. J., and Leather, J. H. (1976) Doctors in casualty: Applying Components of communicative competence to specialist course design. *International Journal of Applied Linguistics*, 14(2), 245-272.

Candlin, C., Coleman, H., and Burton, J. (1983). Dentist-patient communication: Communicating complaint. In N. Wolfson and E. Judd (eds.), *Sociolinguistics and Language Acquisition* (pp. 56-81). Rowley, MA: Newbury House.

Cassidy, F. G. and LePage, R. B. (eds.) (2003) *Dictionary of Jamaican English* (2nd edn). Cambridge: Cambridge University Press.

Cenoz, J. and Jessner, U. (2000) *English in Europe: The Acquisition of a Third Language*. Clevedon and Buffalo: Multilingual Matters.

Cervi, D. and Wajnryb, R. (1992) Coping with Aussie English. *English Today*, 8(2), 18-21.

Chafe, W. L. (1972) Discourse structure and human knowledge. In R. O. Freedle and J. B. Carroll (eds.), *Language Comprehension and the Acquisition of Knowledge* (pp. 41-69). Washington, DC: V. H. Winston.

——— (1980) The deployment of consciousness in the production of a narrative. In W. L. Chafe (ed.), *The Pear Stories: Congnitive Cultural, and Linguistic Aspects of Narrative Production* (pp. 41-69). Norwood, NJ: Ablex.

——— (1982) Integration and involvement in speaking, writing and oral literature. In D. Tannen (ed.), *Spoken and Written Language: Exploring Orality and Literacy* (pp. 35-54). Norwood, NJ: Ablex.

Chambers, J. K. (1991) Canaba. In J. Cheshire (ed.), *English around the World: Sociolinguistic Perspectives* (pp. 89-107). Cambridge: Cambridge University Press.

Chan, R. (1991) The Singaporean and Malaysian speech communities. In S. Alladina and V. Edwards (eds.), *Multilingualism in the British Isles (Africa, Middle East and Asia)* (pp. 207-220). New York: Longman.

Cheshire, J. (ed.) (1991) *English around the World: Sociolinguistic Perspectives*. Cambridge: Cambridge University Press.

Chisanga, T. (1987) An investigation into the forms and functions of educated English in Zambia. Unpublished doctoral dissertation, York University, UK.

Chishimba, M. M. (1991) Southern Africa. In J. Cheshire (ed.), *English around the*

World: Sociolinguistic Perspectives (pp. 435-445). Cambridge: Cambridge University Press.

Cicourel, A. V. (1967) The acquisition of social structure: Towards a developmental sociology of language and meaning. *Rassegna Italiana di Sociologia*, 9. [Reprinted in In A. V. Cicourel (ed.) (1974), *Cognitive Sociology: Language and Meaning in Social Interaction* (pp. 42-73). New York: The Free Press.]

Clyne, M. (1983) *Linguistics and written discourse in particular languages: Contractive studies: English and German*. Annual Review of Applied Linguistics, 3, 38-49.

―――― (1992) *Pluricentric Languages: Differing Norms in Different Nations*. Berlin and New York: Mouton de Gruyter.

Coates, J. and Cameron, D. (eds.) (1988) *Women in their Speech Communities*. Harlow: Longman.

Collins, P. and Blair, D. (eds.) (1989) *Australian English: The Language of a New Society*. St Lucia: University of Queensland Press.

Comrie, B. (1975) Antiergative. In R. E. Grossman, L. J. San, and T. J. Vance (eds.), *Papers from the 11th regional meeting of the Chicago Linguistic Society* (pp. 112-121). Chicago: University of Chicago.

Connor, U. and Kaplan, R. (eds.) (1987) *Writing across Languages: Analysis of L2 Text*. Reading, MA: Addison-Wesley.

Corbett, G. G. (1976) Address in Russian. *Journal of Russian Studies*, 31, 3-15.

Courtright, M. S. (2001) Intelligibility and context in reader responses to contact literary texts. Unpublished doctoral dissertation, University of Illinois at Urbana-Champaign.

Crawford, J. (2000) *At War with Diversity: US Language Policy in an Age of Anxiety*. Clevedon: Multilingual Matters.

Crewe, W. J. (ed.) (1977) *The English Language in Singapore*. Singapore: Eastern University Press.

Cruz, I. R. and Bautista, Ma. L. S. (eds.) (1995) *A Dictionary of Philippine English*, Metro Manila: Anvil Publishing Inc.

Crystal, D. (1998) *Language Play*. Harmondsworth: Penguin.

Cummins, J. (2001) Language, power, and pedagogy: Bilingual children in the crossfire. Clevedon: Mulitlingual Matters.

―――― (2005) A proposal for action: Strategies for recognizing heritage language competence as a learning resource within the mainstream classroom. *Modern Language*

Journal, 89(4), 585-592.

Dautermann, J. (1995) A case for examining professional voices in institutional settings: Nurses in conversation. *Studies in the Linguistic Sciences*, 25(2), 193-213.

Davidson, F. (ed.) (1993a). Symposium on testing across cultures. *World Englishes*, 12(1), 85-125.

────── (1993b) Testing English across cultures: Summary and comments. *World Englishes*, 12(1), 113-125.

Davis, J. N. and Bistodeau, L. (1993) How do L1 and L2 reading differ? Evidence from think aloud protocols. *The Modern Language Journal*, 77(4), 459-471.

de Clerk, V. (1996) *Focus on South Africa (Varieties of English around the World*, vol. 15). Amsterdam and Philadelphia: John Benjamins.

De Ersson, E. O. and Shaw, P. (2003) Verb complementation patterns in Indian Standard English. *English World-Wide*, 24(2), 137-161.

de Kadt, E. (1993) Language, power, and emancipation in South Africa. *World Englishes*, 12(2), 157-168.

Dendrinos, B. (1992) The EFL Textbook and Ideology. Athens, NC: Grivas Publications.

Deneire, M. G, and Goethals, M. (eds.) (1997) English in Europe. Special issue of *World Englishes*, 16(1), 1-134.

Desai, A. (1978) A Devoted Son. In *Games at Twilight* (pp. 70-81). London: Penguin Books.

Devaki, L., Ramasamy, K., and Srivastava, A. K. (1990) *An Annotated Bibliography on Bilingualism, Bilingual Education and Medium of Instruction*. Mysore: Central Institute of Indian Languages.

Dissanayake, W. (1985) Towards a decolonized English: South Asian creativity in fiction. *World Englishes*, 4(2), 233-242.

Dooling, J. D. and Lachman, R. (1971) Effects of comprehension on retention of prose. *Journal of Experimental Psychology*, 88, 216-222.

D'souza, J. (1988) Interactional strategies in South Asian languages: Their implications for teaching English internationally. *World Englishes*, 7(2), 159-171.

Dubey, V. D. (1991) The lexical style of Indian English newspapers. *World Englishes*, 10(1), 19-32.

Duncan Jr, S. (1980) Some notes on analyzing data on face-to-face interaction. In M. R. Key (ed.), *The Relationship of Verbal and Nonverbal Communication* (pp. 127-138). The Hague: Mouton.

Duncan Jr, S. and Donald W. Fiske (1977) *Face-to-face Interaction: Research, Methods, and Theory*. New York: Lawrence Erlbaum Associates.

Eades, D. (1982) You gotta to know how to talk...: Ethnography of information seeking in Southeast Queensland aboriginal society. *Australian Journal of Linguistics*, 2(1), 61-82.

Edelsky, C. (1981) Who's got the floor? *Language in Society*, 10, 383-421.

Eisikovits, E. (1989) Girl-talk/boy-talk: Sex differences in adolescent speech. In P. Collins and D. Blair (eds.), *Australian English: The Language of a New Society* (pp. 35-54). Brisbane: University of Queensland Press.

Erickson, F. (1982) Money tree, lasagna bush, salt and pepper: Social construction of topical cohesion in a conversation among Italian-Americans. In D. Tannen (ed.), *Analyzing Discourse: Text and Talk* (pp. 43-70). Washington, DC: Georgetown University Press.

Ericsson, K. A. and Simon, H. A. (1993) *Protocol Analysis: Verbal Reports as Data*. Cambridge, MA: The MIT Press.

Evans-Pritchard, E. E. (1948) *The Divine Kingship of the Shiluk of the Nilotic Sudan*. Cambridge: Cambridge University Press. [Also in E. E. Evans-Pritchard (ed.) (1962) *Essays in Social Anthropology* (pp. 66-86). New York: Free Press of Glencoe.]

Ferdman, B., Weber, R., and Ramirez, A. (eds.) (1994) *Literacy across Languages and Cultures*. Albany, NY: State University of New York Press.

Ferguson, C. A. (1976) The structure and use of politeness formulas. *Language in Society*, 5, 137-151.

―――― (1982) Foreword. In B. B. Kachru (ed.), *The Other Tongue: English across Cultures* (pp. vii-xi). Urbana, IL: University of Illinois Press.

Ferguson, C. A. and Heath, S. B. (1981) *Language in the USA*. Cambridge: Cambridge University Press.

Firth, A. (1991) Discourse at work: Negotiating by telex, fax, and phone. Unpublished doctoral dissertation, University of Aalborg, Denmark.

Firth, J. R. (1957a) *Papers in Linguistics in 1934-1951*. London: Oxford University Press. (大束百合子訳 (1975)『ファース言語論集1:1934-51』研究社出版)

―――― (1957b) A synopsis of linguistic theory. In F. R. Palmer (ed.) (1968), *Selected Papers of J. R. Firth, 1952-59* (pp. 168-205). London: Longman. (大束百合子訳 (1978)『ファース言語論集2:1952-59』研究社出版)

Fishman, P. M. (1983) Interaction: The work women do. In B. Thorne, C. Kramarae, and N. Henley (eds.), *Language, Gender and Society* (pp. 89-102). Rowley, MA: Newbury House Publishers.

FitzGerald, H. (2003) *How Different Are We? Spoken Discourse in Intercultural Communication*, Clevedon: Multilingual Matters.（村田泰美監訳、重光由加・大谷麻美・大塚容子訳（2010）『文化と会話スタイル——多文化社会・オーストラリアに見る異文化間コミュニケーション』ひつじ書房）

Foley, J. (ed.) (1988) *New Englishes: The Case of Singapore*. Singapore: Singapore University Press.

——— (1995) English in Mauritius. *World Englishes*, 14(2), 205-222.

Frank, J. (1988) Miscommunication across cultures: The case of marketing in Indian English. *World Englishes*, 7(1), 25-36.

Freebody, P. and Welch, A. R. (1993) *Knowledge, Culture, and Power: International Perspectives on Literacy as Policy and Practice*. Pittsburgh, PA: University of Pittsburgh Press.

Freedle, R. O. (1979) *New Directions in Discourse Processing*. Norwood, NJ: Ablex.

Frenck, S. and Min, S. J. (2001) Culture, reader and textual intelligibility. In E. Thumboo (ed.), *The Three Circles of English* (pp. 19-34). Singapore: University Press.

Gargesh, R. (2004) The phonology of English in India. In R. Mesthrie (ed.), *Varieties of English: Africa/Southeast Asia/India* (pp. 187-197). Berlin: Mouton de Gruyter.

Gates Jr, H. L. (1992) *Loose Canons: Notes on the Culture Wars*. New York: Oxford University Press.

Geertz, C. (1973) *The Interpretation of Cultures: Selected Essays*. New York: Basic Books.（吉田禎吾・中牧弘允・柳川啓一・板橋作美訳（1987）『文化の解釈学 (1-2)』岩波書店）

Giles, H. (1973) Accent mobility: A model and some data. *Anthropological Linguistics*, 15, 87-105.

Giles, H. and Coupland, N. (1991) *Language: Contexts and Consequences*. Open University Press.

Giles, H., Mulac, A., Bradack, J. J., and Johnson, P. (1987) Speech accommodation theory: The next decade and beyond. In M. McLaughlin (ed.), *Communication Yearbook 10* (pp. 13-48). Newbury Park: Sage.

Gill, S. K. et al. (eds.) (1995) *INTELEC '94: International English Language Education Conference, National and International Challenges and Responses*. Bangi, Malaysia: Pusat Bahasa Universiti Kebangsaan Malaysia.

Ginsberg, M. (1932) *Sociology*. London: Oxford University Press.

Givón, T. (1979) *On Understanding Grammar*. New York: Adacemic Press.

――― (1989) *Mind, Code and Context: Essays in Pragmatics*. Hillsdale, NJ: Erlbaum.

Glauser, B., Schneider, E. W., and Görlach, M. (1993) *A New Bibliography of Writings on Varieties of English 1984-1992/93*. Amsterdam/Philadelphia: John Benjamins.

Glenn, C. (1996) *Educating Immigrant Children*. New York: Garland Publishers.

Goffman, E. (1955) On face-work: An analysis of ritual elements in social interaction. *Psychiatry: Journal for the Study of International Processes*, 18, 319-346.

――― (1967) *Interaction Ritual: Essays in Face-to-face Behavior*. Chicago: Aldine Publishing Company. (浅野敏夫訳 (2012)『儀礼としての相互行為――対面行動の社会学〈新装版〉』法政大学出版局)

――― (1974) *Frame Analysis: An Easy on the Organization of Experience*. Cambridge, MA: Harvard University Press.

Gomez, L., Freeman, D., and Freeman, Y. (2005) Dual language education: A promising 50-50 model. *Bilingual Research Journal Online*, 29(1), 145-164.

Goodwin, M. H. (1990) *He-Said-She-Said: Talk as Social Organization among Black Children*, Bloomington: Indiana University Press.

Goody, E. N. (ed.) (1978) *Questions and Politeness*. Cambridge: Cambridge University Press.

Görlach, M. (1991) *Englishes: Studies in Varieties of English 1984-1988*. Amsterdam and Philadelphia: John Benjamin.

Graddol, D. (1997) *The Future of English*. London: The British Council.

Green, G. M. (1989) *Pragmatics and Natural Language understanding*. Hillsdale, NJ: Lawrence Erlbaum.

Greenbaum, S. (1990) Standard English and the international corpus of English. *World Englishes*, 9(1), 79-83.

――― (1991) ICE: The international corpus of English. *English Today*, 7(4), 3-7.

Greenbaum, S. and Nelson, G. (eds.) (1996) Studies on international corpus of English. Special issue of *World Englishes*, 15(1), 1-124.

Grice, H. P. (1975) Logic and conversation. In P. Cole and J. Morgan (eds.), *Syntax and Semantics 3: Speech Acts* (pp. 41-54). New York: Academic Press.

――― (1981) Presupposition and conversational implicature. In P. Cole (ed.), *Radical Pragmatics* (pp. 183-198). New York: Academic Press.

Grosjean, F. (1982) *Life with Two Languages*. Cambridge, MA: Harvard University Press.

Gumperz, J. J. (ed.) (1982a) *Discourse Strategies*. Cambridge: Cambridge University Press. (井上逸兵・出原健一・花崎美紀・荒木瑞夫・多々良直弘訳（2004）『認知と相互行為の社会言語学——ディスコース・ストラテジー』松柏社)

——— (ed.) (1982b) *Language and Social Identity*. Cambridge: Cambridge University press.

Gumperz, J., Jupp, T. C., and Roberts, C. (1979) *Crosstalk: A Study of Cross-cultural Communication*. London: National Centre for Industrial Language Training.

Gupta, A. F. (1993) *The Step-tongue: Children's English in Singapore*. Clevedon: Multilingual Matters.

Gupta, R. S. and Kapoor, K. (eds.) (1991) *English in India: Issues and Problems*. Delhi: Academic Foundation.

Guy, G. R. (1991) Australia. In J. Cheshire (ed.), *English around the World: Sociolinguistic Perspectives* (pp. 213-226). Cambridge: Cambridge University Press.

Gyasi, I. K. (1991) Aspects of English in Ghana. *English Today*, 7(2), 26-31.

Hakuta, K. (1986) *Mirror of Language: The Debate on Bilingualism*. New York: Basic Books.

Hall, E. T. (1959) *The Silent Language*. Garden City, NY: Doubleday. (國弘正雄・長井善見・斎藤美津子訳（1966）『沈黙のことば——文化・行動・思考』南雲堂)

——— (1960) The silent language in overseas business. *Harvard Business Review*, May-June, 87-96.

——— (1966) *The Hidden Dimension*. Garden City, NY: Doubleday. (日高敏隆・佐藤信行訳（1970）『かくれた次元』みすず書房)

——— (1984) *The Dance of Life: The Other Dimension of Time*. New York: Doubleday.

Halliday, M. A. K. (1967-1968). Notes on transitivity and theme. *Journal of Linguistics*, 3, 37-81 and 199-244; *Journal of Linguistics*, 4, 179-215.

——— (1973) *Explorations in the Functions of Language*. London: Arnold.

——— (1978) *Language as Social Semiotic*. Baltimore, MD: University Park Press.

Halliday, M. A. K. and Hasan, R. (1976) *Cohesion in English*. London: Longman. (安藤貞雄・永田龍男・高口圭転・多田保行・中川憲訳（1997）『テクストはどのように構成されるか——言語の結束性』みすず書房)

Hansell, M. and Ajirotutu, C. S. (1982) Negotiating interpretations in interethnic settings. In J. J. Gumperz (ed.), *Language and Social Identity* (pp. 85-94). Cambridge University Press.

Hasan, R. and Williams, G. (eds.) (1996) *Literacy in Society*. London and New York: Longman.

Hatim, M. (1991) The pragmatics of argumentation in Arabic: The rise and fall of a text type. *Text*, 11, 189-199.

Hayashi, R. (1987) A study of floor management of English and Japanese conversation. Unpublished doctoral dissertation, University of Illinois at Urbana-Champaign.

――― (1988) Simultaneous talk: From the perspective of floor management of English and Japanese speakers. *World Englishes*, 7, 269-288.

――― (1991) Floor structure of English and Japanese conversation. *Journal of Pragmatics*, 16(1), 1-30.

――― (1996) *Cognition, Empathy, and Interaction: Floor Management of English and Japanese Conversation* (Advances in Discourse Processes, vol. LIV). Norwood, NJ: Ablex.

Hayhoe, M. and Parkers, S. (1994) *Who Owns English?* Buckingham: Open University Press.

Heath, S. (1983) *Ways with Words: Language, Life, and Work in Communities and Classrooms*. Cambridge: Cambridge University Press.

Hecht, M. L., Larkey, L. k., and Johnson, J. N. (1992) African American and European American perceptions of problematic issues in interethnic communication effectiveness. *Human Communication Research*, 19, 209-236.

Hersey, J. (1989) *A Single Pebble*. New York: Vintage.

Hilgendorf, S. K. (1996) The impact of English in Germany. *English Today*, 47(12), 3-14.

Hill, B., Ide, S., Ikuta, S., Kawasaki, A., and Ogino, T. (1986) Universals in linguistic politeness: Quantitative evidence from Japanese and American English. *Journal of Pragmatics*, 10, 347-371.

Hinds, J. (1980) Japanese expository prose. *Papers in Linguistics*, 13, 117-158.

――― (1982) *Ellipsis in Japanese*. Carbondale, IL and Edmonton: Linguistic Research, Inc.

――― (1983) Linguistics and written discourse: English and Japanese. *Annual Review of Applied Linguistics*, 4, 75-84.

――― (1987) Reader versus writer responsibility: A new typology. In U. Connor and R. B. Kaplan (eds.), *Writing across Languages: Analysis of L2 Text* (pp. 141-152). Reading, MA: Addison-Wesley.

Hinkel, E. (ed.). (1999) *Culture in Second Language Teaching and Learning*. Cambridge: Cambridge University Press.

───── (2002) *Second Language Writers' Text: Linguistic and Rhetorical Features*. Mahwa, NJ: Lawrence Erlbaum Associates.

Ho, C. L. (1992) Word in a cultural context: Term selection. In A. Pakir (ed.), *Words in a Cultural Context* (pp. 202-214). Singapore: UniPress.

Holm, J. and Shilling, A. W. (1982) *Dictionary of Bahamian English*. Cold Spring, NY: Lexik House.

Honna, N. and Takeshita, Y. (1998) On Japan's propensity for native speaker English: A change in sight. *Asian Englishes*, 1(1), 117-137.

Hornberger, N. H. (ed.) (2005) Heritage/community language education: US and Australian perspectives. Special issue of *International Journal of Bilingual Education and Bilingualism*, 8 (2&3).

Hosali, P. and Aitchison, J. (1986) Butler English: A minimal pidgin? *Journal of Pidgin and Creole Linguistics*, 1(1), 51-79.

Huddleston, R. (1984) *Introduction to the Grammar of English*. Cambridge: Cambridge University Press.

Hulme, K. (1985) *The Bone People*. New York: Viking Press.

Hundt, M. (1998) *New Zealand English Grammar: Fact of Fiction?* Amsterdam and Philadelphia: John Benajmins Publishing Company.

Hymes, D. (1964) Toward ethnographies of communication: The analysis of communicative events. In. P. P. Giglioli (ed.), *Language and Social Context* (pp. 21-44). Harmondsworth: Penguin.

───── (1974) *Foundations in Sociolinguistics*. Philadelphia: University of Pennsylvania Press.（唐須教光訳（1979）『ことばの民族誌──社会言語学の基礎』紀伊国屋書店）

Ikoma, T. and Shimura, A. (1994) Pragmatic transfer in the speech act of refusal in Japanese as a second language. *Journal of Asian Pacific Communications*, 5(1, 2), 105-130.

Jääskeläinen, R. (2002) Think aloud protocol studies into translation: An annotated bibliography. *Target*, 14(1), 107-136.

James, A. (2000) English as a European lingua franca: Current realities and existing dichotomies. In J. Cenoz and U. Jessner (eds.), *English in Europe: The Acquisition of a Third Language* (pp. 22-38). Clevedon: Multilingual Matters.

Jenkins, J. (2000) *The Phonology of English as an International Language*. Oxford: Oxford University Press.

―――― (2006) Current perspectives on teaching World Englishes and English as a lingua franca. *TESOL Quarterly*, 40(11), 157-181.

Jenkins, S. and Hinds, J. (1987) Business letter writing: English, French and Japanese. *TESOL Quarterly*, 21, 327-349.

Jespersen, O. (1933) *Essentials of English Grammar*. London: Allen and Unwin.

Jose, F. S. (1997) Standards in Philippine English: The writers' forum. In Ma. L. S. Bautista (ed.), *English is an Asian Language: The Philippine Context* (pp. 167-169). Sydney: Macquarie Library Pty Ltd.

Jussawalla, F. and Dasenbrock, R. W. (eds.) (1992) *Interviews with Writers of the Postcolonial World*. Jackson, MI and London: University Press of Mississippi.

Kachru, B. B. (1965) The Indianness in Indian English. *Word*, 21, 391-410.

―――― (1976) Models of English for the third world: White man's linguistic burden or language pragmatics? *TESOL Quarterly*, 10, 221-239. [Also in A. Brown (ed.), *Teaching English Pronunciation: A Book of Readings* (pp. 31-52). London and New York: Routledge.]

―――― (1977) The new Englishes and old models. *English Language Forum*, 15(3), 29-35.

―――― (1981) The pragmatics of non-native varieties of English. In L. E. Smith (ed.), *English for Cross-cultural Communication* (pp. 15-39). London: Macmillan.

―――― (1983a) *The Indianization of English: The English Language in India*. New Delhi: Oxford University Press.

―――― (1983b) Normes régionales de l'anglais. In É. Bédard and J. Maurais (eds.), *La norme linguistique* (pp. 707-730). Quebec: Gourvernement du Quebec, Consel de la Langue Francaise.

―――― (1985a) Standards, condification and sociolinguistic realism: The English language in the Outer Circle. In R. Quirk and H. Widdowson (eds.), *English in the World: Teaching and Learning the Language and Literatures* (pp. 11-30). Cambridge: Cambridge University Press.

―――― (1985b) Institutionalized second language varieties. In S. Greenbaum (ed.), *The English Language Today* (pp. 211-226). Oxford: Pergamon Press. [Revised version in B. B. Kachru (1986a), pp. 19-32.]

―――― (1986a) *The Alchemy of English: The Spread, Functions, and Models of Non-na-*

tive Englishes. Oxford: Pergamon Press. [Reprinted 1990, Urbana, IL: University of Illinois Press.]

—— (1986b) Socially-realistic linguistics: The Firthian tradition. *International Journal of the Sociology of Language*, 3, 65-89.

—— (1986c) The bilingual's creativity and contact literatures. In B. B. Kachru (ed.), *The Alchemy of English: The Spread, Functions, and Models of Non-native Englishes* (pp. 159-173). Oxford: Pergamon Press.

—— (1986d) The bilinguals' creativity. *Annual Review of Applied Linguistics*, 6, 20-33.

—— (1986e) Non-native literatures in English as a resource for language teachig. In C. J. Brumfit and R. Carter (eds.), *Literature and Language Teaching* (pp. 140-149). London: Oxford University Press.

—— (1986f) The power and politics of English. *World Englishes*, 5(2/3), 121-140.

—— (1987) The past and prejudice: Toward de-mythologizing the English canon. In R. Steel and T. Threadgold (eds.), *Linguistic Topics: Papers in Honor of M. A. K. Halliday* (pp. 245-256). Philadelphia: J. Benjamin.

—— (1988a) The spread of English and sacred linguistic cows. In P. Lowenberg (ed.), *Georgetown Round Table on Languages and Linguistics 1987* (pp. 207-228). Washington, DC: Georgetown University Press.

—— (1988b) ESP and non-native varieties of English: Toward a shift in paradigm. In D. Chamberlain and R. Baumgardner (eds.), *ESP in the Classroom: Practice and Evaluation* (pp. 9-28). London: Macmillan.

—— (1990a) World Englishes and applied linguistics. *World Englishes*, 9(1), 3-20.

—— (1990b). Cultural contact and literary creativity in a multilingual society. In J. Toyama and N. Ochner (eds.), *Literary Relations East and West* (pp. 194-203). Honolulu: University of Hawaii Press.

—— (1991) Liberation linguistics and the Quirk concern. *English Today*, 7(1), 1-13.

—— (1992a) The second diaspora of English. In T. W. Machan and C. T. Scott (eds.), *English in its Social Contexts: Essays in Historical Sociolinguistics* (pp. 230-252). New York: Oxford University Press.

—— (ed.) (1992b) *The Other Tongue: English Across Cultures*. Urbana, IL: University of Illinois Press. [2nd Revsd edn.]

—— (1994a) English in South Asia. In R. Burchfield (ed.), *Cambridge History of the English language* (Vol. V) (pp. 497-553). Cambridge: Cambridge University Press.

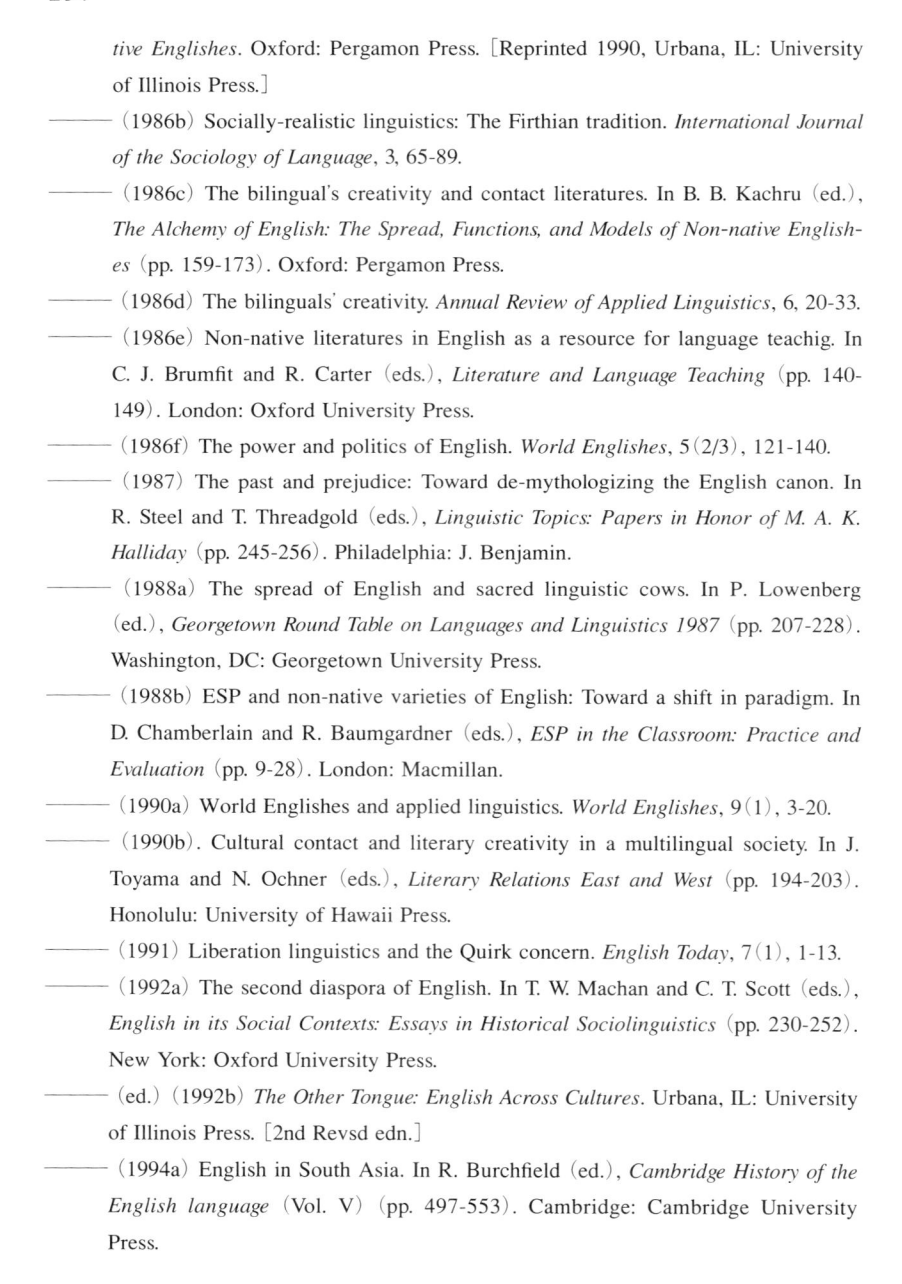

―――― (1994b) Englishization and contact linguistics. *World Englishes*, 13(2), 135-154.

―――― (1994c) The speaking tree: A medium of plural canons. In J. E. Alatis (ed.), *Educational Linguistics, Crosscultural Communication, and Global Interdependence. Georgetown Round Table on Languages and Linguistics 1994.* (pp. 6-22). Washington, DC: Georgetown University Press.

―――― (1995a) Teaching world Englishes without myths. In S. K. Gill (ed.), *INTELEC ' 94: International English Language Education Conference, National and International Challenges and Responses* (pp. 1-19). Bangi, Malaysia: Pusat Bahasa Universiti Kebangsaan Malaysia.

―――― (1995b) Transcultural creativity in world Englishes and literary canon. In G. Cook and B. Seidlhofer (eds.) *Principle and Practice in Applied Linguistics: In Honour of Henry Widdowson* (pp. 271-287). Oxford: Oxford University Press.

―――― (1996a) World Englishes: Agony and ecstasy. *Journal of Aesthetic Education*, 30 (2), 135-155.

―――― (1996b) English as lingua franca. In H. Goebl, P. H. Nelde, Z. Stáry, and W. Wölck (eds.), *Contact Linguistics: An International Handbook of Contemporary Research* (pp. 906-913). Berlin and New York: Walter de Gruyter.

―――― (1996c) The paradigms of marginality. *World Englishes*, 15(3), 241-255.

―――― (1997a) World Englishes and English-using communities. *Annual Review of Applied Linguistics*, 17, 67-87.

―――― (1997b) World Englishes 2000: Resources for research and teaching. In L. E. Smith and M. L. Forman (eds.), *World Englishes 2000* (pp. 209-251). Honolulu: University of Hawaii Press.

―――― (1997c) English as an Asian language. In Ma. L. S. Bautista (ed.), *English is an Asian Language: The Philippine Context* (pp. 1-23). Sydney, Australia: Macquarie Publishing House.

―――― (1998a) Language in Indian society. In S. N. Sridhar and N. K. Mattoo (eds.), *Ananya: A Portrait of India* (pp. 555-585). New York: The Association of Indians in America.

―――― (1998b) Raja Rao: *Madhyama and Mantra*. In R. L. Hardgrave (ed.), *Word as Mantra: The Art of Raja Rao* (pp. 60-87). New Delhi: Katha.

―――― (2001a) World Englishes and culture wars. In C. K. Tong, A. Pakir, K. C. Ban, and R. Goh (eds.), *Ariels: Departures and Returns—Essays for Edwin Thumboo* (pp. 391-414). Singapore: Oxford University Press.

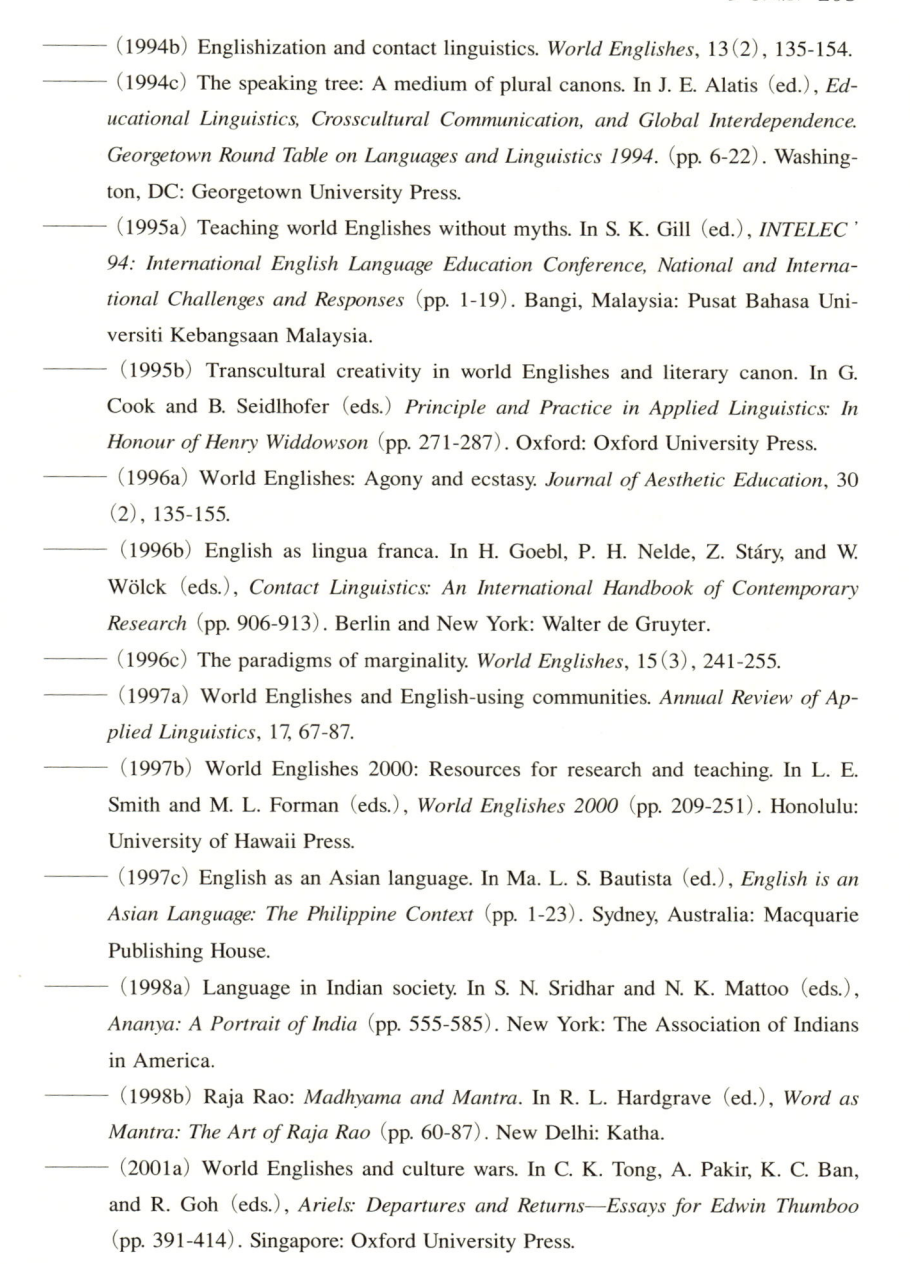

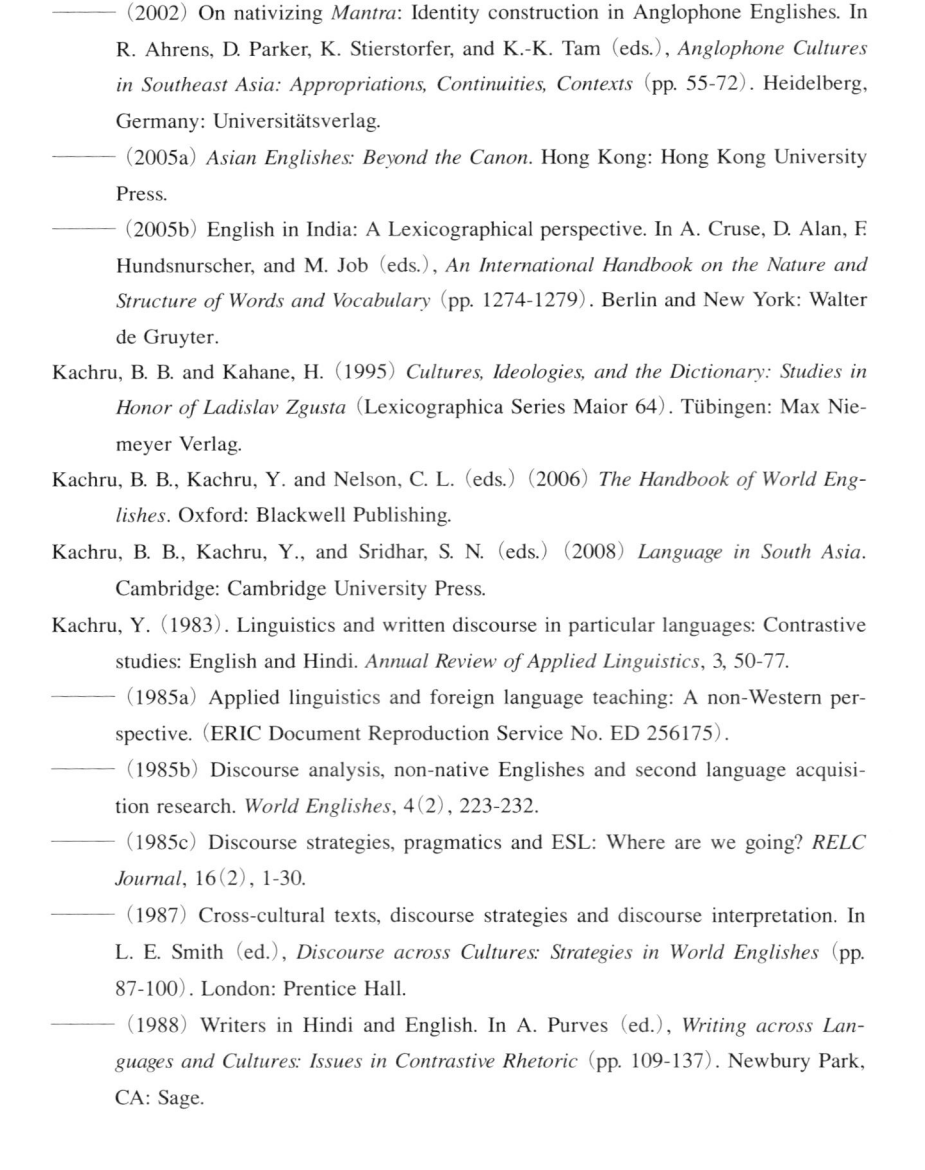

―― (2001b) A medium of Shakti: Metaphorical constructs of world Englishes. *Asian Englishes, An International Journal of the Sociolinguistics of English in Asia/Pacific*, 4(2), 42-53.

―― (2002) On nativizing *Mantra*: Identity construction in Anglophone Englishes. In R. Ahrens, D. Parker, K. Stierstorfer, and K.-K. Tam (eds.), *Anglophone Cultures in Southeast Asia: Appropriations, Continuities, Contexts* (pp. 55-72). Heidelberg, Germany: Universitätsverlag.

―― (2005a) *Asian Englishes: Beyond the Canon*. Hong Kong: Hong Kong University Press.

―― (2005b) English in India: A Lexicographical perspective. In A. Cruse, D. Alan, F. Hundsnurscher, and M. Job (eds.), *An International Handbook on the Nature and Structure of Words and Vocabulary* (pp. 1274-1279). Berlin and New York: Walter de Gruyter.

Kachru, B. B. and Kahane, H. (1995) *Cultures, Ideologies, and the Dictionary: Studies in Honor of Ladislav Zgusta* (Lexicographica Series Maior 64). Tübingen: Max Niemeyer Verlag.

Kachru, B. B., Kachru, Y. and Nelson, C. L. (eds.) (2006) *The Handbook of World Englishes*. Oxford: Blackwell Publishing.

Kachru, B. B., Kachru, Y., and Sridhar, S. N. (eds.) (2008) *Language in South Asia*. Cambridge: Cambridge University Press.

Kachru, Y. (1983). Linguistics and written discourse in particular languages: Contrastive studies: English and Hindi. *Annual Review of Applied Linguistics*, 3, 50-77.

―― (1985a) Applied linguistics and foreign language teaching: A non-Western perspective. (ERIC Document Reproduction Service No. ED 256175).

―― (1985b) Discourse analysis, non-native Englishes and second language acquisition research. *World Englishes*, 4(2), 223-232.

―― (1985c) Discourse strategies, pragmatics and ESL: Where are we going? *RELC Journal*, 16(2), 1-30.

―― (1987) Cross-cultural texts, discourse strategies and discourse interpretation. In L. E. Smith (ed.), *Discourse across Cultures: Strategies in World Englishes* (pp. 87-100). London: Prentice Hall.

―― (1988) Writers in Hindi and English. In A. Purves (ed.), *Writing across Languages and Cultures: Issues in Contrastive Rhetoric* (pp. 109-137). Newbury Park, CA: Sage.

―――― (ed.) (1991) Symposium on speech acts in world Englishes. *World Englishes*, 10 (3), 295-340.

―――― (1992) Culture, style and discorse: Expanding noetics of English. In B. B. Kachru (ed.), *The Other Tongue: English across Cultures* (2nd edn) (pp. 340-352). Urbana, IL: University of Illinois Press.

―――― (1993a) Review of L. Selinker, *Redicovering interlanguage*. *World Englishes*, 12 (2), 265-273.

―――― (1993b) Social meaning and creativity in Indian English speech acts. In J. E. Alatis (ed.), *Language, Communication, and Social Meaning. Georgetown Round Table on Languages and Linguistics 1992* (pp. 378-387). Washington, DC: Georgetown University Press.

―――― (1994) Monolingual bias in SLA research. *TESOL Quarterly*, 28(4), 795-800.

―――― (1995a) Contrastive rhetoric and world Englishes. *English Today*, 11(1), 21-31.

―――― (1995b) Cultural meaning and rhetorical styles: Toward a framework for contrastive rhetoric. In G. Cook and B. Seidlhofer (eds.), *Principles and Practice in Applied Linguistics: Studies in Honor of H. G. Widdowson* (pp. 171-184). London: Oxford University Press.

―――― (1997a) Culture and argumentative writing in world Englishes. In L E. Smith and M. L. Forman (eds.), *World Englishes 2000* (pp. 48-67). Honolulu: University of Hawaii Press.

―――― (1997b) Cultural meaning and contrastive rhetoric in English education. *World Englishes*, 16(3), 337-350.

―――― (1997c) Culture, variation and English language education. In S. Cromwell, P. Rule, and T. Sugino (eds.) *On JALT 96: Crossing Borders. The Proceedings of the JALT 1996 Conference on Language Teaching and Learning* (pp. 199-210). Tokyo: n. p.

―――― (1997d) Culture and communication in India. In S. N. Sridhar and N. K. Mattoo (eds.), *Ananya: A Portrait of India* (pp. 645-663). New York: The Association of Indians in America.

―――― (1998a) Culture and speech acts: Evidence from Indian and Singaporean English. *Studies in The Linguistic Sciences*, 28(1), 79-98.

―――― (1998b) Context, creativity, style: Strategies in Raja Rao's novels. R. L. Hardgrave (ed.), *Word as Mantra: The Art of Raja Rao* (pp. 88-107). New Delhi: Katha.

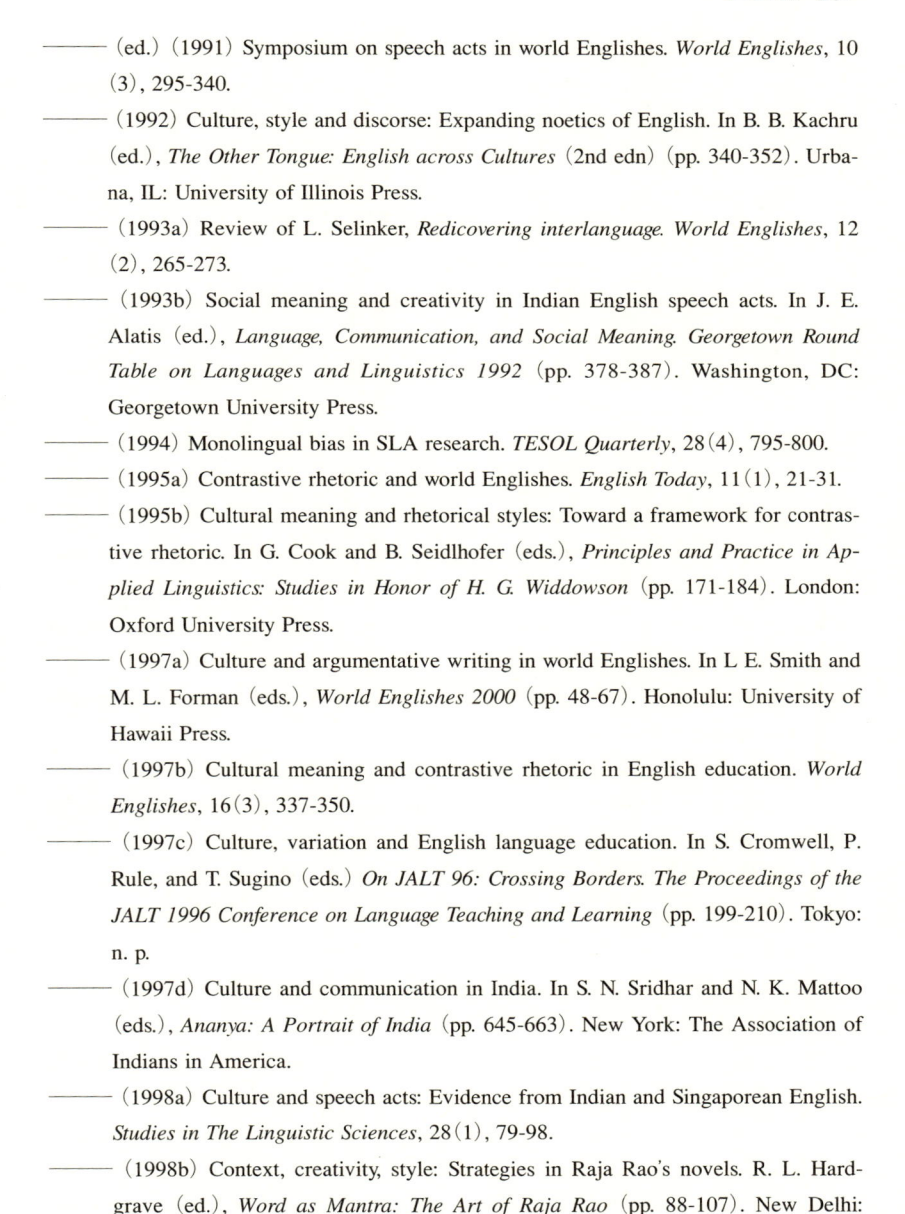

―――― (1999) Culture, context and writing. In E. Hinkel (ed.), *Culture in Second Language Teaching and Learning* (pp. 75-89). Cambridge: Cambridge University Press.

―――― (2001a) Communicative styles in world Englishes. In C. K. Tong, A. Pakir, K. C. Ban, and R. Goh (eds.), *Ariels: Departures and Returns—Essays for Edwin Thumboo* (pp. 267-284). Oxford: Oxford University Press.

―――― (2001b) Discourse competence in world Englishes. In E. Thumboo (ed.), *The Three Circles of English* (pp. 341-355). Singapore: UniPress, The Centre for the Arts, National University of Singapore.

―――― (2001c) World Englishes and rhetoric across cultures. *Asian Englishes: An International Journal of the Sociolinguistics of English in Asia/Pacific*, 3, 54-71.

―――― (2003) Conventions of politeness in plural societies. In R. Ahrens, D. Parker, K. Stierstorfer, and K.-K. Tam (eds), *Anglophone Cultures in Southeast Asia* (pp. 39-53). Heidelberg: Univesitatsverlag Winter.

―――― (2006) *Hindi*. London Oriental and African Language Library 12. Amsterdam: John Benjamins.

Kachru, Y. and Nelson, C. L. (2006) *World Englishes in Asian Contexts*. Hong Kong: Hong Kong University Press.

Kahane, H. and Kahane, R. (1979) Decline and survival of Western prestige languages. *Language*, 55, 183-198.

―――― (1986) A typology of prestige language, *Language*, 62, 495-508.

Kamwangamalu, N. (1989) A selected bibliography of studies on code-mixing and code-switching (1970-1988). *World Englishes*, 8(3), 433-440.

―――― (2001), Linguistic and cultural reincarnations of English: A case from Southern Africa. In E. Thumboo (ed.), *The Three Circles of English: Language Specialists Talk about the English Language* (pp. 45-66). Singapore: UniPress.

Kandiah, T. (1981), Lankan English schizoglossia. *English World-Wide: A Journal of Varieties of English*, 2(1), 63-81.

―――― (1991) South Aisa. In J. Cheshire (ed.), *English around the World: Sociolinguistic Perspectives* (pp. 271-287). Cambridge: Cambridge University Press.

Kaplan, R. B. (1966) Cultural thought patterns in inter-cultural education. *Language Learning*, 16(1), 1-20.

Karttunen, L. and Peters, S. (1979) Conventional implicature. In C.-K. Oh and D. A. Dinneen (eds.), *Syntax and Semantics 11: Presupposition* (pp. 1-56). New York:

Academic Press.

Katchen, J. (1982) A structural comparison of American English and Farsi expository writing. *Papers in Linguistics*, 15, 165-180.

Kathpalia, S. S. (1997) Cross-cultural variation in professional genres: A comparative study of book blurbs. *World Englishes*, 16(3), 417-426.

Koreo, K. (1988) Language habits of the Japanese. *English Today*, 15, 19-25.

Krishan, S. (ed.) (1990) *Linguistic Traits across Language Boundaries (A Report of All India Linguistic Traits Survey)*. Calcutta: Anthropological Survey of India.

Kummer, W. (1972) Aspects of a theory of argumentation. In E. Gulicha and W. Raible (eds.), *Textsorten* (pp. 25-49). Frankfurt: Anthenäum.

Labov, W. (1972a) *Language in the Inner City: Studies in the Black English Vernacular*. Philadelphia: University of Pennsylvania Press.

——— (1972b) *Sociolinguistic Patterns*. Philadelphia: University of Pennsylvania Press.

——— (1988) The judicial testing of linguistic theory. In D. Tannen (ed.), *Linguistics in Context: Connecting Observation and Understanding* (pp. 159-182). Norwood, NJ: Albex.

Lakoff, R. T. (1974) What you can do with words: Politeness, pragmatics and perfomatives. In C. Fillmore, G. Lakoff, and R. Lakoff (eds.), *Berkeley Studies in Syntax and Semantics, vol. 1* (pp. 1-55). Berkeley: Institute of Human Learning, University of California.

——— (1975) *Language and Women's Place*. New York: Harper and Row.

Laver, J. and Hutcheson, S. (eds.) (1972) *Communication in Face to Face Interaction*. Harmondsworth: Penguin Books.

Lee, J. S. and Kachru, Y. (eds.) (2006) Symposium on world Englishes in popular culture. *World Englishes*, 25(2), 191-308.

Leech, G. (1983) *Principles of Pragmatics*. New York: Longman. (池上嘉彦・河上誓作訳 (1987)『語用論』紀伊國屋書店、(2000)『語用論　復刊版』紀伊國屋書店)

Lee-Wong, S. M. (1994) Imperatives in requests: Direct or impolite—Observations from Chinese. *Pragmatics*, 4(4), 491-515.

Lewis, I. (1991) *Sahibs, Nabobs and Boxwallahs: A Dictionary of the Words of Anglo-India*. Delhi: Oxford Univeresity Press.

Li, D. (1995) English in China. *English Today*, 11(1), 53-56.

Liao, C.-C. (1997) *Comparing Directives: American English, Mandarin and Taiwanese English*. Taipei: Crane Publishing Co.

Lim, S. G.-L. (1993) Gods who fail: Ancestral religions in the new literatures in English from Malaysia/Singapore. In C. Y. Loh and I. K. Ong (eds.), *S. E. Asia Writes Back!* (pp. 224-237). London: Skoob Books Publishing.

—— (1994) *Writing South East/Asia in English: Against the Grain, Focus on Asian English-language Literature*. London: Skoob Books Publishing.

—— (1998) *What the Fortune Teller Didn't Say*. Albuquerque, NM: West End Press.

Linton, R. (1936) *The Study of Man*. New York: Appleton-Century.

Lisle, B. and Mano, S. (1997) Embracing the multicultural rhetoric. In C. Severino, J. C. Guerra, and J. E. Butler (eds.), *Writing in Multicultural Settings* (pp. 12-26). New York: The Modern Language Association of America.

Llamzon, T. A. (1997) The phonology of Philippine English. In Ma. L. S. Bautista (ed.), *English is an Asian Language: The Philippine Context* (pp. 41-48). Manila: De La Salle University Press.

LoCastro, V. (1987) Aizuchi: a Japanese conversational routine. In L. E. Smith (ed.), *Discourse across Cultures: Strategies in World Englishes* (pp. 101-113). New York: Prentice Hall.

Low, E. L. and Brown, A. (2003) *An Introduction to Singapore English*. Singapore: McGraw Hill.

Lowenberg, P. H. (1984) English in the Malay archipelago: Nativization and its functions in a sociolinguistic area. Unpublished doctoral dissertation, University of Illinois at Urbana-Champaign.

—— (1986a) Sociolinguistic context and second language acquisition: Acculturation and creativity in Malaysian English. *World Englishes*, 5(1), 71-83.

—— (1986b) Non-native varieties of English: Nativization, norms, and implications. *Studies in Second Language Acquisition*, 8(1), 1-18.

—— (ed.) (1988) *Language Spread and Language Policy: Issues, Implications and Case Studies. Georgetown University Round Table on Language and Linguistics 1987*. Washington DC: Georgetown University Press.

—— (1991) Variation in Malaysian English: The pragmatics of language in contact. In J. Cheshire (ed.), *English around the World: Sociolinguistic Perspectives* (pp. 364-375). Cambridge: Cambridge University Press.

—— (1992) Testing English as a world language: Issues in assessing non-native proficiency. In B. B. Kachru (ed.), *The Other Tongue: English across Cultures* (2nd edn) (pp. 108-121). Urbana, IL: University of Illinois Press.

Lumbera, B. (1978) Phillipine vernacular literature. In V. Toree (ed.), *A Survery of Contemporary Philippine Literature in English* (pp. 65-71). Philippines: National Book Store, Inc.

McArthur, T. (1986) The power of words: Pressure, Prejudice and politics in our vocabularies and dictionaries. *World Englishes*, 5, 209-219.

─── (ed.) (1992) *The Oxford Companion to the English Language*. Oxford: Oxford University Press.

─── (1993) The English language or the English languages? In W. F. Bolton and D. Crystal (eds.), *The English Language* (pp. 323-341). *Penguin History of Litterature*. vol. 10. London: Penguin Books.

─── (1998) *The English Languages*. Cambridge: Cambridge University Press. (山田茂・中本恭平訳 (2009)『英語系諸言語』三省堂)

─── (2001) World English and world Englishes: Trends, tensions, varieties, and standards. *Language Teaching*, 34, 1-20.

McNeil, D. (ed.) (2000) *Language and Gesture*. Cambridge: Cambridge University Press.

Magura, B. (1985) Southern African Black English. *World Englishes*, 4(2), 251-256.

Makino, S. (1970) *Two Proposals about Japanese Polite Expression—Studies Presented to Robert B. Lees by his Students* (pp. 163-187). Edmonton: Linguistic Research Inc.

Mandelbaum, D. (1970) *Society in India, vol. II: Change and Continuity*. Berkeley: University of California Press.

Martin, S. E. (1964) Speech levels in Japan and Korea. In D. Hymes (ed.), *Language in Culture and Society* (pp. 407-415). New York: Harper & Row.

Matsumoto, Y. (1989) Politeness and conversational universals: Observations from Japanese. *Multilingua*, 8, 207-221.

Mazaferro, G. (ed.) (2002) *The English Language and Power*. Alessandria: Edizioni dell' Orso.

Mencken, H. L. (1936) *The American Language: An Inquiry into the Development of English in the United States* (4th edn). New York: Knopf.

Mesthrie, R. (1992) *English in Language Shift: The History, Structure and Sociolinguistics of South African Indian English*. Cambridge: Cambridge University Press.

─── (1997) A sociolinguistic study of topicalization phenomena in South African Black English. In E. W. Schneider (ed.), *English around the World 2: Caribbean,*

Africa, Asia, Australasia: Studies in Honor of Manfred Görlach (pp. 119-140). Amsterdam: John Benjamins.

MEXT (2003) Regarding the Establishment of an Action Plan to Cultivate "Japanese with English Abilities." Available at: http://www.mext.go.jp/english/topics/03072801.htm.

Meyer, P. G. (1997) *Coming to Know: Studies in the Lexical Semantics and Pragmatics of Academic English*. Tübingen: Gunter Narr Verlag.

Miner, E. (ed.). (1972) *English Criticism in Japan*. Tokyo: University of Tokyo Press.

Minsky, M. (1975) A framework for representing knowledge. In P. H. Winston (ed.), *The Psychology of Computer Vision* (pp. 211-277). New York: McGraw-Hill. (白井良明・杉原厚吉訳 (1979)『コンピュータービジョンの心理』産業図書)

Mishra, A. (1982) Discovering connections. In J. J. Gumperz (ed.), *Language and Social Identity* (pp. 57-71). Cambridge: Cambridge University Press.

――― (1992) *English in Cross-cultural Communication*. New Delhi: Creative.

Mitchell-Kernan, C. (1972) Signifying and marking: Two Afro-American speech acts. In J. J. Gumperz and D. Hymes (eds.), *Directions in Sociolinguistics* (pp. 325-345). New York: Holt, Rinehart, & Winston.

――― (1973) Signifying. In A. Dundes (ed.), *Mother Wit from the Laughing Barrel* (pp. 310-328). New York: Garland.

Modiano, M. (1996) The Americanization of Euro-English. *World Englishes*, 15(2), 207-215.

Molcho, S. (1985) *Body Speech*. New York: St Martin's Press.

Morgan, M. (1996) Conversational signifying: Grammar and indirectness among African American women. In E. Ochs, E. A. Schegloff, and S. A. Thompson (eds.), *Interaction and Grammar* (pp. 405-434). Cambridge: Cambridge University Press.

Morris, D. (1977) *Manwatching: A Field Guide to Human Behavior*. New York: Harry N. Abrams. (藤田統訳 (1991)『マンウォッチング』小学館ライブラリー)

――― (1978) *Manwatching*. St Albans: Triad Pnther.

Mufwene, S. S. (ed.) (1997) Symposium on English-to-pidgin continua. *World Englishes*, 16(2), 181-296.

Mukherjee, B. (1972) *The Tiger's Daughter*. Boston: Houghton Mifflin.

Mukherjee, M. (1971) *The Twice Born Fiction: Themes and Techniques of the Indian Novel in English*. Delhi: Arnold-Heinemann.

Myers-Scotton, C. (1993a) *Duelling Languages: Grammatical Structure in Code-switch-*

ing. Oxford: Clarendon.

―――（1993b）*Social Motivations for Code-switching: Evidence from Africa*. Oxford: Clarendon.

Narayan, R. K.（1990）*The World of Nagaraj*. London: Heinemann.

NCERT（2000）India: education policies and curriculum at the upper primary and secondary education levels. Available at: http://www.ibe.unesco.org./curriculum/Asia%20Networkpdf/ndrepin.pdf.

Nelson, C. L.（1982）Intelligibility and non-native varieties of English. In B. B. Kachru (ed.), *The Other Tongue: English across Cultures*（pp. 58-73）. Urbana, IL: University of Illinois Press.

―――（1985）My language, your culture: whose communicative competence? *World Englishes*, 4(2), 243-50.［Also in B. B. Kachru（1992b）.］

―――（1995）Intelligibility and world Englishes in the classroom. *World Englishes*, 14(2), 273-279.

Nelson, G.（ed.）（2004）Special issue on the international corpus of English. *World Englishes*, 23(2), 225-316.

Nero, S.（2006）*Dialects, Englishes, Creoles, and Education*. Mahwa, NJ: Lawrence Erlbaum.

Newbrook, M.（ed.）（1999）*English is an Asian Language: The Thai Context*. Sydney: The Macquarie Library Pty Ltd.

Ngũgĩ, wa T.（1981）*Writers in Politics*. London and Exeter, NH: Heinemann.

―――（1986）*Decolonizing the Mind: The Politics of Language in African Literature*. London: James Currie.（宮本正興・楠瀬佳子訳（2010）『精神の非植民地化――アフリカ文学における言語の政治学』第三書館）

―――（1991）English: A language for the world? *The Yale Journal of Criticism*, 4(2), 283-293.

Nicholls, J.（1995）Cultural Pluralism and the multicultural curriculum: Ethical issues and English language textbooks in Canada. In M. L. Tickoo (ed.), *Language and Culture in Multilingual Societies: Viewpoints and Visions*（pp. 112-121）. Singapore: SEAMEO Regional Language Centre.

Nihalani, P., Tongue, R. K., and Hosali, P.（1979）*Indian and British English: A Handbook of Usage and Pronunciation*. New Delhi: Oxford University Press.

Nishiyama, K.（1995）*Japan-US Business Communication*. Dubuque, IA: Kendall/Hunt Publishing Company.

Norton, B. and Toohey, K. (2004) *Critical Pedagogies and Language Learning.* Cambridge: Cambridge University Press.

Nwoye, G. O. (1985) Eloquent silence among the Igbo of Nigeria. In D. Tannen and M. Saville-Troike (eds.), *Perspectives on Silence* (pp. 185-191). Norwood, NJ: Ablex Publishing Corporation.

——— (1992) Obituary announcements as communicative events in Nigerian English. *World Englishes*, 11(1), 15-27.

Ochs, E. (1979) Planned and unplanned discourse. In T. Givón (ed.), *Discourse and Syntax* (pp. 51-80). New York: Academic Press.

Okara, G. (1964) *The Voice.* London: Heinemann.

Ovando, C. and McLaren, P. (2000) *The Politics of Multiculturalism and Bilingual Education: Students and Teachers Caught in the Cross Fire.* Boston: McGraw-Hill.

Pakir, A. (1991) The status of English and the question of "standard" in Singapore: A sociolinguistic perspective. In M. L. Tickoo (ed.), *Language and Standards: Issues, Attitudes, Case Studies* (pp. 109-130). Singapore: SEAMEO Regional Language Centre.

——— (ed.) (1992) *Words in a Cultural Context: Proceedings of the Lexicography Workshop*, September, 9-11, 1991. Singapore: University Press.

——— (1994) Education linguistics: Looking to the East. In J. Alatis (ed.), *Educational Linguistics, Cross-cultural Communication, and Global Interdependence* (pp. 370-383). Washington DC: Georgetown University Press.

——— (1997) Standards and codification for world Englishes. In L. E. Smith and M. L. Forman (eds.), *World Englishes 2000* (pp. 169-181). Honolulu: University of Hawaii Press.

——— (1999) Bilingual education with English as an official language: Sociocultural implications. In J. E. Alatis and A.-H. Tan (eds.), *Georgetown University Round Table on Languages and Linguistics* (pp. 341-349). Washington DC: Georgetown University Press.

Pandharipande, R. (1983) Linguistics and written discourse in particular languages: Contrastive studies: English and Marathi. *Annual Review of Applied Linguistics*, 3, 118-136.

——— (1987) On nativization of English. *World Englishes*, 6(2), 149-158.

Parakrama, A. (1995) *De-hegemonizing Language Standards.* London: Macmillan.

Parret, H. (1987) Argumentation and narrativity. In F. van Eemeren, R. Grootendorst, J.

Blair, and C. Willard (eds.), *Argumentation: Across the Lines of Discipline* (pp. 165-175). Providence, RI: Foris Publications.

Patrick, P. L. (1997) Style and register in Jamaican Patwa. In E. W. Schneider (ed.), *Englishes around the World 2: Caribbean, Africa, Asia, Australasia: Studies in Honor of Manfred Görlach* (pp. 41-55). Amsterdam: John Benjamins.

Patton, M. Q. (2002) *Qualitative Research and Evaluation Methods* (3rd edn). Thousand Oaks, CA: Sage.

Payatos, F. (ed.) (1988) *Cross-cultural Perspectives in Non-verbal Communication*. Toronto: Hogrefe.

Peng, L. and Ann, J. (2001) Stress and duration in three varieties of English. *World Englishes*, 20(1), 1-27.

Pennycook, A. (1994) *The Cultural Politics of English as an International Language*. London: Longman.

Philip, M. N. (1989) Discourse on the logic of language. In *She Tries Her Tongue; Her Silence Softly Breaks*. Charlottetown, Canada: NFS Canada Series.

Philips, S. U. (1983) *The Invisible Culture: Communication in Classroom and Community on the Warm Springs Indian Reservation*. New York: Longman.

Phillipson, R. (1992) *Linguistic Imperialism*. Oxford: Oxford University Press.（平田雅博・原聖・浜井祐三子・細川道久・石部尚登・信澤淳訳（2013）『言語帝国主義——英語支配と英語教育』三元社）

―――― (1998) Globalizing English: Are linguistic human rights an alternative to linguistic imperialism? In P. Benson, P. Grundy, and T. Skutnabb-Kangas (eds.), *Language Rights*. Special volume of *Language Sciences*, 20(1), 101-112.

―――― (2003) *English-only Europe? Challenging Language Policy*. London: Routledge.

Phillipson, R. and Skutnabb-Kangas, T. (1997) Lessons for Europe from language policy in Australia. In M. Putz (ed.), *Language Choices: Conditions, Constraints and Consequences* (pp. 115-159). Amsterdam: John Benjamins.

Plank, G. A. (1994) What silence means for education of American Indian children. *Journal of American Indian Education*, 34444(1), 3-19.

Platt, J. (1977) The sub-varieties of Singapore English: Their sociolectal and functional status. In W. Crewe (ed.), *The English Language in Singapore* (pp. 83-95). Singapore: Eastern University Press.

Platt, J. and Ho, M. L. (1989) Discourse particles in Singaporean English: Substratum influences and universals. *World Englishes*, 8(2), 215-221.

Platt, J. and Weber, H. (1980) *English in Singapore and Malaysia: Status, Features, Functions*. Kuala Lumpur: Oxford University Press.

Pope, E. (1976) *Questions and Answers in English*. The Hague: Mouton.

Prodromou, L. (2007) Is ELF a variety of English? *English Today*, 23(2), 47-53.

Proshina, Z. G. (ed.) (2005) Special Issue on Russian Englishes. *World Englishes*, 24(4), 437-532.

Quinn, N. and Holland, D. (1987) *Cultural Models in Thought and Language*. Cambridge: Cambridge University Press.

Quirk, R. (1985) The English language in a global context. In R. Quirk and H. G. Widdowson (eds.), *English in the World: Teaching and Learning the Language and Literatures* (pp. 1-6). Cambridge: Cambridge University Press.

——— (1988) The question of standards in the international use of English. In P. H. Lowenberg (ed.), *Georgetown Round Table on Languages and Linguistics 1987* (pp. 229-241). Washington, DC: Georgetown University Press.

——— (1989) Language varieties and standard language. *JALT Journal*, 11(1), 14-25.

Quirk, R. and Widdowson, H. G. (eds.) (1985) *English in the World Teaching and Learning the Language and Literatures*. Cambridge: Cambridge University Press.

Quirk, R., Greenbaum, S., Leech, G., and Svartvik, J. (1972) *A Grammar of Contemporary English*. London: Longman.

——— (1985) *A Comprehensive Grammar of the English Language*. London: Longman.

Rahman, T. (1990) *Pakistani English: The Linguistic Description of a Non-native Variety of English*. Islamabad: National Institute of Pakistan Studies.

Rajadhon, P. A. (1968) *Essays on Thai Folklore*. Bangkok: Editions Duang Kamol.

Rao, G. S. (1954) *Indian Words in English: A Study of Indo-British Cultural and Linguistic Relations*. Oxford: Clarendon Press.

Rao, R. (1963) *Kanthapura*. London: George Allen and Unwin Ltd. [Originally published in 1938.]

——— (1978a) The caste of English. In C. D. Narasimhaiah (ed.), *Awakened Conscience: Studies in Commonwealth Literature* (pp. 420-422). New Delhi: Sterling.

——— (1978b) *The Policeman and the Rose*. Delhi: Oxford University Press.

Reyes, S. (1978) The hero in the contemporary Tagalog novel. In V. Toree (ed.), *A Survey of Contemporary Philippine Literature in English* (pp. 72-80). Philippines: National Book Store, Inc.

Reynolds, D. W. (1993) Illocutionary acts across languages: Editorializaing in Egyptian

English. *World Englishes*, 12(1), 35-46.
Ricento, T. (ed.) (2000) *Ideologies, Politics and Language Policies: Focus on English*. Amsterdam: John Benjamins.
Riesbeck, C. K. and Schank, R. C. (1978) Comprehension by computer: Expectation-based analysis of sentences in context. In W. Levelt and G. Flores d'Arcais (eds.), *Studies in the Perception of Language* (pp. 247-294). New York: Wiley.
Romaine, S. (1991) The Pacific. In J. Cheshire (ed.), *English around the World: Sociolinguistic Perspectives* (pp. 619-636). Cambridge: Cambridge University Press.
——— (1997 [2006]) British heresy in ESL revisited, In S. Elinsson and R. H. Jahr (eds.) *Language and its Ecology: Essays in Memory of Einar Haugen* (pp. 419-432). The Hague: Mouton. [Reproduced in K. Bolton and B. Kachru (eds.) (2006) *World Englishes: Critical Concepts in Linguistics*. (pp. 140-153). London: Routledge.]
Rubin, J. and Jernudd, B. (eds.) (1971) *Can Language be Planned? Sociolinguistic Theory and Practice for Developing Nations*. Honolulu: The University Press of Hawaii.
Rushdie, S. (1991) "Commonwealth Literature" does not exist. In *Imaginary Homelands: Essays and Criticism* (pp. 61-70). New York: Viking.
Russell, R. (1999) *How Not to Write the History of Urdu Literature and Other Essays on Urdu and Isram*. New Delhi: Oxford University Press.
Sa'adeddin, M. A. (1989) Text development and Arabic-English negative interference. *Applied Linguistics*, 10, 36-51.
Sacks, H. (1972) On the analyzability of stories by children. In J. J. Gumperz and D. Hymes (1986) (eds.), *Directions in Sociolinguistics* (pp. 325-345). New York: Holt, Rinehart, & Winston.
Sacks, H., Schegloff, E. A., and Jefferson, G. (1974) A simplest systematics for the organization of turn-taking for conversation. *Language*, 50, 696-735.
Sadock, J. M. (1974) *Toward a Linguistic Theory of Speech Acts*. New York: Academic Press.
Said, H. M. and Ng, K. S. (eds.) (2000) *English is an Asian Language: The Malaysian Context*. Persatuan Bahasa Moden Malaysia and The Macquarie Library Pty Ltd.
Sanford, A. J. and Garrod, S. C. (1981) *Understanding Written Language*. Chichester: Wiley & Sons.
Saro-Wiwa, K. (1989) *Four Farcical Plays*. London: Saros Int. Pub.
Savignon, S. and Berns, M. (1984) *Initiatives in Communicative Language Teaching*.

Reading, MA: Addison-Wesley.

Saville-Troike, M. (1982) *The Ethnography of Communication: An Introduction.* London: Basil Blackwell. [Third edn (2003) Oxford: Blackwell.]

Schachter, J. and Celce-Murcia, M. (1983) Some reservations concerning error analysis. In B. W. Robinett and J. Schachter (eds.), *Second Language Learning: Contrastive Analysis, Error Analysis, and Related Aspects* (pp. 272-284). Ann Arbor: University of Michigan Press.

Schachter, J. and Rutherford, W. (1983) Discourse function and language transfer. In B. W. Robinett and J. Schachter (eds.), *Second Language Learning: Contrastive Analysis, Error Analysis, and Related Aspects* (pp. 303-315). Ann Arbor: University of Michigan Press.

Schank, R. C. and Abelson, R. (1977) *Scripts, Plans, Goods and Understanding.* Hillsdale, NJ: Lawrence Erlbaum.

Schegloff, E. A. (1968) Sequencing in conversational openings. *American Anthropologist*, 70, 1075-1095.

—— (1979) The relevance of repair to syntax-for-conversation. In T. Givón (ed.), *Discourse and Syntax* (pp. 261-285). New York: Academic Press.

Schegloff, E. A. and Sacks, H. (1973) Opening up closings. *Smiotica*, 8, 289-327.

Schilling-Estes, N. (2000) Redrawing ethnic dividing lines through linguistic creativity. *American Speech*, 75(4), 357-359.

Schneider, E. W. (ed.) (1997) *English around the World: Studies in Honor of Manfred Görlach.* Vol. 1, *General Studies: British Isles, North America: Görlach*; Vol. 2, *Caribbean, Africa, Asia, Australasia.* In the series *Varieties of English around the world.* Amsterdam: John Benjamins.

—— (2003) Evolutionary patterns of New Englishes and the special case of Malaysian English. *Asian Englishes*, 6(2), 44-63.

Scollon, R. and Scollon, S. (1981) *Narative, Literacy, and Face in Interethnic Communication.* Norwood, NJ: Ablex.

Scollon, R. and Scollon, S. W. (1994) Face parameters in East-West discourse. In S. Ting-Toomey (ed.), *The Challenge of Facework* (pp. 133-157). Albany, NY: State University of New York Press.

Scribner, S. and Cole, M. (1981) *The Psychology of Literacy.* Cambridge, MA: Harvard University Press.

Searle, J. (1969) *Speech Acts: An Essay in the Philosophy of Language.* Cambridge: Cam-

bridge University Press.（坂本百大・土屋俊訳訳（1986）『言語行為――言語哲学への試論（双書プロブレーマタ　5）』勁草書房）
――――（1975）Indirect speech acts. In P. Cole and J. L. Morgan (eds.), *Speech Acts. Syntax and Semantics* (Vol. 3) (pp. 59-82). New York: Academic Press.
Searle, J. R. (1979) *Expression and Meaning*. Cambridge: Cambridge University Press.（山田友幸監訳（2006）『表現と意味――言語行為論研究』誠信書房）
Seidlhofer, B. (1999) Double standards: teacher education in the Expanding Circle. *World Englishes*, 18(2), 233-245.
―――― (2001) Closing a conceptual gap: the case for a description of English as a lingua franca. *International Journal of Applied Linguistics*, 11, 133-158.
―――― (2004) Research perspectives on teaching English as a lingua franca. *Annual Review of Applied Linguistics*, 24, 200-239.
Selinker, L. (1972) Interlanguages. In B. W. Robinett and J. Schacher (eds.), *Second Language Learning, Error Analysis, and Related Aspects* (pp. 173-196). Ann Arbor: University of Michigan Press.
Sey, K. A. (1973) *Ghanaian English: An Exploratory Survey*. London: Macmillan.
Shah, A. B. (1968) *The Great Debate: Language Controversy and University Education*. Bombay: Lalvani Publishing House.
Shi, D. (2000) Topic and topic-comment constructions in Mandarin Chinese. *Language*, 76(2), 383-408.
Shields, K. (1989) Standard English in Jamaica: A case of competing models. *English World-Wide*, 10, 41-53.
Shim, R. J. (1999) Codified Korean English: Process, characteristics, and consequences. *World Englishes*, 18(2), 247-258.
Singh, A. and Altbach, P. G. (eds.) (1974) *The Higher Learning In India*. Bombay: Vikas Publishing House Pvt. Ltd.
Silva, P. (1997) The lexis of South African English: Reflections of a multilingual society. In E. W. Schneider (ed.), *Englishes around the World 2: Caribbean, Africa, Asia, Aystrakasua: Studies in Honor of Manfred Görlach* (pp. 159-176). Amsterdam: John Benjamins.
Silva, P., Dore, W., Mantzel, D., Muller, C., and Wright, M. (eds.) (1996) *A Dictionary of South African English on Historical Principles*. Oxford: Oxford University Press.
Silva, T. and Brice, C. (2004) Research in teaching writing. *Annual Review of Applied*

Linguistics, 24(1), 70-106.

Simo-Bobda, A. (1994a) *Aspects of Cameroon English Phonology*. Berne: Peter Lang.

—— (1994b) Lexical innovation in Cameroon English. *World Englishes*, 13(2), 245-260.

Sinclair, J., Forsyth, I. H., Coulthard, M., and Ashby, M. C. (1972) *The English Used by Teachers and Pupils*. Mimeo. Birmingham: University of Birmingham.

Singh, K. (1959) *I Shall Not Hear the Nightingale*. London: John Calder.

Skutnabb-Kangas, T. (2000) *Linguistic Genocide in Education or Worldwide Diversity and Human Rights?* Mahwah, NJ and London: Lawrence Erlbaum Associates.

—— (2001) Linguistic human rights in education for language maintenance. In L. Maffi (ed.), *Language, Knowledge and the Environment: The Interdependence of Cultural and Biological Diversity* (pp. 397-411). Washington, DC: The Smithsonian Institute.

Skutnabb-Kangas, T. and Phillipson, R. (1997) Linguistic human rights and development. In G. Hamelink (ed.), *Ethics and Development: On Making Moral Choices in Development Co-operation* (pp. 56-69). Kampen: Kok.

—— (1998) Linguistic human rights. In C. Hamelink (ed.), *Gazette. The International Journal for Communication Studies*. Special volume on human rights, 60(1), 27-46.

Sledd, J. H. (1993) Standard English and the study of variation: "It all be done for a purpose." In A. W. Glowka and D. M. Lance (eds.), *Language Variation in North American English: Reserch and Teaching* (pp. 275-281). New York: The Modern Language Association of America.

Slobin, D. I. (1963) Some aspects of the use of pronouns of address in Yiddish. *Word*, 19, 193-202.

Smith, L. E. (ed.) (1981) *English for Cross-cultural Communication*. London: Macmillan.

—— (ed.) (1983) *Readings in English as an International Language*. Oxford: Pergamon.

—— (ed.) (1987) *Discourse across Cultures: Strategies in World Englishes*. London: Prentice Hall.

—— (1992) Spread of English and issues of intelligibility. In B. B. Kachru (ed.), *The Other Tongue: English across Cultures* (pp. 75-90). Urbana, IL: University of Illinois Press.

Smith, L. E. and Bisazza, J. A. (1982) The comprehensibility of three varieties of English for college students in seven countries. *Language Learning*, 32, 259-269. [Reprinted in L. Smith (ed.) (1983) *Readings in English as an International Language* (pp. 59-67). Oxford: Pergamon Press.]

Smith, L. E. and Forman, M. L. (eds.) (1997) *World Englishes 2000*. Honolulu: University of Hawaii Press.

Smith, L. E. and Nelson, C. L. (1985) International intelligibility of English: Directions and resources. *World Englishes*, 4(3), 333-342.

Smith, L. E. and Rafiqzad, F. N. (1979) English for cross-cultural communication: the question of intelligibility. In L. Smith (ed.) (1983), *Readings in English as an International Language*. Oxford: Pergamon Press.

Smitherman, G. (1995) If I'm lyin', I'm flyin': An introduction to the art of the snap. In J. L. Percelay, S. Dweck, and M. Ivey (eds.), *Double Snaps* (pp. 14-33). New York: Quill/William Morrow.

Sridhar, K. K. (1989) *English in Indian Bilingualism*. New Delhi: Manohar Publications.

―――― (1991) Speech acts in an indigenized variety: Sociocultural values and language variation. In J. Cheshire (ed.), *English around hte World: Sociolinguistic Perspectives* (pp. 308-318). Cambridge: Cambridge University Press.

Sridhar, K. K. and Sridhar, S. N. (1992) Bridging the paradigm gap: Second language acquisition theory and indigenized varieties of English. In B. B. Kachru (ed.), *The Other Tongue: English across Cultures* (pp. 91-107). Urbana, IL: University of Illinois Press. [Earlier version in *World Englishes*, 5(1), 1986, 3-14.]

Sridhar, S. N. (1992) The ecology of bilingual competence: language interaction in indigenized varieties of English. *World Englishes*, 11(2/3), 141-150.

―――― (1994) A reality check for SLA theories. *TESOL Quarterly*, 28(4), 800-805.

―――― (1996) Toward a syntax of South Asian English: Defining the lectalrange. In R. Baumgardner (ed.), *South Asian English: Structure, Use, and Users* (pp. 55-69). Urbana, IL: University of Illinois Press.

Sridhar, S. N. and Sridhar, K. K. (1980) The syntax and psycholinguistics of bilingual code-mixing. *Canadian Journal of Psychology*, 34(4), 407-416.

Stalnaker, R. C. (1978) Assertion. In P. Cole (ed.), *Syntax and Semantics 9: Pragmatics* (pp. 315-332). New York: Academic Press.

Stanlaw, J. (2003) *Japanese English: Language and Culture Contact*. Hong Kong: Hong Kong University Press.

Strevens, P. (1980) *Teaching English as an International Language*. Oxford: Pergamon.
—— (1982) World English and the world's Englishes: Or, whose language is it, anyway? *Journal of the Royal Society of Arts*, CXX, 418-431.
—— (1988) Language learning and language teaching: Toward an integrated model. In D. Tannen (ed.), *Linguistics in Context: Connecting Observation and Understanding* (pp. 299-312). Norwood, NJ: Ablex Publishing Corporation.
Stubbe, M. and Holmes, J. (1999) Talking Maori or Pakeha in English: Signaling identity in discourse. In A. Bell and K. Kuiper (eds.) *New Zealand English* (pp. 249-278). Amsterdam: John Benjamins.
Swales, J. (1985) ESP—The heart of the matter or the end of the affair. In R. Quirk and H. G. Widdowson (eds.), *English in the World: Teaching and Learning the Language and Literatures* (pp. 212-223). Cambridge: Cambridge University Press.
—— (1990) Genre analysis—English in Academic and Research Settings. Cambridge: Cambridge University Press.
Taiwo, O. (1976) *Culture and the Nigerian Novel*. New York: St Martin's Press.
Takahashi, T. and Beebe, L. (1993) Cross-linguistic influence in the speech act of correction. In G. Kasper and S. Blum-Kulka (eds.), *Interlanguage Pragmatics* (pp. 138-157). New York: Oxford University Press.
Take Two: Teaching English for Intercultural Communication (1983) James Baxter (project Director), Cliff Clarke, Deena Levine, Shelia Ramsey, and K. M. Young. Videotape and training manual. Palo Alto, CA: CATESOL and Intercultural Relations Institute.
Tannen, D. (1981) New York Jewish conversational style. *International Journal of the Sociology of Language*, 30, 133-149.
—— (1982a) *Analyzing Discourse: Text and Talk*. Washington, DC: Georgetown University Press.
—— (ed.) (1982b) *Spoken and Written Language: Exploring Orality and Literacy*. Norwood, NJ: Ablex.
—— (1984) *Conversational Style: Analyzing Talk among Friends*. Norwood, NJ: Ablex.
—— (1989) *Talking Voices: Repetition, Dialogue, and Imagery in Conversational Discourse*. Cambridge: Cambridge University Press.
Tannen, D. and Saville-Troike, M. (eds.) (1985) *Perspectives on Silence*. Norwood, NJ: Ablex.
Tavares, A. J. (2000) From heritage to international languages: Globalism and Western

Canadian trends in heritage language education. *Canadian Ethnic Studies*, XXXII (1), 156-167.

Tawake, S. K. (1990) Culture and identity in literature of the South Pacific. *World Englishes*, 9, 205-213.

―――― (1993) *Reading The Bone People* cross-culturally. *World Englishes*, 12(3), 325-333.

―――― (ed.) (1995) Symposium on world Englishes in the classroom. *World Englishes*, 14(2), 231-300.

Tay, M. W. J. (1986) Lects and institutionalized varieties of English: The case of Singapore. *Issues and Developments in English and Applied Linguistics*, 1, 93-107.

―――― (1991) Southeast Asia and Hong Kong. In J. Cheshire (ed.), *English around the World: Sociolinguistic Perspectives* (pp. 319-332). Cambridge: Cambridge University Press.

―――― (1993) *The English Language in Singapore: Issues and Developments*. Singapore: UniPress, The Centre for Arts, National University of Singapore.

Teo, A. (1995) Analysis of newspaper editorials: A study of argumentative text structure. Unpublished doctoral dissertation, University of Illinois at Urbana-Champaign.

Thirabutana, P. (1973) *Little Things*. London: Fontana. [First published 1971.]

Thornton, R. (1988) Culture: A contemporary definition. In E. Boonzaier and J. Sharp (eds.), *South African Keywords: Uses and Abuses of Political Concepts* (pp. 17-28). Cape Town: David Phillip.

Thumboo, E. (1985) Twin perspectives and multi-ecosystems: Tradition for a commonwealth writer. *World Englishes*, 4(2), 213-222.

―――― (1992) The literary dimensions of the spread of English. In B. B. Kachru (ed.), *The Other Tongue: English across Cultures* (pp. 255-282). Urbana, IL: University of Illinois Press.

―――― (1994) Language into languages: Some conjugations of choice in Singapore. In T. Kandiah and J. Kwan-Terry (eds.), *English and Language Planning: A Southeast Asian Contribution* (pp. 106-123). Singapore: Times Academic Press.

―――― (ed.) (2001) *The Three Circles of English: Language Specialists Talk about the English Language*. Singapore: UniPress, The Centre for the Arts, National University of Singapore.

Tickoo, M. L. (1988) In search of appropriateness in EF(S)L teaching materials. *RELC*

Journal, 19(2), 39-50.

—— (ed.) (1991) *Language and Standards: Issues, Attitudes, Case Studies*. Singapore: SEAMEO Regional Language Centre.

—— (ed.) (1995) *Language and Culture in Multilingual Societies: Viewpoints and Visions*. Singapore: SEAMEO Regional Language Centre.

Ting-Toomey, S. (ed.) (1994) *The Challenge of Facework: Cross-cultural and Interpersonal Issues*. Albany, NY: State University of New York Press.

Ting-Toomey, S. and Cocroft, B. K. (1994). Facework in Japan and the United States. *International Journal of Intercultural Relations*, 18, 469-506.

Tirkkonen-Condit, S. (1985) *Argumentative Text Structure and Translation*. Jyväskylä, Finland: University of Jyväskylä.

Todd, L. and Hancock, I. (1986) *International English Usage*. London: Croom-Helm.

Tollefson, J. W. (ed.) (1995) *Power and Inequality in Language Education*. Cambridge: Cambridge University Press.

Tongue, R. (1974) *The English of Singapore and Malaysia*. Singapore: Eastern Universities Press. [Reprinted 1976; 2nd edn. 1979.]

Tosi, A. (1984) *Immigration and Bilingual Education: A Case Study of Movement of Population, Language Change and Education within the EEC*. New York: Pergamon Press.

—— (1988) The jewel in the crown of the modern prince. The new approach to bilingualism in multicultural education in England. In T. Skutnabb-Kangas and J. Cummins (eds.), *Minority Education: From Shame to Struggle* (pp. 79-103). Clevedon: Multilingual Matters.

Tripathi, P. D. (1990) English in Zambia. *English Today*, 6(3), 34-38.

Tsuda, Y. (1994) The diffusion of English: Its impact on culture and communication. *Keio Communication Review*, 16, 49-61.

—— (2002) The hegemony of English: Problems, opposing views and communication rights. In G. Mazzaferro (ed.), *The English Language and Power* (pp. 19-31). Torino: Edizioni dell'Orso.

Valdés, G. (2005) Bilingualism, heritage language learners, and SLA research: Opportunities lost or seized? *Modern Language Journal*, 89(3), 410-426.

Valentine, T. (1988) Developing discourse types in non-native English: Strategies of gender in Hindi and Indian English. *World Englishes*, 7(2), 143-158.

—— (1991) Getting the message across: Discourse markers in Indian English. *World*

Englishes, 10(3), 325-334.

―――― (1995) Agreeing and disagreeing in Indian English discourse: Implications for language teaching. In M. L. Tickoo (ed.), *Language and Culture in Multilingual Societies: Viewpoints and Visions* (pp. 227-250). Singapore: SEAMEO Regional Language Centre.

―――― (2001) Reconstructing identities and gender in discourse: English transplanted. In B. B. Kachru and C. L. Nelson (eds.), *Diaspora, Identity, and Language Community*. Special issue of *Studies in the Linguistic Sciences*, 31(1), 193-212. Urbana, IL: University of Illinois.

van Dijk, T. (1980) *Macrostructure: An Interdisciplinary Study of Global Structures in Discourse, Interaction and Cognition*. Hillsdale, NJ: Lawrence-Erlbaum Associates.

Vavrus, F. K. (1991) When paradigms clash: The role of institutionalized varieties in language teacher education. *World Englishes*, 10(2), 181-195.

Vyas, B. S., Tiwari, B. N., and Srivastava, R. N. (1972) *Hindii VyaakaraN aur Racnaa* (Hindi Grrammar and Composition). Delhi: National Council of Educational Research and Training.

Waston-Gegeo, K. A. (2004) Mind, language, and epistemology: Toward a language socialization paradigm for SLA. *The Modern Language Journal*, 88(3), 331-350.

Waston, O. M. (1970) *Proxemic Behaviro: A Cross-cultural Study*. The Hague: Mouton.

Werlich, E. (1976) *A Text Grammar of English*. Heidelberg: Quelle and Meyer.

White, S. (1989) Backchannels across cultures: A study of Americans and Japanese. *Language in Society*, 18, 59-76.

Whitworth, G. C. (1982) *Indian English*. New Delhi: Bahri Publications. [First published 1907.]

Widdowson, H. (1979) *Explorations in Applied Linguistics*. London: Oxford University Press.

―――― (1984) ESP and the curse of Caliban. In H. Widdowson (ed.), *Explorations in Applied Linguistics 2* (pp. 189-200). Oxford: Oxford University Press.

―――― (1994) The ownership of English. *TESOL Quarterly*, 26(2), 337-389.

Wierzbicka, A. (1985) *Lexicography and Conceptual Analysis*. Ann Arbor: Karoma.

Williams, J. (1989) Language acquisition, language contact and nativized varieties of English, *RELC Journal*, 20(1), 39-67.

Wilma, V. M. (1987) *A Study of Sentence-final Particles in Singapore English*. Academic

Exercise. Singapore: Department of English Language and Literature, National University of Singapore.

Wiltshire, C. and Moon, R. (2003) Phonetic stress in Indian English vs. American English. *World Englishes*, 22(3), 281-303.

Winford, D. (1991) The Caribbean. In J. Cheshire (ed.), *English around the World: Sociolinguistic Perspectives* (pp. 565-584). Cambridge: Cambridge University Press.

Wolff, K. H. (1964) Intelligibility and inter-ethnic attitudes. In D. Hymes (ed.) *Language in Culture and Society* (pp. 310-328). New York: Harper & R. W.

Wolfgang, A. (ed.) (1984) *Nonverbal Behavior: Perspectives, Application, Intercultural Insights*. New York: C. J. Hofrege, Inc. Lewinston.

Wong, J. (2004) The particles of Singapore English: A semantic and cultural interpretation. *Journal of Pragmatics*, 36(4), 739-793.

Yamada, H. (1992) *American and Japanese Business Discourse: A Comparison of Interactional Styles*. Norwood, NJ: Ablex.

Yamanashi, M. (1974) In On minding your p's and q's in Japanese: A case study from honorifics. In M. W. Lagaly, R. A. Fox, and A. Bruck (eds.) *CLS 10. Papers from the Tenth Regional Meeting of the Chicago Linguistic Society* (pp. 760-771). Chicago: Chicago University Press.

Yap, A. (1978) *Language Education in Multilingual Societies*. Singapore: Singapore University Press.

Yngve, V. H. (1970) On getting a word in edgewise. In *Papers from the Sixth Regional Meeting of the Chicago Linguistic Society*, April 16-18, 567-578. Chicago: University of Chicago, Department of Linguistics.

Young, L. W. L. (1982) Inscrutability revisited. In J. J. Gumperz (ed.) (1984), *Language and Social Identity* (pp. 72-84). Cambridge: Cambridge University Press.

Yule, H. and Burnell, A. C. (1886) *Hobson-Johnson: A Glossary of Colloquial Anglo-Indian Words and Phrases and of Kindred Terms, Etymological, Historical, Geographical, and Discursive*. [New edition W. Crooke (1903) London: J. Murray.]

Zgusta, L. (ed.) (1980) *Theory and Method in Lexicography: Western and Non-western Perspectives*. Columbia, SC: Hornbeam Press.

Zhang, A. (2000) Language switches among Chinese/English bilinguals. *English Today*, 16, 53-56.

Zhao, Y. and Campbell, K. P. (1995) English in China. *World Englishes*, 14(3), 377-390.

索引

人名索引

B
Basso, K.　59
Brown, G.　171
Brown, P.　60
Brown, R.　68

E
Evans-Pritchard, E. E.　70

F
Ferguson, C. A.　57, 70
FitzGerald, H.　180

G
Gilman, A.　68
Goffman, E..　60
Goody, E. N.　72
Grice, H. P.　72
Gumperz, J. J.　132, 133, 135, 149

H
Hall, E. T.　60, 75
Hayashi, R.　176
Hinds, J.　209, 231
Huddleston, R.　128, 129

K
Kachru, B.　5, 6, 8, 10, 77, 252
Kachru, Y.　77
Kaplan, R.　208, 209

L
Lakoff, R.　58, 64, 77
Leech, G.　66
Levinson, S. C.　60

M
Matsumoto, Y.　190

Q
Quirk, R. *et al.*　121, 130, 146

S
Sacks, H.　175
Schegloff, E. A.　169, 175
Slobin, D. I.　68

T
Tannen, D.　169, 180

W
Watson, O. M.　75

Y
Yamada, H.　189
Yamanashi, M.　69
Yule, G.　171

用語索引

あ行
r音声的方言のr　119
あいづち　22, 177

アイデンティティ　193
アカデミック・ライティング　12, 198, 207, 232
明るい l　115
アクセント　117
アフリカ英語　93
アフリカ英語話者　115
アフリカ系アメリカ人　102, 114
アメリカ　106
　——英語　117, 219
　——人　94
ESL　208, 269
EFL　208
ELT　12, 270, 271, 274
yes　93, 94, 104
イギリス英語　219
イギリス英語話者　110
イギリス人　103
意志的　130
　非——　130
一貫性　26, 209, 216, 225
一致　103
イディオム　267
イデオロギー　267, 268, 271
意図　46
異文化コミュニケーション　76
インド　89, 107
　——（人の）英語　203, 205, 206
　——英語（IE）　111, 115, 116, 199
　——英語話者　111
　——系言語　112
　——人　103, 113, 204, 206
イントネーション　103, 174
ウェブスター（Webster's Dictionary）　106, 153
英語文学　252, 258
エジプト英語　238
FTA　204
オーストラリア　83
オーストリア人　204

音節　111, 112
　重——　112
　短——　112
　長——　112
　——拍リズム　111
音量　102

か行
ガーナ英語　115
外円圏（Outer Circle）　5, 7, 111, 112, 114, 116, 121, 132, 136, 140, 142, 143, 146, 148, 149, 153, 155, 156, 157, 160, 164, 168, 173
階級（rank）　62
概算的数量詞（fuzzy quantifier）　129
解釈的理解（interpretability）　86, 89, 90
解釈の規範　46
解説　208
概念的情報　26
会話　173
　——の含意　33
　——の順番　27
　——分析　22, 35
書きことば　25
拡大円圏（Expanding）　5, 6, 7, 111, 112, 114, 116, 121, 132, 136, 140, 142, 146, 148, 149, 153, 155, 156, 160, 164, 168, 173,
過去時制語尾の喪失　114
可算性　157
可算名詞　129, 157
化石化　215
カバー（の）広告　240, 241
カリブ海英語　107
含意　33
関係の公理　34
冠詞（article）　122, 126, 128
間接言語行為　31
気音　115

気配り（tact）　66
記述　208
　　——型　234
　　——的　208
起承転結（ki-shoo-ten-ketsu）　231
基調　46
機能　46
疑問の極性（polarity of question(s)）　141
疑問文（question）　72
キャノン　251, 252, 267, 270
旧情報　113
教育　208
強勢　102, 103, 109, 111, 112
　　——拍リズム　111
協調の原理　22, 27, 33, 186
極性　142
儀礼的な均衡　36, 38
儀礼的な行為　27
暗い l　115
グライス　204
クレオール　7, 275
敬意のルール　77
敬語　69
結束（cohesion）　209, 210, 216
　　——性　26
　　——的　211
決定詞（determiner）　122, 129
言語行為　10, 22, 27, 30, 60
　　直接——　31
言語行為機能　93
言語事象　45
言語接触　171
言語帝国主義　271
言語的慣習　35
言語的人権　271
言語能力　101
言語の種類　46
言語覇権主義　271
言語変種　171

言語領域（lectal range）　156
現在時制　135
語彙　106
行為宣言型　238
行為表象型　232, 238
硬音　119
　　——破裂音　119
後置詞（postposition）　131
肯定−否定（positive-negative）　141
公用語　7
交流的テクスト　171
「声に出して考える」のプロトコル　263
コード　52
　　——切り替え　267, 270
　　——混合　267, 270
誤解　85
呼称　68
　　——代名詞（pronouns of address）　67
個人的　208
ことばの相互行為　21, 22
コミュニケーション適応理論　113
コミュニケーション能力　101
語用論　22
コンテクスト　27, 38, 44, 57, 66, 67, 168

さ行
三重母音　116
サンスクリット語　115
賛成−不賛成（agreement-disagreement）　141
　　——の体系　141
ザンビア人　113, 115
参与者　46
子音群の単純化　103, 114
ジェスチャー　75
識別的理解（intelligibility）　11, 21, 23, 83, 86, 88, 90

指示的　128
姿勢　75
時制（tense）　132, 133, 134, 136, 142
視線　75
質疑－応答の形式（question-answering system）　138, 139, 141
質疑－応答の体系→質疑－応答の形式
質疑者の想定（questioner assumption）　141
質の公理　34
質量名詞　129
シナリオ　48, 51, 53
歯破裂音　116
指標的情報　26
社会　44
　　──構造　173
　　──的距離　64
　　──言語学　22
　　──文化的な慣習　36
　　──文化的知識　28
借用翻訳（loan translation）　159
ジャマイカ英語　105
ジャンル　46, 52, 167, 170, 197, 235, 236, 237, 258
集合名詞　157
主題　148
　　──化　149, 210, 220, 223, 225
　　──情報　148
述語名詞　123
使用域（register）　157
状況　45, 46
　　──のコンテクスト　22, 27, 44, 45, 236
上層方言　85, 256
状態的　130
焦点　148
　　──化　149
叙実的　130
　　非──　130
叙実動詞（factive verb）　131

非──（non-factive verb）　131
事例　232
親愛のルール　77
シンガポール英語　214, 215
シンガポール・マレーシア英語　115
新情報　113
親族（kinship）　65
　　──名称　70
心的器官　21
親密さ（intimacy）　64
スキーマ　48, 53, 57
スクリプト　48, 50, 53
スタイル　64, 167
　　ずけずけ情熱的──　180
ステージング　210, 221, 222, 223, 224
スピーチイベント　45
スピーチコミュニティ　57
スピーチ適応理論　113
性（sex）　64
正典→キャノン
成文化　4
声門閉鎖音　115
接触文化　75
　　非──　75
接触文学　249, 250, 251, 258
接続表現　212, 214, 215, 217
説明　232
　　──型　234
　　──的なライティング　209
漸次的連続体（cline）　156
前置（front-shifting）　149
前置詞（preposition）　103, 145, 146
相（aspect）　132, 133, 142
相互行為　173
　　──的意味価　232
　　──的行為　173
　　──的テクスト　171
　　──のルール　46
　　──の規範　46
　　──管理情報　26

相互作用　57, 62
総称　127
総称指示（generic reference）　123, 125, 126, 127
　非――（non-generic reference）　123
想像型　234
創造性　259, 270
属性記述的　232
反り舌破裂音　116

た行
ターン　175
　――・テイキング　174
タイ　92
対照修辞学　208
態度　267, 268
　――表明型　233
第二言語　58
対話者　83
多音節語　112
断音リズム　112
談話構造装置　220
地位（status）　62, 68
中国英語　115
中性母音　115
チョムスキー　21
沈黙　22, 35, 36, 188
綴り字発音　112
ディアスポラ　6
定型表現　70
定指示（definite reference）　123, 124, 126
　不――（indefinite reference）　123, 124, 126
定・特定　127, 128
定・特定名詞　127
T-form　67
手紙　198
テクスト　169, 170
TESOL　12

展開する一連のコミュニケーションの行為　46
ドイツ英語　115
ドイツ人　231
同音異義語　115
討議型　234
討議的　208
同期発話　179
統語構造（syntactic construction）　138
動詞化の方略（verbalization strategy）　132
同時発話　178
動的　130
東南アジア　115
特定指示（specific reference）　123, 124, 125, 126
　不――（non-specific reference）　123, 124, 125, 126, 127
土着化（nativization）　6, 158, 164, 250
トピック　46, 52
ドメイン（領域）　66, 167, 173, 199, 255, 258, 271, 273

な行
内円圏（Inner Circle）　5, 6, 7, 62, 112, 114, 116, 131, 136, 140, 141, 142, 144, 145, 153, 157, 159, 160, 161
ナイジェリア　98
　――英語　111, 198
　――人　113
軟音　119
二重母音　112, 116
二人称代名詞　67
日本（人の）英語　207, 212
日本人　94, 115
認識的理解（comprehensibility）　86, 87, 88, 90
ネイティブスピーカー　270, 271
no　104

は行

背景知識　22, 28, 104
媒体　46, 52
パキスタン英語　116
発語内意味価　232
発語内行為　31, 87
発語内効力　87
発語媒介行為　90
発語媒介効果　89
発話権　22
発話状況　45
話しことば　25
場面　45
パラグラフ　230, 231
東アジア　115
非言語的合図　22
ビジネスレター　199
ピジン　256, 275
ピッチ　102
評価　232
ヒンドゥー語　115
フィジー人　214
V-form　67
フィリピン　107
　――英語　224
付加疑問文（tag）　142
付加的言語　58
複数形（plural）　71
複中心主義（pluricentricity）　4
不定・特定　128
不定・不特定　128
フレーム　48, 49, 53, 57
フロア　174, 175
文化　43
　――的慣習　93
　――的能力　93
　――的背景　90
　――的覇権主義　251
　――のコンテクスト　43
　――変容　5, 250

文法化　157
文法カテゴリー　105
文法的能力　93
文法パターン　105
文脈的意味　87
閉鎖音　115
併用公用語　8
ヘッジ（表現）（hedge）　11, 75
ペルシャ語　231
変種　168, 173
　教養のある――（acrolect）　156
　口語的な――（mesolect）　156
　無教養、非標準な――（basilect）　156
母音の弱化　116
法助動詞（modal）　136
補文　142, 143, 144, 145, 146
　――構造（complementation）　142, 144
ポライト（ネス）　10, 11, 22, 57, 186, 204, 206, 267
ポライトネス・ストラテジー　198

ま行

マクロ構造　209, 216
摩擦音　115
マレーシア英語　115
ミクロ構造　209, 210
ムーブ（move）　175, 237, 240, 241, 242
無声化　115
無声破裂音　115
明確化（definitization）　149
名詞の複数標示の喪失　114
メタ陳述　232
メタファー　267
メッセージ（の）形式　45, 46
メッセージ内容　45, 46
メディア　116
面子（face）　27, 36, 58, 60
　肯定的――（positive face）　60

否定的――（negative face）　60
　　　　――威嚇行為　60
モード　167
モーラ　111
目的　46, 52
物語　208
　　　　――型　233, 234
　　　　――的　208

や行
役割　62
やりとり　27
様態の公理　34
容認発音　117
ヨルダン（人の）英語　199, 200, 201

ら行
リズム　109
　　　　――パターン　102

立論　208
　　　　――的ライティング　209
量の公理　34
リンガフランカ　3, 4, 117, 119, 274
隣接応答ペア　22, 27
礼法のルール　77
レパートリー　167
連結語（linker）　121, 146
連帯感　68
論争‐説得型　233
論争的テクスト　232

わ行
わきまえ　23
話題化（topicalization）　73, 149
話者交代　22, 35

著訳者紹介

著者
ヤムナ・カチュルー（Yamuna Kachru）
米国イリノイ大学アーバナ・シャンペーン校（University of Illinois at Urbana-Champaign）の言語学の名誉教授で、インド、英国、米国で教鞭をとり、アジア、ヨーロッパ、北アメリカで講演を行ってきた。彼女の研究分野は、ヒンドゥー語や他の南アジアの言語の構造、世界の英語を用いた言語と文化を超えたコミュニケーションなどである。2006年にはインド大統領によりヒンドゥー語言語学への貢献に対して表彰されている。世界の英語についての多くの学術書、論文を執筆、編集してきた。著書に、*The Handbook of World Englishes*［共著、Blackwell, 2006］などがある。

ラリー・E・スミス（Larry E. Smith）
21世紀のリーダー育成のための組織、有限責任会社クリストファー・スミス・アソシエイツ（Christopher, Smith & Associates LLC）代表である（原著執筆時）。ハワイの東西センター（East-West Center）での研究者および役員としての経歴と、世界諸英語国際協会（International Association for World Englishes）の理事長としての経歴を持つ。Braj B. Kachru氏とともに、専門誌 *World Englishes: Journal of English as an International and Intranational Language* の創始者であり、このトピックに関する多数の著作を執筆し、編集者、共編集者もつとめている。

訳者 [　] は翻訳担当章

井上逸兵（いのうえ いっぺい）［まえがき、序章、第 9 章、第 10 章、終章］
慶應義塾大学法学部・文学部卒、同大学大学院文学研究科修士課程修了、文学博士（慶應義塾大学）。富山大学講師、同大学助教授、信州大学助教授、慶應義塾大学法学部教授を経て、現在、同大学文学部教授。専門は社会言語学、英語学。主要著書・論文：『くらべてわかる英文法』（共著、くろしお出版、2012 年）、『サバイバルイングリッシュ』（幻冬舎エデュケーション、2011 年）、『ことばの意味と使用──日英語のダイナミズム』（共著、鳳書房、2010 年）、『ことばの生態系──コミュニケーションは何でできているか』（慶應義塾大学出版会、2005 年）、*Advances in Discourse Approaches*（共著、Cambridge Scholars Publishing, 2009）、『応用言語学事典』（共著、研究社、2003 年）など。

多々良直弘（たたら なおひろ）［第 3 章、第 3 部、第 8 章］
神奈川大学外国語学部卒、慶應義塾大学大学院文学研究科修士課程修了、同大学大学院文学研究科博士課程単位取得満期退学。現在、桜美林大学リベラルアーツ学群准教授。専門は言語人類学、社会言語学、英語学。主要著書・論文："Phenomenological Approach to Language Expressions: Habitus and Rhetorical Styles in Languages" *Colloquia*（第 23 号、2002 年）、「ニュースのレトリック──スポーツニュース報道における言語使用」『社会言語科学会第 16 回大会発表論文集』（2005 年）、「物語としての新聞記事の日英比較──日本語と英語の物語構造と好まれる言い回し」『紀要 桜美林英語英米文学研究』（第 48 輯、2008 年）、『開放系言語学への招待──文化・認知・コミュニケーション』（共著、慶應義塾大学出版会、2008 年）、「新聞報道における英語と日本語のテクスト構造の比較」『JELS 26 日本英語学会第 26 回大会研究発表論文集』（2009 年）など。

谷　みゆき（たに みゆき）［第 4 章、第 2 部、第 5 章］
慶應義塾大学文学部卒、同大学大学院文学研究科修士課程修了、同大学大学院文学研究科後期博士課程単位取得退学。立教大学ランゲージセンター教育講師を経て、現在、中央大学法学部准教授。専門は英語学。主要著書・論文：「文学作品とその英訳に見る英語の〈結果志向〉と日本語の〈過程志向〉」『立教大学ランゲージセンター紀要』（第 24 号、2010 年）、「移動表現に見る日英語話者の事態把握」『英語英米文学』（第 52 集、2012 年）など。

八木橋宏勇（やぎはし ひろとし）［第 1 部、第 1 章、第 2 章］
慶應義塾大学文学部卒、同大学大学院文学研究科修士課程修了、同大学大学院文学研究科博士課程単位取得満期退学。現在、杏林大学外国語学部准教授。専門は認知言語学、社会言語学、第二言語習得論。主要著書・論文：『聖書起源のイディオム 42 章』［David Crystal, *Begat*, Oxford University Press, 2010］（共訳、慶應義塾大学出版会、2012 年）、『プログレッシブ英和中辞典（第 5 版）』（分担執筆、小学館、2012 年）、『聖書と比喩——メタファで旧約聖書の世界を知る』（共著、慶應義塾大学出版会、2011 年）、『開放系言語学への招待——文化・認知・コミュニケーション』（共著、慶應義塾大学出版会、2008 年）など。

北村一真（きたむら かずま）［第 6 章、第 7 章］
慶應義塾大学文学部卒、同大学大学院文学研究科前期博士課程修了、同大学大学院文学研究科後期博士課程単位取得満期退学。現在、杏林大学外国語学部講師。専門は英語学、英語語法文法研究。主要著書・論文："The *what is it about X that Y*-construction and its pragmatic variant"『藝文研究』（第 96 号、2009 年）、"The *What is it about X that Y?* -Construction and its Congeners"『杏林大学外国語学部紀要』（第 22 号、2010 年）、「ミル『女性の解放』の誤訳を考察する——英文読解の観点から」『杏林大学研究報告教養部門』（第 28 巻、2011 年）。

世界の英語と社会言語学
——多様な英語でコミュニケーションする

2013年9月14日　初版第1刷発行

著　者	ヤムナ・カチュルー、ラリー・E・スミス
訳　者	井上逸兵、多々良直弘、谷　みゆき、八木橋宏勇、北村一真
発行者	坂上　弘
発行所	慶應義塾大学出版会株式会社
	〒108-8346　東京都港区三田 2-19-30
	TEL　〔編集部〕03-3451-0931
	〔営業部〕03-3451-3584〈ご注文〉
	〔　〃　〕03-3451-6926
	FAX　〔営業部〕03-3451-3122
	振替　00190-8-155497
	http://www.keio-up.co.jp/
装　丁	土屋　光
印刷・製本	萩原印刷株式会社
カバー印刷	株式会社太平印刷社

© 2013 Ippei Inoue, Naohiro Tatara, Miyuki Tani,
Hirotoshi Yagihashi, Kazuma Kitamura
Printed in Japan　ISBN978-4-7664-2056-2